Martin Gaedt
ROCK YOUR WORK

Bibliografische Information der Deutschen Nationalbibliothek: Die Deutsche Nationalbibliothek verzeichnet diese Publikation in der Deutschen Nationalbibliografie; detaillierte bibliografische Daten sind im Internet über http://dnb.dnb.de abrufbar.

© 2022 Martin Gaedt | www.martingaedt.de
Das Werk einschließlich aller Inhalte ist urheberrechtlich geschützt.

Alle Rechte vorbehalten. Nachdruck oder Reproduktion (auch auszugsweise) in irgendeiner Form (Druck, Fotokopie oder anderes Verfahren) sowie die Einspeicherung, Verarbeitung, Vervielfältigung und Verbreitung mithilfe elektronischer Systeme jeglicher Art, gesamt oder auszugsweise, ist ohne ausdrückliche schriftliche Genehmigung des Autors untersagt.
Alle Übersetzungsrechte vorbehalten.

Die Benutzung dieses Buches und die Umsetzung der darin enthaltenen Informationen erfolgt ausdrücklich auf eigenes Risiko. Rechts- und Schadenersatzansprüche sind ausgeschlossen. Das Werk inklusive aller Inhalte wurde unter größter Sorgfalt erarbeitet. Der Autor übernimmt keine Haftung für die Aktualität, Richtigkeit und Vollständigkeit der Inhalte des Buches. Es kann keine juristische Verantwortung sowie Haftung in irgendeiner Form für fehlerhafte Angaben und daraus entstandene Folgen von dem Autor übernommen werden.

Gestaltung: Martin Zech | www.martinzech.de
Textberatung und Lektorat: Dr. Bettina Burchardt | www.bettina-burchardt.de
Fotos: Viktor Strasse | www.viktorstrasse.de
Verlagslabel: Provotainment GmbH
Druck und Distribution im Auftrag des Autors:
tredition GmbH, Halenreie 40–44, 22359 Hamburg, Germany

ISBN 978-3-347-63333-9 (Paperback)
ISBN 978-3-347-63334-6 (Hardcover)
ISBN 978-3-347-63335-3 (e-Book)

MARTIN GAEDT

ROCK YOUR WORK

Wie du **LEBEN UND ARBEIT** gestaltest
und **FREIRAUM SCHAFFST** für Neues

VORWORT
DIE WILDE 18
SEITE 8

1
DER RHYTHMUS DES WANDELS
SEITE 10

Ein guter Anfang: Streichen und Ersetzen **11**
Träume gefährden den Status quo **15**
Wenn Babys das Laufen lernen **18**
Der Rhythmus der Erneuerung **22**
Ein Leben voller Bedürfnisse **25**
Zutaten lecker kombiniert **30**
Provokante Fragen fordern heraus **38**

2
17.000.000 WECHSELBEREITE FACHKRÄFTE
SEITE 45

Streiche unproduktive Arbeitszeit **45**
Kreative Personalgewinnung **49**
Vom Hörsaal in die Ausbildung **56**
Verzaubernde Jobpartys **59**
Kundenbefragung mal anders **65**
Fachkräfte wie Kunden behandeln **67**
Social Media für neue Beziehungen **70**

3
DIE TOP-PRIORITÄTEN GLÜCK & GESUNDHEIT
SEITE 73

Gesunde Arbeit für gesundes Leben **75**
Stress reduzieren für die Müllabfuhr **76**
Freiraum gegen den Pflexit **80**
Atmen mit Moos und Lastenrädern **85**
Technologie, die gesund macht **89**

4
W.O.R.K. – DAS SPIEL MIT DEN SPIELREGELN
SEITE 94

Von guten Regeln und guten Regelbrüchen **98**
Aufbruch zu neuen Gesetzen und Freiheit **103**
Wandel und Etablierung spielen Ping-Pong **110**
W.O.R.K. – Ideen-Babys verändern die Welt **114**
Experimente mit Resonanz – WaBriMiDa? **119**
Nicht raten, fragen! **122**
Der dreifache Service **128**

5 ARBEIT AM GESELLSCHAFTLICHEN WANDEL
SEITE 132

Der Wind treibt uns voran **135**
Photovoltaik – Das volle Programm **137**
Energie-Autonomie statt Abhängigkeit **147**
Wo kommt unser Essen her? **148**
Clean Meat und fliegende Eiweißbomben **155**
Rettungsanker Biodiversität **159**

6 DIVERSITÄT ALS ZUTAT FÜR REICHE TEAMS
SEITE 167

Gleich perfekt im Anderssein **167**
Harmonie vs. Konflikte **173**
Diversität und Reichtum durch Migration **178**
Erfolgsfaktor Vielfalt im Team **182**
Geschenke statt Konflikte **187**
Biotop-Gestaltung für Teams **190**
Respekt mit Und-Vielfalt **192**

7 LEBEN IN RESILIENTEN STÄDTEN
SEITE 197

Schwämme und Windeln für Städte **198**
Klimaschutz durch neue Baumaterialien **201**
Müll gestrichen **207**
3D-Druck verzaubert und vereinfacht **210**
„Du weißt schon, wer der Stärkere ist?" **213**
Vision Zero und autonomes Fahren **217**

8 NEU GEMIXTE BERUFE FÜR NEUEN WOHLSTAND
SEITE 221

Die ersten Diener des Unternehmens **221**
New Work statt *Old School* **225**
Vom Mut, Erwartungen nicht zu bedienen **230**
Neue Berufe träumen und mixen **236**
Menschenfreundlicher Wohlstand **247**
Rock Your Work mit der Wilden 18 **256**

NACHWORT **264**
QUELLEN **266**
WEITERE BÜCHER DES AUTORS **284**

VORWORT
DIE WILDE 18

Ende gut, alles gut!
Das sagt man so.
Warum? Besser:
Leben gut, alles gut!

Das Leben ist jetzt. Es ist ein einmaliges Geschenk und eine Chance. Das ganze Leben finde ich interessanter als das Ende. Das Ende ist nur ein kurzer Moment und oft nicht vorherzusehen. Zweimal wäre ich fast gestorben, mit 35 und mit 47 Jahren. Beide Male hatte ich das Ende vor Augen. Ich will nicht das Ende, sondern gutes Leben und faires Arbeiten jetzt! Wie schaffen wir gute Arbeit? Und wie passen Leben und Arbeiten zusammen?

Die Antworten sind so vielfältig wie wir Menschen. Zum Glück gibt es nicht *die eine* Methode. Ich habe fünf Jahre lang recherchiert – länger als für meine anderen Bücher. Skizzen und Entwürfe füllen einen ganzen Meter gestapelte Notizbücher. Eine fertige Lösung habe ich nicht entdeckt. Denn wir haben unendlich viele Möglichkeiten. Es wird also bunt.

Unsere Arbeit kann das Leben besser machen, einfacher, glücklicher, sicherer, gesünder, vielfältiger, empathischer, leckerer, gelassener, umweltfreundlicher, gerechter, kreativer, freier, bunter, würdevoller, spielerischer, beteiligter, kollaborativer, vertrauter, wertschätzender, vernetzter, inklusiver, konfliktfähiger, engagierter, handlungsfähiger, regionaler, unterhaltsamer, entspannter, zufriedener, fröhlicher, achtsamer, interessanter, gemeinschaftlicher, humorvoller, liebevoller, sinnvoller, großzügiger, ökologischer und wunderschöner!

Geht nicht, bedeutet für mich: Geht *noch* nicht. Pack es an und probiere es aus! Dann könnte es gehen. Wenn alle etwas ändern, ändert sich alles. Umgekehrt gefragt: Was wäre, wenn alles so bliebe, wie es ist? Würde dir das gefallen? Mir nicht. Gestalte Arbeit so, wie sie am besten zu dir passt. Viel Spaß beim Arbeiten an deinem Leben. Diese Arbeit hört zum Glück nie auf. Wir sind immer wandelbar. Erneuerung ist ein lebendiger, kontinuierlicher Prozess.

Arbeit ist so spannend wie wir Menschen: sichtbar und verborgen, fantastisch, bewegend, liebevoll und teilweise auch grausam. Unterschiedliche Werte und unterschiedliche Interessen sind mit unserer Arbeit verbunden. Passt sie nicht zu uns, können wir sie verändern. Oder gehen. Immer mehr Menschen suchen sich neue Arbeit. Seit 1999 gründe ich Firmen und war bislang Arbeitgeber für 61 Menschen. Talente zu entdecken, die bunte Berufswelt, Menschen zuzuhören, hunderte Initiativen, Gründerinnen und Gründer zu begleiten, das bewegt mich.

Noch viel mehr Dinge bewegen mich. Zwanzig Jahre ehrenamtliche Jugendarbeit zum Beispiel. Ich genieße DJs in Clubs und war zum Tanzen auf Waha, einem Elektro-Festival in Rumänien. Ich liebe Radtouren an der Saale, der Elbe und der Mosel mit meinen Kindern. Mit meiner Frau bin ich quer durch den Grand Canyon gewandert. Im Sonnenaufgang den South Kaibab Trail hinunter zum Colorado River und hoch auf quälend langen Serpentinen den Bright Angel Trail.

Als Schüler kannte ich nur eine Welt, in der eine Mauer mitten durch Berlin und durch Deutschland führte. Jetzt weiß ich: Keine Mauer steht ewig. Alles kann verändert werden. Auch das bewegt mich.

> Was treibt dich an?
> Was bewegt dich?
> Was bewegst du?

Ich erzähle 461 Geschichten über Wandel und wie Menschen ihre Arbeit verändern. Ich hoffe, dass du beim Lesen über die vielen Möglichkeiten staunst. Lass dich überraschen! Viele Veränderungen können einfach kopiert und auf die eigene Arbeit **übertragen** werden. Es bleibt dabei immer deine eigene Entscheidung, was passt und was nicht. Es gibt keinen Tipp, der für alle Menschen gleichermaßen gilt. Alles hat Vor- und Nachteile.

Achtzehn kreative Anwendungen sind mein Handwerkzeug des Wandels und der Innovation. Die **Wilden 18** sind achtzehn Tätigkeiten, deren Anfangsbuchstaben genau das bezeichnen, was sie sind: subversiv verknüpft. Sie sind mein roter Faden durch dieses Buch. Mit ihnen gestalten wir unser Leben und unsere Welt.

Wenn du beim Lesen Fragen hast oder deine frischen Erkenntnisse kommentieren willst, wenn du widersprechen oder eigene Erfahrungen teilen möchtest, nutze gerne Twitter, Instagram, Xing, LinkedIn, Facebook und tagge mich. Ich antworte und freue mich über Dialog. Du findest mich unter meinem Namen und dem meiner Firma: Provotainment.

Du kannst das Buch vom ersten bis zum achten Kapitel durchlesen. Oder du steigst spontan da ein, wo dich eine Überschrift anlacht. Durch die vielen Geschichten und Beispiele wirst du überall einen Zugang zum Buch finden.

Let me provotain you! Rock your work!

Martin Gaedt, April 2022

Die Wilden 18 sind
mein roter Faden durch
dieses Buch

STREICHEN
UMDREHEN
BRECHEN
VEREINFACHEN
ERSETZEN
REDUZIEREN
STEIGERN
INFRAGE STELLEN
VERTIEFEN

VERZAUBERN
ENTDECKEN
REGEL ÄNDERN
KOMBINIEREN
NUTZEN ERHÖHEN
ÜBERTRAGEN
PROVOZIEREN
FEHLER MACHEN
TRÄUMEN

VORWORT: DIE WILDE 18

1. DER RHYTHMUS DES WANDELS

Arbeit ist so vielfältig und spannend wie wir Menschen. Arbeitskulturen sind an jedem Ort und in jeder Firma anders. Die eine einzige gute Art zu arbeiten, kenne ich nicht. Viele unterschiedliche DNAs prägen Branchen, Unternehmen und Organisationen. Was in einer Firma normal ist, kann in einem anderen Umfeld sonderbar oder wunderbar wirken. Keine Arbeit bleibt auf Dauer gleich, denn jede Arbeit steht in einer Wechselwirkung mit der Arbeit vieler anderer Menschen. Eine Veränderung kann viele andere anstoßen. So wird Arbeit durch Arbeit laufend verändert. Wir entscheiden, ob wir die kleinen und großen Veränderungen aussitzen und verdrängen. Oder ob wir sie anpacken und nutzen.

 LASS DICH VON DEN HUNDERTEN BEISPIELEN IM BUCH NICHT ÜBERFORDERN! LEHNE DICH ZURÜCK UND GENIESSE!

Es geht nicht darum, alle Anregungen im Buch umzusetzen. Was dich **verzaubert** und begeistert, kannst du auf deine Arbeit **übertragen**. Was deine Haltung und Werte stärkt, kannst du **vertiefen**. Was dir und deinen Mitmenschen guttut, kannst du **steigern**.

EIN GUTER ANFANG: STREICHEN UND ERSETZEN

 Arbeit geht gastfreundlicher: Die Bäckerei Kolls ist ein Unternehmen mit 150 Mitarbeiterinnen und Mitarbeitern.[1] Sie verkaufen Brot und Backwaren in zwanzig Filialen mit Cafés rund um Quickborn nördlich von Hamburg. Sie haben Gesundheit und Umsatz **gesteigert**, indem sie einige Worte **gestrichen** und diese durch andere Worte **ersetzt** haben. Die Worte „Kundin" und „Kunde" wurden **gestrichen** und durch „Gäste" **ersetzt**. Und aus Verkäuferinnen und Verkäufern wurden Gastgeberinnen und Gastgeber. Gästen schenkt man ein besonders gutes Erlebnis. Gäste fühlen sich bei Gastgebern viel wohler als bei Verkäufern. In Stellenanzeigen der Bäckerei werden „Gastgeber (m/w/d) für unser Team" gesucht. Bereits nach zehn Monaten waren sechs Erfolge durch die neue Haltung messbar: Umsatz, Trinkgeld und die Zahl der Bewerbungen wurden **gesteigert**, Krankschreibungen, Personalfluktuation und Personalkosten wurden **reduziert**. Zudem ist die Bäckerei Kolls gut durch die Corona-Pandemie gekommen. „Ich denke, dass dazu beigetragen hat, dass wir uns im Vorweg bereits gut aufgestellt haben und viel in unsere Mitarbeiter und im Marketing investiert haben", schreibt mir Susanne Behnke-Schoos, Geschäftsführerin der Bäckerei Kolls.

Werden Worte **ersetzt**, und es steckt eine Überzeugung dahinter, verändert es die Unternehmenskultur. Den Gästen, den Menschen im Unternehmen und dem Unternehmen geht es besser. Ein dreifacher Nutzen.

> **Streiche** ein Wort, das dich stört und **ersetze** es mit einem Wort, das besser passt und dir gefällt. Teste das neue Wort regelmäßig und erlebe die Wirkung. Wie reagieren Menschen? Fällt es ihnen auf? Stellen sie Fragen dazu? Übernehmen sie es?

 Alles kann **gestrichen** werden, das schafft Platz für neue Materialien und Herstellungsverfahren. CO_2-Emission wird bei der Stahlproduktion **gestrichen**. SSAB in Schweden produziert bereits CO_2-freien Stahl.[2] Das ist ein großer Durchbruch für den Klimaschutz. Volvo hat den ersten Truck aus drei Tonnen CO_2-freiem Stahl hergestellt.[3]

③ Kakao in der Schokolade wird **gestrichen**. Sara und Max produzieren Schokolade ohne Kakao.[4] Das Start-up QOA aus München fermentiert regionale Zutaten, so dass dabei Schokoladen-Aroma entsteht.[5] Für den Anbau von Kakao wird viel Regenwald gerodet, und Monokulturen zerstören wertvolle Biodiversität. Ein Kilogramm Kakao verbraucht 24.000 Liter Wasser. Mehr als ein Kilogramm Fleisch. Schokoladenkonsum ist in dieser Hinsicht umweltfeindlicher als Fleischkonsum. Laut QOA arbeiten 1,6 Millionen Kinder auf Kakao-Plantagen.[6] Kakao in der Schokolade zu **streichen**, hat also fünf positive Wirkungen: Kinderarbeit, Regenwaldrodung, Monokulturen, Wasserverschwendung und CO_2-Emissionen auf Transportwegen sind **gestrichen**. Klassische Schokolade mit Kakao wird Menschen weiterhin **verzaubern**, doch den Großteil der industriell verwendeten Schokolade will QOA bis 2035 **ersetzen**.[7]

 Such dir einen Gegenstand oder einen Inhaltsstoff, der dich stört und **streiche** ihn. Dann **ersetzt** du seine Funktion mit neuen, überraschen Lösungen.

④ Arbeit geht vertrauenswürdiger und vertrauter: Der Film „Weit" – der meistgesehene Dokumentarfilm im Kino 2017 – zeigt die Reise von zwei jungen Menschen aus Freiburg, die dreieinhalb Jahre um die ganze Welt reisen, ohne zu fliegen.[8] Sie **streichen** das Flugzeug und **steigern** das Trampen. Sie werden häufig von fremden Menschen eingeladen, mit ihnen zu essen und bei ihnen zu schlafen. Die größte Erkenntnis der beiden Reisenden: Weltweit gibt es viel mehr Freundlichkeit und Vertrauen, als ihnen bewusst war. Das hat auch ihr Vertrauen in Menschen **gesteigert**. Was wäre, wenn die große Mehrheit der Menschen vertrauenswürdig wäre?

5 Der Cirque du Soleil ist weltbekannt. Kreative Motto-Shows mit den besten Artistinnen und Artisten der Welt sind sein Markenzeichen. Ein weiteres Markenzeichen ist eine Zirkusshow ohne Tiere. Tiere wurden komplett **gestrichen**. 1984 war das radikal und sehr mutig. Gerade Familien mit Kindern kamen wegen der Tiere in Zirkusvorstellungen. Heute werden die Rechte von Tieren in der Öffentlichkeit diskutiert, in zahlreichen Ländern sind Wildtiere in Zirkussen verboten.[9] Anfang 2020 liefen weltweit 44 Shows des Cirque du Soleil mit bis zu 4.000 Künstlerinnen und Künstlern. Pro Tag wurde eine Milliarde US-Dollar Umsatz erwirtschaftet. Das **Streichen** der Tiere schaffte Platz für eine neue Gestaltung und setzte finanzielle Ressourcen frei.

Streichen ist eines der mächtigsten Kreativ-Tools, denn Veränderung braucht diesen Freiraum.

6 IKEAs weltweiter Erfolg basiert auf dem **Streichen** fertig zusammengesetzter Möbel, einem **reduzierten** Preis, einer **vereinfachten** Anleitung und dem **Ersetzen** des Zusammenschraubens in einer Fabrik durch die Arbeit zuhause nach dem Kauf.

7 Kakteen, Mango, Äpfel und Ananasfasern **ersetzen** Leder für Taschen und Kleidung. Das spanische Unternehmen Ananas Anam stellt Piñatex aus Fasern von Ananasblättern her, die bisher Abfall waren. Die Ananas-Bauern **steigern** mit Abfall ihr Einkommen.[10] 2021 verkaufte Nike einen Sneaker auf Piñatex-Basis, die Zusammenarbeit gewann 2021 bei den „Best Collaboration by PETA Fashion Awards".[11] Mangos **ersetzen** Leder für Handtaschen mit einem veganen, lederähnlichen Material made in Rotterdam.[12] Aus Kaktus-Leder vom Mexikanischen Hersteller Desserto stellt Adidas Boxhandschuhe her.[13] Auch die Reste der Apfelsaftproduktion bieten eine Lederalternative.[14] Diese vier Lederalternativen **streichen** das Töten von Tieren und den Einsatz gefährlicher Chemikalien.

Nimm einen Gegenstand wie Kakao, Leder, ein Möbelstück oder einen Service wie Zirkus oder einen Prozess wie Reisen. Definiere sechs Bestandteile. Beim Zirkus könnten das zum Beispiel sein: Tiere, Artisten, Clowns, Holzbänke, Manege, Sägespäne. **Streiche** drei Bestandteile → Neuer Zirkus. Wähle wieder sechs Bestandteile. **Streiche** drei von ihnen → Neuer Zirkus. Wiederhole diese Schleife so lange, bis du alle ursprünglichen Bestandteile **gestrichen** hast.

Unzählige Kreativitätsmethoden wollen alle dasselbe: Vorhandenes **ersetzen** oder assoziativ neu **kombinieren**. Es ist ein Handwerk. Jede Tätigkeit, jedes Produkt und jeder Service kann regelmäßig überprüft werden, indem du **streichst** und **ersetzt**. Ist das Neue besser als das Alte, ist das für alle Beteiligten von Nutzen. Die neue Idee kann umgesetzt werden. Kommt kein neuer Nutzen heraus, war es eine gute Übung, denn Übung macht die Meisterin und den Meister.

Hast du schon mal Wasser in ein volles Glas gegossen? So wie das Glas überläuft, läuft unsere Arbeit über, wenn immer mehr dazu kommt. Wer 100 Prozent ausgelastet ist, hat keinen Platz mehr für Neues – auch nicht für die Aufgabe der Veränderung. Das ist der Grund, warum viele Menschen bei Begriffen wie New Work, Changemanagement und Innovation abschalten. Das Immer-Mehr hat bei jeder Arbeit Grenzen. Vor neuen Projekten muss aussortiert und **gestrichen** werden, um Platz zu schaffen, denn Raum und Zeit sind Mangelware im Berufsalltag.

In vielen Firmen und Organisationen läuft das Glas der Arbeitsbelastung permanent über. Zu viele neue Projekte werden zusätzlich gestartet, ohne bestehende Aufgaben zu **streichen**. Dasselbe passiert in der Gesetzgebung. Gesetze und Verordnungen werden ergänzt, ohne alte Gesetze zu **streichen**. Dieses Phänomen erstickt Veränderung im Keim und überfordert Menschen.

> **!** VERÄNDERUNG GELINGT NICHT IM ZU-VIEL-VON-ALLEM-ERSTICKUNGSTOD, SONDERN BRAUCHT FREIEN PLATZ. **STREICHEN** UND **ERSETZEN** IST KONSTRUKTIVE ARBEIT. WER ARBEIT VERÄNDERN WILL, **STREICHT** ZUERST, DAMIT DAS BESTE UND WESENTLICHE DER ARBEIT WACHSEN KANN.

Obstbäume und Weinreben gekonnt zu beschneiden, ist aufwendig. Doch nur so werden sie regelmäßig gute Früchte tragen. Äste und Ranken werden sinnvoll **reduziert** für mehr Ertrag.

> ✓ Werden deine Aufgaben sinnvoll beschnitten, **reduziert** und **gestrichen**? Nimm einen Mülleimer und schmeiße gezielt weg. Was kannst du **streichen**, bevor du eine neue Aufgabe anpackst oder im Team verteilst? Was kann deine Firma **streichen**, damit sie wieder handlungsfähig wird? Wie wird Arbeit ausgemistet?

Je öfter du Veränderung positiv erlebst, umso normaler wird für dich das **Reduzieren, Streichen, Umdrehen, Infragestellen, Steigern** und **Kombinieren**.

TRÄUME GEFÄHRDEN DEN STATUS QUO

Träumen ist kreative Arbeit, um bisher unbekannte Orte zu **entdecken** und dann ins Handeln zu kommen.

 Ein großer **Traum** bewegt Martin Murray: Zuckerwasser wird nicht mehr in Plastikflaschen um die ganze Welt transportiert. Mit seiner Firma Waterdrop verkauft er Brausetabletten, die in Trinkwasser aufgelöst werden. Den Geschmack erzeugen Pflanzenextrakte ohne Konservierungsstoffe. So wird Plastikmüll um 98 Prozent **reduziert**.[15] 2021 wurde der 1,5-millionste Kunde begrüßt, der Jahresumsatz lag bei 90 Millionen Euro.[16]

(9) Die Firma Seifenbrause bietet Seifen- und Duschgel-Tabs an. In der umweltschonenden Produktion werden neben dem **reduzierten** Plastikmüll auch 90 Prozent CO_2 eingespart.[17]

(10) „Es war immer mein **Traum**, international zu arbeiten", sagt Sebastian Stricker. 2014 gründete er die App ShareTheMeal. Mit ihr teilen Menschen per Klick eine Mahlzeit mit hungernden Kindern. ShareTheMeal ist heute Teil des Welternährungsprogramms der Vereinten Nationen. Die Überzeugung, etwas bewirken zu können, treibt Sebastian Stricker weiter an. 2017 **kombinierte** er das Teilen mit einem 1+1-Prinzip im Einzelhandel. Sein Start-up namens Share spendet für jedes verkaufte Produkt eine gleichwertige Leistung an hilfsbedürftige Menschen. Also zum Beispiel pro gekauftem Nussriegel eine Mahlzeit.[18] Share hat Rewe und dm als Großkunden gewonnen. „Es ist mir wichtig, sagen zu können, dass mein Leben sinnvoll ist und ich es mit den Leuten verbringe, die ich liebe. Ich schätze mein Team sehr. Es gibt mir die Kraft, das Projekt umzusetzen",[19] sagt der **träumende** Macher Sebastian. Share hat in vier Jahren 38 Millionen Tagesrationen Trinkwasser, 21 Millionen Hygieneartikel, 2 Millionen Schulstunden und 23 Millionen Mahlzeiten geteilt.[20] Ein **Traum** geht in Erfüllung.

(!) **TRÄUME** SIND WIE ORTE UND REGIONEN, AN DENEN NOCH KEINER WAR. IHRE **ENTDECKUNG** VERÄNDERT DIE WELT.

Wie **entdeckst** du Unbekanntes? Was willst du unbedingt **verzaubern**? Wovon träumst du?

(11) Der Corona-Impfstoff hat BioNTech und seine Gründer Özlem Türeci und Uğur Şahin weltberühmt gemacht. Seit 2001 verfolgen die beiden ihren großen **Traum**, die Revolution der Krebstherapie. Denn Krebs ist eine der größten Herausforderungen in der heutigen Medizin. Es gibt immer mehr betroffene Menschen. Das Problem und gleichzeitig die große Chance: Jede Krebserkrankung ist individuell.[21] Genauso individuell ist die mRNA-Technologie. Mit ihr könnte jeder Mensch eine auf ihn zugeschnittene Impfung gegen Krebs bekommen,[22] das wäre die **erträumte** Revolution in der Vorbeugung und Heilung von Krebs und vielen anderen Krankheiten. Dieser visionäre Kampf für Gesundheit vereint Türeci und Şahin. Sogar am Tag ihrer Hochzeit standen sie gemeinsam im Labor.[23] „Unsere Vision ist es, die Stärke der körpereigenen Abwehrmechanismen gegen Krebs und Infektionskrankheiten zu nutzen", erklärt Özlem Türeci. „Wir konnten bereits das Potenzial von mRNA-basierten Impfstoffen im Einsatz gegen COVID-19 verdeutlichen."

Türeci und Şahin verfolgen auch nach 20 Jahren Forschung in ihren Unternehmen weiter ihren **Traum**. BioNTech ist von 2008 bis 2020 auf mehr als 2.000 Mitarbeiterinnen und Mitarbeiter gewachsen.[24] Weltweit befinden sich mehrere Krebsimpfstoffe in der klinischen Entwicklung, 2022 wurde der erste Patient mit bisher unheilbarem Hautkrebs mit einem mRNA-Impfstoff behandelt. Und das Paul-Ehrlich-Institut rechnet damit, dass vielleicht schon 2026 der erste mRNA-Impfstoff in der Krebsbekämpfung zugelassen wird.[25]

> **TRÄUME** WIRKEN AUF ETABLIERTE GEWOHNHEITEN IMMER SUBVERSIV. SIE SIND EIN ANGRIFF AUF DAS BESTEHENDE UND EIN SCHRITT HIN ZUR MÖGLICHEN VERÄNDERUNG.

12 Simone Biles ist ein Ausnahmetalent im Turnen aus den USA. 2019 zeigte sie erstmals den Triple-Double, einen gehockten Doppelsalto mit drei Schrauben. Bei diesem spektakulären Turnelement springt sie vom Boden ab und macht im Flug zwei Drehungen rückwärts um ihre Breitenachse, während sie dreimal um sich selbst, also ihre Längsachse rotiert. Ihre Kreation war inspiriert vom **Traum**, das Unmögliche möglich zu machen. „Ich wollte sehen, wie das aussieht", sagt sie.[26] Der Salto trägt jetzt ihren Namen und heißt Biles II.[27]

Den unmöglichen Salto und die Impfung gegen Krebs zu sehen, bevor es sie gibt, nennen wir Vorstellungskraft. Was wir uns vorstellen und sehen können, das können wir auch umsetzen.

WENN BABYS DAS LAUFEN LERNEN

Ideen sind Träume einer veränderten Realität, die auf ihren Realitäts-Check warten.

> **!** WAS DU DIR NICHT VORSTELLEN KANNST, WIRST DU NICHT TUN. WAS DU NICHT ZUERST SIEHST, KANNST DU NICHT UMSETZEN.

Das Sehen steht immer vor dem Handeln. Ohne die Fähigkeit, Optionen zu erkennen, stecken wir in der Beharrungskraft der Gegenwart fest. Neue Prozesse, Angebote und Services wirken nur, wenn sie umgesetzt werden. Das ist völlig klar. Doch was ist der Auslöser, was ist immer zuerst da? Eingemauert in alltägliche Gewohnheiten ist die Sicht versperrt. Die Kraft der Vorstellung **bricht** Türen und Fenster in diese Mauern. Zum Vorschein kommen vielfältige Optionen und ungenutzte Ressourcen.

 Ich wohnte in West-Berlin und machte gerade mein Abitur. Zwei Millionen Menschen lebten damals wie auf einer Insel, komplett eingeschlossen von der DDR. Ich kannte West-Berlin in- und auswendig und bot Touristen an, mit ihnen per Fahrrad die Sehenswürdigkeiten zu erkunden. An einem sonnigen Sonntagmorgen riss auf dem Weg zu dem Treffpunkt mit einer Reisegruppe meine Fahrradkette. Katastrophe! Die Fahrradläden machten erst am Montag wieder auf, und 24/7-Service in Spätis gab es noch nicht. Die Gäste meiner Radtour konnte ich nicht informieren, denn Smartphones und Messenger wurden erst 18 Jahre später erfunden. Hätte ich mein Rad zum Treffpunkt geschoben, wäre ich eine Stunde zu spät gekommen.

Mein Gehirn raste, um eine Lösung zu finden. Ich suchte den Boden nach etwas Drahtähnlichem ab, mit dem ich die Kette vielleicht hätte flicken können. Plötzlich durchfuhr mich ein Geistesblitz. In einem meiner drei Ohrlöcher steckte eine Büroklammer. Konnte sie das fehlende Kettenglied **ersetzen**? Ich probierte es aus, tatsächlich ließen sich die losen Enden mit der Büroklammer **kombinieren**, und ich konnte den Kreis wieder schließen. Im gewohnten Tempo erreichte ich den Treffpunkt und wir hatten eine großartige Stadtrundfahrt. Die Büroklammer hatte die Radtour gerettet. Mit ihr hielt die Kette sogar noch zwei Wochen.

Wir haben immer mehr Ressourcen zur Verfügung, als wir denken. Hättest du die Büroklammer als Ressource erkannt? Hättest du ausprobiert, ob eine Büroklammer eine Fahrradkette zusammenhalten kann? Wärst du mit dem notdürftig reparierten Fahrrad gefahren?

Ideen sind nicht die Ausnahme, sondern die Regel. Jeden Tag haben Menschen Ideen: Wie kochen wir heute gesünder? Wie lösen wir die steigende Zahl an Paketlieferungen mit weniger Autos in Innenstädten? Welcher Wirkstoff im Medikament kann mehr Menschen heilen?

> **DIE GANZE WELT BESTEHT AUS IDEEN, DIE UMGESETZT WURDEN. ALLES, WAS WIR TÄGLICH NUTZEN UND FÜR UNS NORMAL IST, WAR EINMAL EINE IDEE, FÜR DIE MENSCHEN GEKÄMPFT HABEN.**

Neben der Passion für unsere Vorstellungskraft bin ich auch ein großer Fan des Anpackens, Umsetzens und Machens. Seit dreißig Jahren setzte ich Projekte um. Ich gründe Firmen und Vereine und habe hunderte Gründerinnen und Gründer bei ihren Umsetzungen begleitet.

 Direkt am Tag nach seinem Geistesblitz probierte der 18-jährige David seine Idee aus. Beim Grillen mit Freunden hatte er eine gute Nachricht erzählt, die er kurz vorher gehört hatte. Einer seiner Freunde hatte aufgeschrien: „Endlich mal was Positives!" Dies war der Impuls für David, mehr gute Nachrichten zu verbreiten. Ohne journalistische Erfahrung startete er am nächsten Morgen sein Good News Magazin auf Facebook und Instagram. Seit 2016 veröffentlicht er täglich eine gute Nachricht. Null Follower zum Start weckten seinen Ehrgeiz. Anfang 2022 folgen mehr als 100.000 Menschen auf Instagram.[28] Das Team des Good News Magazin ist seit März 2020 auf 25 engagierte Menschen angewachsen. Die Nachrichten werden heute tausendfach geteilt und teilweise Millionen Mal gelesen.[29] Die Sichtbarkeit guter Nachrichten wurde millionenfach **gesteigert**. 2022 kommen sowohl ein Buch zu Positivem Journalismus als auch eine Print-Version des Good News Magazins heraus. Begonnen hat alles mit der Idee am Lagerfeuer und dem ersten Schritt am 15. Juni 2016.

Wie schätzt du das Verhältnis von guten und schlechten Nachrichten ein? 6:94? 27:73? 50:50? Oder gibt es sogar mehr Gutes? In keinem Fall ist das Verhältnis so negativ, wie klassische Nachrichten es darstellen.

> Gute Nachrichten:
> An über 50.000 Orten in Deutschland[30] kann kostenlos Obst geerntet werden.[31]
>
> Die Zahl der Verbrechen in Deutschland ist auf dem niedrigsten Wert seit 1992.[32]
>
> In Afrika gilt der Polio-Erreger seit 2020 als ausgerottet.[33]
>
> Auf der Erde wird viel gelacht, Menschen erzählen sich Geschichten und Witze.

Ist alles positiv? Nein. Ist alles negativ? Nein. Positiver Journalismus blendet Probleme nicht aus, sondern zeigt Lösungen auf. Es geht um ein realistisches und ausgewogenes Bild von der Welt.

Was uns nicht zuerst überrascht, erschreckt und auch verärgert, ist nicht neu. Ist deine Idee komplett neu, dann ist sie unbekannt, unpassend, ungewohnt, unsexy, unvertraut, ungewollt und unbeliebt. Also wundere dich nicht, wenn manche Menschen zu ihr „Geht nicht" sagen. Sie sehen deine Idee nicht. Ihre Vorstellungskraft geht nicht so weit ins Unbekannte wie deine.

Wenn sie „Geht nicht" ernst meinen, müssten sie konsequenterweise nackt im Wald leben. Denn alles, was sie tagtäglich anziehen, nutzen und genießen, waren mal Ideen. Wenn jemand deine Ideen zertrampelt und mit dem Hammer draufschlägt, lach laut und fröhlich und stell dir sie oder ihn nackt im Wald vor.

Herrscht in deiner Firma die Geht-nicht-Stimmung oder der Geht-noch-nicht-packen-wir's-an-Spirit? „Geht nicht" ist der Ideen- und Energiekiller Nummer Eins.

„GEHT NICHT" IST IMMER FALSCH. KORREKT WÄRE: „GEHT NOCH NICHT." HURRA!

Mit dieser Einstellung stehst du an der Schwelle zur Innovation und Weiterentwicklung. Ginge es bereits, wäre deine Idee nicht neu. Jubel und Zustimmung bekommt das Bekannte und Etablierte, das sich längst durchgesetzt hat. Jubeln dir alle Menschen zu, ist die Idee nicht neu.

Bei welcher Idee hast du am meisten Widerspruch bekommen? Welche deiner Ideen wurden zuerst abgelehnt und später bejubelt? Welche Ideen hast du gestartet? Welche ersten Schritte bist du damit gegangen? Wie viele zweite und dritte Schritte folgten? Welche deiner Ideen begeistern dich? Welche Ideen-Talente fütterst du?

Ideen stehen am Anfang jeder Entwicklung, sie sind nie perfekt, sondern kleine, hilflose Wesen, die Liebe und Zuwendung brauchen. Kritik an Ideen ist so sinnlos wie die Kritik an einem Baby. Ideen können weder laufen noch Klavier spielen. Ideen stecken voller Talente, die noch verborgen sind. Sie tragen Potenzial in sich wie Babys ihre einmaligen Talente. Diese Begabungen gilt es zu **entdecken** und zu entwickeln. Mit der Haltung *don't criticize, improve* werden Ideen vor destruktiver Kritik geschützt. Alle Fragen, Kommentare und weiteren Zutaten machen sie reifer, passender und interessanter. Füttere Ideen und reichere sie an.

Das Neue ist meistens unscheinbar, es braucht noch viel Raum und Zeit zum Wachsen. Füttere, schütze und liebe die Ideen-Babys und fördere ihre Talente. Die Idee ist nur der erste Impuls. Die Talente der Idee zu entwickeln, um ein neues Angebot zu etablieren, ist ein langer Weg.

 NUR EIN KLEINER BRUCHTEIL DER IDEEN KOMMT ERWACHSEN UND ETABLIERT IN DER WELT AN.

DER RHYTHMUS
DER ERNEUERUNG

Arbeit am Neuen ist eine Entwicklung vom Baby zum Erwachsenen. Sie durchläuft vier Phasen:

> Baby – hat unbekannte Potenziale mit
> einmaligem Talente-Mix.
> Kind – probiert voller Neugier alles aus,
> entdeckt seine Talente.
> Jugendlicher – entdeckt den eigenen Weg
> gegen Widerstände.
> Erwachsener – ist etabliert als neuer Status quo
> und Mainstream.

Fortschritt folgt einem Muster. Was anfangs jugendlich rebellisch ist, muss sich in der Welt etablieren, sonst setzt sich die Veränderung nicht durch. Das ist kreative Veränderung vom Ideen-Baby bis zum etablierten Status quo. Das Etablierte kann laufend weiterentwickelt werden. Zeitgleich kommen links und rechts neue Ideen-Babys, die zum Überholen ansetzen.

WILLST DU SCHMETTERLINGE, TRITT NICHT AUF RAUPEN. WILLST DU BESSER LEBEN UND ARBEITEN, ACHTE AUF REBELLISCHE IDEEN UND DEREN ETABLIERUNG.

Es gibt keinen Stillstand, das Rad des Wandels dreht sich immer weiter. Drehst du mit? Oder bleibst du mit dem Etablierten stehen? Die Haut, alle Zellen und Organe machen uns permanenten Wandel vor.

15 Unsere Haut ist unser größtes Organ. Beim Berühren wirkt sie gespannt und glatt. Dabei verliert jeder Mensch pro Minute 40.000 Hautzellen, das sind über 57 Millionen Zellen pro Tag. Wir merken es gar nicht, denn sie wiegen zusammen nur 10 bis 14 Gramm. So schafft die Haut Platz für neue Hautzellen, die nachwachsen. Täglich produzieren Menschen weltweit 94 Tonnen Haut. Bis die neuen Zellen sichtbar sind, reisen sie durch vier Hautschichten: Basal-, Stachel-, Körner- und Hornzellschicht. Nach 28 Tagen hat sich deine Haut komplett erneuert. Monat für Monat wird Haut durch neue Haut **ersetzt**. Das ist ein natürlicher und lebensnotwendiger Prozess.

Wandel braucht Struktur. Neue Haut wächst strukturiert. Struktur und Freiraum sind scheinbare Gegensätze, doch am besten wirken sie im Doppelpack!

AM BESTEN VERÄNDERN WIR ARBEIT SO STRUKTURIERT UND KONTINUIERLICH, WIE SICH DIE ZELLEN UNSERER HAUT ERNEUERN. WANDEL DER ARBEIT WIRD ZU EINEM NATÜRLICHEN PROZESS.

Wandel braucht einen klaren Blick auf die Realität. Menschen können Augen und Ohren vor der Wirklichkeit verschließen. Oder sie schauen genau hin und gestalten die neue Realität, damit Menschen bestmöglich leben können. Seien wir realistisch und geben der Veränderung Raum.

16 Die indonesische Hauptstadt Jakarta wird durch den steigenden Meeresspiegel versinken. Deshalb wird sie komplett umgesiedelt. Die neue Hauptstadt Nusantara wird auf der Insel Borneo gebaut.[34] Einen Schritt weiter geht die Vision, auf künstlichen Inseln und in Städten im Meer zu leben.[35]

17 Obwohl wir mit den derzeit produzierten Lebensmitteln alle Menschen auf der Welt ernähren könnten, hungern und verhungern trotzdem Millionen Menschen weltweit. Gleichzeitig werden in vielen Ländern im globalen Norden bis zu 40 Prozent des guten Essens im Müll entsorgt. Diese Realität ist ein Verbrechen. In Frankreich ist Supermärkten das Wegwerfen von Lebensmitteln unter hohen Strafen verboten. Wann wird das französische Gesetz endlich auf Deutschland **übertragen**? Wann wird Lebensmittelrettung aus Mülltonnen – sogenanntes Containern – endlich entkriminalisiert?

Zur Realität gehören auch Fakten. Bitte beantworte drei Fragen. Die Auflösung findest du ein paar Seiten weiter. Es gibt in Deutschland 3,37 Millionen Unternehmen – Stand Ende 2020, veröffentlicht im Januar 2022.[36] Was schätzt du:

1. Wie viel Prozent der Unternehmen beschäftigen mehr als 50 Angestellte? ____ %

2. Wie viel Prozent der Unternehmen beschäftigen mehr als 1.000 Angestellte? ____ %

3. Welche Berufs- oder Personengruppe mordet am häufigsten im ARD-Tatort? Ist der Gärtner immer der Mörder? Sind es Freunde? Die Partnerin oder der Partner? Familienmitglieder? Nachbarn, Schülerinnen und Schüler? Oder ein ganz anderer Personenkreis?

Dein Tipp:

EIN LEBEN VOLLER BEDÜRFNISSE

Zum Leben brauchen wir frische Luft, Trinken, Nahrung, Schlaf und Wärme. Dazu kommen Bedürfnisse wie Sicherheit, Frieden, Gemeinschaft, Lachen, Spaß, Unterhaltung, Gesundheit, Ruhe, Freiheit, Gerechtigkeit, Energie, Wärme, Hygiene, Zufriedenheit, Mobilität, Lernen, Entwicklung, Schönheit, Bildung, Natur, Biodiversität, Umwelt, Spiel, Musik, Engagement, Sinn, Zugehörigkeit, Aufmerksamkeit, Anerkennung, Wertschätzung, Teilhabe, Bewegung und viele mehr.

18 Auch ein Dach über dem Kopf zu haben und nachts ruhig schlafen zu können, sind menschliche Bedürfnisse. Als ich zuhause mal wieder darüber grummelte, dass ich unsere Fenster putzen sollte, sagte meine Frau: „Wenn du Fenster putzt, sei dankbar und freu dich, dass du ein Zuhause hast." Tatsächlich fällt es mir seitdem leichter, unsere Fenster zu putzen. Welch ein Luxus, in einer Wohnung mit Fenstern und Heizung zu leben! Beides ist nicht selbstverständlich.

Unsere Bedürfnisse sind Gründe dafür, dass wir arbeiten. Da wir nicht alles selbst tun können, arbeiten andere Menschen für uns und wir für sie. Klingt nach machbaren, klaren Spielregeln. Warum überfordert und belastet dann Arbeit viele Menschen? Warum ist sie oft schwer statt leicht und wundervoll? Was macht das Leben kompliziert? Warum streiten wir? Wollen wir nicht alle das Gleiche?

Für eine ehrliche Antwort schauen wir uns eines unserer Bedürfnisse näher an. Warum bewegen wir uns?

> Unser Körper braucht Bewegung, damit er funktioniert.
> Unser Herz braucht Bewegung.
> Unsere 656 Muskeln brauchen Bewegung.
> Wir bewegen uns, um zur Kita, zur Schule und zur Arbeit zu kommen.
> Um uns im Verein zu engagieren.
> Um Freunde zu treffen.
> Um Spaß zu haben.
> Für Geselligkeit beim Mannschaftssport.
> Um an Wettkämpfen teilnehmen zu können.
> Um Glückshormone zu erleben.
> Um zu tanzen.
> Um produktiver zu sein und um lange zu leben.

Bewegung ist ein Bedürfnis, das uns verbindet. Doch im Detail unterscheidet sich das Bedürfnis gravierend. Deshalb gibt es viele unterschiedliche Angebote, wie wir uns bewegen können.

19 Der Beginn des organisierten Sports in Deutschland wird dem Turnvater Friedrich Ludwig Jahn zugeschrieben, der um 1810 in Berlin erstmals öffentlich turnen ließ.[37] Heute gibt es in Deutschland rund 90.000 Sportvereine.

20 Um das Bedürfnis nach Bewegung herum ist die Fitness-Branche entstanden. 1956 wurde in Schweinfurt das erste deutsche Fitnessstudio gegründet für Bodybuilding. Gründer war der US-amerikanische Soldat Harry Gelbfarb.[38] Im Jahr 2020 gab es rund 9.500 Fitnessstudios in Deutschland mit gut zehn Millionen Mitgliedern, von denen knapp fünf Millionen mehrmals wöchentlich trainieren.[39] In den USA gibt es 39.570 Fitnessstudios, und weltweit werden fast 100 Milliarden US-Dollar Umsatz generiert.⁴⁰ All dies basiert auf den Bedürfnissen nach Bewegung, Gesundheit und Schönheit.

 ARBEIT IST EINE DIENERIN FÜR MENSCHLICHE BEDÜRFNISSE. WENN WIR UNSERE BEDÜRFNISSE VERSTEHEN, FÜHRT DAS ZU BESSEREN ANGEBOTEN UND STARTET GANZE BRANCHEN.

Arbeit bedient Bedürfnisse. Mit Services, die Bedürfnisse erfüllen, verdienen wir Geld.

Noch ein Beispiel: Warum essen wir?

> Wir essen, weil wir Hunger haben und Nährstoffe brauchen.
> Wir essen aus Appetit und Lust, weil es schmeckt.
> Wir essen, weil wir trainieren und Muskeln aufbauen wollen.
> Wir essen in Gesellschaft, mit Familie und Freunden,
> zum Feiern, aus Lebensfreude.
> Wir essen aus Angst, aus Langeweile oder Frust.
> Wir essen im Stress oder aus einer Sucht heraus,
> als Pausenfüller und zur Ablenkung.

Bestimmt fallen dir weitere Antworten ein.

Hinter jedem Teilbedürfnis stecken im Detail viele weitere, in sich verschachtelte Bedürfnisse. Kennst du den Wunsch hinter dem Wunsch? Zu ihm führen das zweite und das dritte Warum:

> Warum essen wir? Weil wir Hunger haben und Nährstoffe brauchen. Warum? Weil Vitamine, Mineralsalze, Ballaststoffe, Kohlenhydrate, Eiweiße und Fette durch die Verdauung
> im Blut landen und zu den Organen und Zellen transportiert werden. Dort wird aus Nährstoffen durch Zellatmung Energie.

Warum essen wir? Wir essen aus Lust, weil es gut schmeckt. Warum? Schmecken ist ein Erlebnis, das Spaß macht und unterhaltsam ist. Warum? Wir Menschen sind Sinneswesen, wir hören, sehen, fühlen, riechen und schmecken die Welt.

Warum essen wir? Weil wir trainieren und Muskeln aufbauen wollen. Warum? Weil wir einen Unfall oder eine Operation hatten. Oder weil wir an einem sportlichen Wettkampf teilnehmen wollen. Oder weil wir einfach fit bleiben wollen. Je nach Anlass kann uns unterschiedliche Nahrung bei der Zielerreichung unterstützen.

Warum essen wir? Weil es in Gesellschaft, mit der Familie und mit Freunden doppelt so gut schmeckt. Warum? Weil wir soziale Wesen sind. Wir reden und lachen beim Essen. Sowohl Hochzeiten als auch Trauerfeiern werden mit einem geselligen Festmahl begleitet.

Warum essen wir? Aus Lebensfreude. Warum? Bestimmte Nahrung tut uns gut, also genießen wir den Kaffee am Morgen oder das Stück Schokolade am Nachmittag. Viele Menschen entdecken beim Kochen und Backen ihre Kreativität und Lebensfreude.

Warum essen wir? Wir essen aus Angst und Frust. Warum? Weil Essen beruhigend wirken kann. Essen kann ein Ersatz zum Nägelkauen sein. Essen kann positive Erlebnisse wecken, trösten und befriedigen. Essen macht glücklich.

Warum essen wir? Aus Langeweile, als Pausenfüller und Suchtmittel. Warum? Essen ermöglicht sofort eine Tätigkeit, es ist 24/7 verfügbar. Wer zu rauchen aufhört, kann Essen als Ersatz für Raucherpausen nutzen. Essen kann selbst zur Sucht werden.

Alle diese unterschiedlichen Ausprägungen – und noch mehr – basieren auf dem Kernbedürfnis des Essens, das wir zum Leben brauchen. Um das Essen herum sind Kulturen gewachsen. Jede Region preist ihre Spezialitäten an. Sowohl der Lebensmittelhandel als auch die Gastronomie setzen in ihren Angeboten und der Werbung auf bestimmte Teil-Bedürfnisse, die sie konkret adressieren. Je besser sie das Bedürfnis ihrer Gäste verstehen, desto passender können sie Angebot, Werbung und Service **kombinieren**, um Umsatz zu generieren. Alle diversen Bedürfnisse und Unterbedürfnisse aller Menschen kann kein Angebot treffend bedienen.

In Deutschland bieten rund 70.600 Restaurants, 37.000 Imbissstuben, 11.800 Cafés und 4.500 Bars Essen an.[41] Der Umsatz in der Gastronomie hat sich von 2002 bis 2019 verdoppelt, im Jahr 2019 lag er in Deutschland bei rund 61 Milliarden Euro.[42] Der Lebensmitteleinzelhandel erwirtschaftete 2021 rund 149 Milliarden Euro.[43] Das bedeutet: 210 Milliarden Euro Umsatz basieren in Deutschland auf dem Bedürfnis Essen in allen Facetten.

Wähle ein Bedürfnis, das dich interessiert. Beantworte zu dem ausgewählten Bedürfnis mehrfach die Frage Warum? **Entdecke** die vielfältigen menschlichen Ausprägungen dieses Bedürfnisses. **Vertiefe** die ersten Antworten mit einer zweiten und vielleicht auch dritten Warum-Runde. Dies ist die Warum?-Warum?-Übung.

Weder Büros noch Autos noch Maschinen in einer Produktionshalle sind Bedürfnisse. Sie sind Mittel zum Zweck. Welches Bedürfnis anderer Menschen befriedigst du mit deiner Arbeit? Auf welches Bedürfnis gibst du die beste Antwort? Welches Bedürfnis hast du vertieft, um besser zu verstehen, was Menschen wirklich wollen? Gibt es passendere, leckerere, einfachere und bessere Angebote in deiner Branche? Wie sehen sie aus? Lass die Vorstellungskraft spinnen!

ZUTATEN
LECKER KOMBINIERT

22 „Darm mit Charme" ist ein genialer Buchtitel. Und eine kreative Meisterleistung. Frech **kombiniert** aus zwei bekannten Worten, ungewöhnlich, einprägsam und unterhaltsam. Im Erscheinungsjahr 2014 war es mit über einer Million verkaufter Exemplare das meistverkaufte Sachbuch.

23 Seit 1977 kürt die Gesellschaft für deutsche Sprache jährlich eine Top 10 der Wörter, die das politische, wirtschaftliche und gesellschaftliche Leben sprachlich bestimmt haben.[44] „Wellenbrecher" bekam im Corona-Jahr 2021 eine ganz neue Bedeutung und wurde Wort des Jahres. Auf Platz drei stand der Pflexit, dramatisch **kombiniert** aus Pflege und Exit, also der Flucht aus Pflegeberufen aufgrund katastrophaler Arbeitsbedingungen.[45]

Wortkreationen erfüllen einen weiteren Zweck. Sie positionieren Ideen und Angebote mit einem einmaligen, wiedererkennbaren Namen. Für Konzepte gibt es kein Schutzrecht. Deshalb nutzen Unternehmen, Initiativen und Vereine für ihre Angebote häufig den Markenschutz.

24 Viele Wortkreationen stehen als eingetragene Marke im Register des Deutschen Patent- und Markenamts. Am 31.12.2020 waren in Deutschland 845.583 Marken angemeldet, darunter sind Wortschöpfungen wie der Name meiner Firma.[46]

25 Ein Kunde rief mich an: „Können Sie bei unserer Feier zum 50. Firmenjubiläum einen Vortrag halten?" Ich sagte spontan: „Sehr gerne. Ich verbreite allerdings keine Jubelstimmung, ich **provoziere**!" Das war ehrlich, klang aber am Telefon so hart, dass ich schnell ergänzte: „Dabei entertaine ich. Die Gäste lachen sehr viel, ich steige auf Leitern und mache eine Bühnenshow. Ich provoziere und entertaine – das ist Provotainment." In diesem Gespräch platzte die neue **Kombination** aus mir heraus. Seit 2016 heißt meine Firma Provotainment. Den Auftrag zum Vortrag beim 50. Jubiläum bekam ich. Seitdem habe ich in 550 Vorträgen und Workshops rund 90.000 Menschen provotaint.

In den vergangenen Jahren habe ich in Cafés tausende Postkarten gesammelt, die dort kostenlos verteilt werden. Damit lassen sich neue Wortkreationen wie am Fließband produzieren.

Nimm zwei Postkarten. **Kombiniere** assoziativ, was du darauf siehst. Die Worte und Bilder sind die Zutaten für neue Worte. Nimm zwei weitere Postkarten, erfinde andere unbekannte Worte. Mit acht Postkarten kannst du eine ganze Seite neuer Worte **kombinieren**.

Noch mehr Spaß macht diese Übung zu zweit. Lade Freunde zum Mixen ein. Die Bilder und Worte regen das Gehirn an, ungewöhnlich neu zu **kombinieren**.

Wenn deine Postkartensammlung noch nicht groß genug ist, nimm zwei Bücher, schlage sie zufällig auf, tippe in jedem Buch auf ein Wort und **kombiniere** diese beiden Worte. Das wiederholst du, bis du eine Seite neuer Worte gesammelt hast.

Diese Wort-Cocktails ergeben häufig keinen Sinn. Das ist gut so. Sie können lustig, absurd und unverständlich wirken. Wie gefallen dir diese Postkarten-Wort-Cocktails von Gästen meiner Workshops? Sternengarten, Sonnendimension, Sonnenkunst, Respektbrause, Bierbonbon, Blumenbier, Glutengeiz, Bauchkino, Hosenkino, Saxoboot, Herzensgold, Faltenfalle, Aussichtslust, Lauttreter, Tonsand, Kurventurm, Kaktusparty, Tanzklinikum, Popkater, Ökoparty, Klimawandelknacker, Wertemuseum, Klingelwandel, Donnerlaune, Lackschuhteiler, Spaßstrumpf, Realitätsdrecksack, Monstergedächtnis, Justizliebe, Brillenhund, Kümmerstück, Ordnungshölle, Stückvergnügen, Sonnenlocken, Herzenswiese, Blumenleiter, Apfelblau, Apfelmaus, Sitzbär, Ideenidol, Blattohr, Wundergold, Barschuh, Bärenfuchs, Zitronenblau, Erbsensex, Staunbar, Frittentrainer, Tattoobruder, Düsselroggen, Hauchplosion, Tempoblick, Faulmacher, Pionierleuchten, Drehgeist, Vogeljazz, Snackmönch, Essenskrieg, Knalltag, Krisenschwimmer, Alltaginsel, Spaßstrumpf, Rückwärtsminute, Kaktusherz, Flyerfeier, Feierkunst, Randnotizposaune, Königsklappe, Abenteuerfrust, Wasserkran, Seitenchance Realitätsdrecksack, Leistungskrawatte, Anbeißberuf, Bauchbühne, Ökolaune, Wahrheitsladen, Rausstellung, Fluchtmensch, Spendengott, Zaundecke, Kunstkönigin, Machtverbesserer, Würdevergesser, Weltmuseum, Kraftschwanger, Grenzlichkeit, Ideensuppe, Bürolücke, Respektraum, Nachtbunt, Netzwerkschwimmer, Fluchtholz, Gewaltfrieden, Bürogarten, Nudelstifte, Glücksmarkt, Lustinfarkt, Würdewandel, Rosenhaupt und Changeplosion.

Täglich können wir neue Worte **kombinieren**, die besser passen als etablierte Worte. In ein paar Jahren könnten Klingelwandel und Popkater im Duden stehen. Sie müssten nur häufig genug genutzt werden. Bekannte Worte wie Feuerwerk, Geistesblitz, Bilderhaken, Schlafsack, Lagerfeuer, Landlust, Radiergummi, Menschenwürde, Bergwerk, Schulweg, Kindergarten, Nacktschnecke, Dachfenster, Heckenschere, Tortenheber, Umweltschutz, Blumenwiese, Pendlerpauschale, Maschendrahtzaun und Hundeleine waren auch mal neu. Bevor sie normal wurden, waren es unbekannte Worte. Klobürste klang anfangs genauso seltsam wie Blattohr.

26 Müssen kaputte Brücken immer abgerissen werden? Evonik hat die Genetik von Mikroorganismen neu **kombiniert**. Sie werden in den Beton gemischt und befähigen ihn, Risse selbst zu schließen. Sickert Wasser durch Risse ein, dauert es einen Monat, bis die Bakterien im Beton die Risse geschlossen haben und keine Feuchtigkeit mehr eindringt. „Ein Beton, der Risse von selbst kittet, schützt sich also vor schweren Schäden", sagt Anke Reinschmidt von Evonik.[47] Der selbstheilende Beton verlängert die Haltbarkeit von Betonbauten. Lässt sich die Selbstheilung auf andere Materialien

übertragen? In einem Forschungsprojekt in Leipzig werden selbstheilende Lacke für empfindliche Oberflächen entwickelt.⁴⁸

 Nimm ein Notizbuch. Zeichne drei Spalten. Laufe durch die Stadt oder fahre übers Land. Notiere in der ersten Spalte alles, was du gut findest und was dir gefällt. Dabei setzt du auf deine subjektive Bewertung. Schreibe in die dritte Spalte alles, was dir nicht gefällt, was dich ärgert und was du negativ findest. In die mittlere Spalte schreibst du alles, was du interessant findest. – Wenn deine Sammlung gewachsen ist, kannst du **streichen** und **ersetzen**, was du negativ bewertest. Was du gut findest, kannst du feiern, **steigern** und auf andere Angebote **übertragen**. Was du interessant findest, sind besondere Zutaten zum **Kombinieren** neuer Ideen, Produkte und Prozesse.

Neue **Kombinationen** zu schaffen, ist kreative Arbeit. Der Buchdruck war eine **Kombination** aus beweglichen Buchstaben und einer Weinpresse.

27 Die Kombination aus Kirschen, Rahm und Kirschwasser war schon früh im Südschwarzwald bekannt, jedoch nicht in Form einer Torte, sondern als Dessert. Das Dessert in Form einer Torte war die neue **Kombination**.⁴⁹

28 Das Smartphone hat diverse Tools neu kombiniert: Musik hören, Internet nutzen und ein Touchscreen. Wie revolutionär diese **Kombination** 2007 war, ist heute kaum noch vorstellbar.⁵⁰

29 Neu **kombinierte** Roboter erkunden nun die Tiefsee. Statt die klassische Metallhülle so zu verstärken, dass sie dem enormen Druck in elf Kilometern Meerestiefe standhält, **kombinierten** chinesische Forscher eine Hülle aus weichem Silikon mit den Anforderungen der Tiefsee.⁵¹ Ihr Roboter-Wurm aus Silikon stellte einen neuen Rekord im Tieftauchen auf. Der Softroboter kann die tiefsten Regionen der Weltmeere erforschen.

Eine neue **Kombination** kann auch Werbung emotionaler und bewegender gestalten.

(30) Edekas Werbefilm *Supergeil* 2014 war mutig. Der Film *Heimkommen* im Dezember 2015 war noch mutiger. Er wurde innerhalb von zehn Tagen über 40 Millionen Mal auf YouTube angesehen. Edeka **kombiniert** darin die Einsamkeit von Senioren, Tod und Trauer mit der Botschaft, zusammen mit der Familie Weihnachten zu feiern. Das Thema hätten Rotes Kreuz, Caritas oder Diakonie verfilmen sollen, doch sie haben die Chance verpasst. Edeka hat das bewegende Thema in 106 Sekunden perfekt inszeniert und **steigert** die emotionale Achterbahn der Gefühle. Ich zeige den Film regelmäßig vor Publikum und sehe jedes Mal Menschen weinen.

Statistiken und Fakten-Checks sind wichtige Zutaten im Spiel mit **Kombinationen**. Nur wenn wir die Fakten richtig einschätzen, können wir passende Lösungen entwickeln. Die folgenden Zahlen des Statistischen Bundesamts haben meinen Blick auf den Arbeitsmarkt verändert:

Nur 2,7 Prozent der 3,37 Millionen Unternehmen in Deutschland haben mehr als 50 Beschäftigte. Was hast du getippt?

3.101 Firmen beschäftigen über 1.000 Mitarbeiterinnen und Mitarbeiter. Das sind 0,09 Prozent aller Unternehmen. Was hast du getippt?

97,3 Prozent aller Betriebe beschäftigen weniger als 50 Angestellte.

Und 2,9 Millionen Betriebe arbeiten mit weniger als zehn Mitarbeiterinnen und Mitarbeitern. Das sind Betriebe im Handwerk, Gastgewerbe und Einzelhandel, Arztpraxen, Pflegedienste, Fitnessstudios und Agenturen.

Im Handwerk beschäftigen eine Million Betriebe durchschnittlich sechs Mitarbeiterinnen und Mitarbeiter.

In den Medien wird hauptsächlich über Konzerne wie Siemens, Bosch, Lufthansa, Daimler, BMW, VW, Deutsche Bank und Allianz berichtet. Es scheint so, als wären sie „die deutsche Wirtschaft". Doch das verzerrt die Wahrnehmung des Arbeitsmarktes! **Streiche** Vorurteile, **ersetze** sie mit der Realität!

 ANNAHMEN, DIE SICH ALS FALSCH ERWEISEN, WERDEN **GESTRICHEN**. SIE WERDEN DURCH FAKTEN **ERSETZT**. DAS **STEIGERT** DIE TREFFERQUOTE NEUER IDEEN.

Wenn du nun diese Fakten des Arbeitsmarktes kennst, wie verändert sich dein Blick auf Firmen? Wie verändern sich Personalgewinnung und Arbeitsplatzsuche? Wie siehst du Lieferketten, Kooperationen und Netzwerke? Wie verändert sich deine Akquise, wenn du Aufträge suchst?

Diese Zahlen sind für mich ein Schlüssel zu einem neuen Verständnis des Arbeitsmarktes. Das Kernproblem in der Personalgewinnung sehe ich in der Unsichtbarkeit von 97,3 Prozent kleiner Betriebe. Jedes Unternehmen ist hinter stabilen Mauern versteckt, damit Wind und Wetter draußen bleiben. Aber diese Fassaden der Büro- und Fabrikgebäude haben ungewollt auch eine andere Wirkung: Sie machen Unternehmen unsichtbar. Kaum jemand weiß, was sie Tolles leisten. Wir können nur wahrnehmen, was mit unseren Sinnen wahrnehmbar ist. Was wir nicht wahrnehmen, bleibt versteckt und unsichtbar. Schlimmer noch: Das gibt es für uns nicht.

 Zähle 50 Unternehmen auf mit unter 50 Beschäftigten. Wie weit kommst du? Zähle 50 Unternehmen auf mit unter 10 Beschäftigten. Wie viele fallen dir ein?

Häufig entspricht unsere Wahrnehmung nicht der Realität. Auch in der Fiktion der TV-Krimis hilft der Fakten-Check.

(31) Wer mordet im ARD-Tatort? In 1.023 Folgen wurde gezählt, welche Personengruppe am häufigsten mordet: Auf Platz eins stehen mit 109 Morden Unternehmerinnen und Unternehmer. Bist du überrascht? Berufskriminelle haben 100-mal getötet. Platz 3 belegen 54 Schülerinnen und Schüler gefolgt von Polizistinnen und Polizisten auf dem 4. Platz.[52]

Denkst du bei Verbrechern zuerst an Chefinnen und Chefs? Wie ist dein Bild von Menschen, die Firmen gründen und leiten?

(32) Ich denke bei Unternehmern an Menschen wie Florian Arndt. Mit 11 Jahren begann er, Filme zu drehen. Mit 18 Jahren gewann er 25 internationale Auszeichnungen für seinen Dokumentarfilm „Testfahrer". Die Preisgelder verwendete er zur Gründung seiner Firma Sons Of Motion Pictures GmbH. Anfangs war er der Jüngste in seiner Firma. Die Kunden sprachen oft ältere Mitarbeiter als Geschäftsführer an, er wurde für den Praktikanten gehalten. Florian spielte das Spiel lächelnd mit, Hauptsache, seine Firma bekam den Auftrag. Heute beschäftigt Arndt in Leipzig 45 festangestellte Mitarbeiterinnen und Mitarbeiter. Die finanzielle Belastung durch sie war am Anfang das größte Risiko. Mit der Zeit merkte er, dass viele Wettbewerber kaum Festangestellte haben und viele Projekte mit Freelancern umsetzen. So federn sie Auftragslöcher und finanzielle Engpässe ab. Warum hatte er seine Crew fest eingestellt? Er hatte gedacht, dass eine GmbH das machen muss. Ein scheinbar teurer Fehler des jungen Gründers. Doch sein naiver Anfängerfehler wurde **umgedreht** zum Erfolgsfaktor. Sein festes Team ist aufeinander eingespielt und arbeitet effektiv zusammen. Außerdem sind bei seinen vollen Auftragsbüchern auch seine Kosten niedriger als die der Konkurrenz. Andere Filmfirmen müssen höhere Honorare zahlen, wenn sie bei guter Auftragslage Freelancer an Bord holen. Inzwischen ist Sons Of Motion Pictures die größte Filmagentur Mitteldeutschlands und arbeitet weltweit. Arndts Team hat gerade die 55. Auszeichnung für ihre Filme bekommen.

Was packst du an? Was möchtest du gerne mal starten? Planst du eine Gründung? Welche Geschichten von Gründungen regen dich an?

Fakten-Check: Florian Arndt war 21 Jahre alt, als er seine Firma gründete. In den Medien sind junge Gründerinnen und Gründer sehr präsent. Aber sind sie wirklich die erfolgreichste Gruppe beim Gründen?

33 Bei Start-ups mit einer Bewertung von über einer Milliarde US-Dollar, den sogenannten Unicorns, haben die Gründerinnen und Gründer ihr Unternehmen häufig mit unter 30 Jahren gestartet. Doch der Startup Monitor 2021 zeigt ein Durchschnittsalter bei Gründerinnen und Gründern von 36 Jahren.[53] Auch die Founders Foundation nennt Mitte 30 als häufigstes Alter:

> *„Tatsächlich spricht vieles dafür, dass zwischen 30 und 40 das beste Alter für den Start eines erfolgreichen eigenen Unternehmens liegt. Berufs- und Lebenserfahrung sorgen dafür, dass Entrepreneure aus dieser Bevölkerungsgruppe die besseren Entscheidungen treffen. Sie haben das Know-how, das in vielen Branchen erforderlich ist, gerade wenn es um anspruchsvolle technologische und wissenschaftliche Fragen geht. Sie haben fundierte Marktkenntnisse und können die Bedürfnisse der Kunden genauer einschätzen. Und manchmal haben sie schon den einen oder anderen Fehlschlag hinter sich und können daraus die Schlüsse ziehen, wie man es besser macht und wie besser nicht."* [54]

Das Durchschnittsalter beim Gründen liegt also bei Mitte Dreißig. Und am erfolgreichsten sind laut Harvard Business Review von 2018 noch ältere Gründerinnen und Gründer: Mit Mitte Vierzig läuft es für sie am besten.[55] Mich hat die Deutlichkeit der Studien überrascht.

PROVOKANTE FRAGEN
FORDERN HERAUS

Mit neuem Wissen, das wir **entdecken** und **vertiefen**, lernen wir dazu. Auch wenn wir jeden Tag Neues lernen, wissen wir niemals alles. Wie genial! Doch kaum jemand sagt öffentlich: „Das weiß ich nicht." Obwohl es normal ist, dass wir das meiste nicht wissen.

34 Im beobachtbaren Universum gibt es 4 mal 10^{19} Schwarze Löcher, das sind 40 Trillionen.[56] Das All hat einen Durchmesser von etwa 90 Milliarden Lichtjahren.[57] Von der Erde aus lassen sich mit aktueller Technik mehr als 50 Milliarden Galaxien beobachten. Man geht davon aus, dass es insgesamt ca. eine Billion Galaxien sind. Die Milchstraße hat einen Durchmesser von bis zu 200.000 Lichtjahren und gehört zu den größeren Galaxien.[58]

Eine Billion Galaxien und 40 Trillionen Schwarze Löcher. Staunst du darüber so wie ich?

35 Wie lernen Fledermäuse ihre Verständigung? Mit wiederholten Lautfolgen üben junge Fledermäuse, sich verständlich zu machen. Forscher **entdeckten**, dass sie wie Menschenbabys brabbeln, um zu lernen. Dieses Verhalten wurde damit erstmals bei einem Säugetier nachgewiesen, das nicht zur Gruppe der Primaten zählt.[59]

36 Man könnte meinen, die Anatomie des Menschen ist vollständig geklärt. Doch niederländische Forscher **entdeckten** 2020 im Nasen-Rachen-Raum des Menschen zwei bisher unbekannte Speicheldrüsen, quasi ein neues Organ.[60] Obwohl das Drüsengewebe etwa vier Zentimeter lang ist, wurde es bisher immer übersehen.

37 Bäume wachsen nachts. Eigentlich dachte man, sie würden tagsüber wachsen, wenn die Sonne scheint. Dann verdunsten die Blätter viel

Wasser, und die Wurzeln ziehen Wasser und Nährstoffe aus dem Boden. Doch tagsüber herrscht in den Leitungsbahnen der Bäume ein Unterdruck, der die Zellteilung und damit das Wachstum verhindert. Nachts entspannt sich die Lage, und die Zellen können sich teilen.[61]

Der Hauptautor der Baum-Studie heißt Dr. Roman Zweifel. Das ist ein genialer Name für einen Wissenschaftler. Denn nur wer wissbegierig das Selbstverständliche hinterfragt, öffnet den Raum für neues Wissen. Wann wachsen Bäume? Wie lernen Fledermäuse ihre Sprache? Gibt es mehr Schwarze Löcher als Galaxien?

38 2016 stellte ich die Frage: Könnte unsere Körperenergie mit Pflastern nutzbar gemacht werden, die diese Energie speichern? 2021 wurde die Frage beantwortet. Neuartige Bio-Brennstoffzellen in Folienform können Schweiß und Fingerdruck in Energie umwandeln, die sich für kleine Sensoren und Wearables nutzen lässt.[62]

! STELL MEHR INFRAGE! WERDE BESSERFRAGER STATT BESSERWISSER! PROVOKANTE FRAGEN SIND HERAUSFORDERUNGEN, DIE DEINE VORSTELLUNGSKRAFT BEFEUERN.

Wenn wir nicht fragen, bleiben wir in etablierten Mustern stecken. Fragen katapultieren uns heraus aus Bekanntem und Bewährtem.

39 Eine der größten aktuellen Herausforderungen ist ein Leben ohne Feuer. In der gesamten Menschheitsgeschichte haben Menschen Energie durch das Verbrennen von Materialien gewonnen. Die meiste Zeit war es Holz, erst vor relativ kurzer Zeit kamen Kohle, Erdöl und Erdgas dazu. „Vor rund einer Million Jahren lernte die Menschheit den Umgang mit Feuer. Heute sind wir dank der Wissenschaft clever genug, ohne Verbrennen von Zeug zu kochen, zu fahren, unsere Behausungen zu heizen und vieles mehr. Wir erleben eine Zeitenwende der Menschheitsgeschichte!", tweetet Professor Rahmstorf vom Potsdam-Institut für Klimafolgenforschung.[63]

Ideen kommen nie aus dem Nichts. Jede Idee beginnt mit einem Problem, einer brennenden Frage, einer scheinbar unlösbaren Aufgabe, einer Nuss, die es zu knacken gilt.

HERAUSFORDERNDE FRAGEN SIND REISEN INS UNENTDECKTE, WO NOCH NIEMAND WAR.

Die meisten Entwicklungen liegen noch vor uns und sind bisher unentdeckte Welten. Wir waren noch nicht da und sehen nicht, was möglich wäre. Ein Leben ohne fossile Brennstoffe wird sogar 2022 noch von manchen als unmögliche Spinnerei dargestellt. Millionen Menschen, die weltweit daran arbeiten, es möglich zu machen, sind anderer Meinung.

TRADITIONEN HABEN ZU ALLEM SOFORT EINE FERTIGE LÖSUNG. DOCH DIESE LÖSUNG STAMMT IMMER AUS DER VERGANGENHEIT.

Eine Tradition ist nicht immer falsch. Traditionen können gut oder schlecht sein, sie können Freiräume und Spaß bieten oder dich im Kerker einschließen. Als Komfortzonen können sie der Vorstellungskraft im Weg stehen, gleichzeitig bieten sie auch Schutz.

Prüfe eine Tradition. **Streiche** und **ersetze** Elemente der Tradition. Geht es einfacher? **Vertiefe** mit der Übung „Warum? Warum?" das Bedürfnis hinter der Tradition. **Kombiniere** neue Zutaten. Ist unter den Ideen eine bessere, leckerere, lustigere und passendere Lösung, dann **streichst** du die Tradition. Ist die Tradition weiterhin gesünder, menschenfreundlicher und fröhlicher, behalte und pflege sie.

Auch in anerkannte Studien schleichen sich Lücken und Missverständnisse ein, die überraschen können, schaut man genauer hin.

40 Sicherlich kennst du die Maslowsche Bedürfnispyramide. Sie wird häufig in Trainings und Coachings zitiert. Danach gibt es eine klare Rangfolge der menschlichen Bedürfnisse. Die Basis aller Bedürfnisse bilden Essen, Schlaf, Sex. Darüber stehen die Bedürfnisse Sicherheit und Wohnen. Erst wenn diese Bedürfnisse erfüllt sind, wird auf der nächsten Ebene nach Anerkennung, Ansehen, Macht, Erfolg, Partnerschaften, Freundschaften und Zugehörigkeit gesucht. Und ganz oben an der Spitze steht die Selbstverwirklichung.[64] In Brechts Worten: „Erst kommt das Fressen, dann die Moral." Überraschenderweise hat Maslow nie von einer Hierarchie und einer Pyramide gesprochen. Die Darstellung der weltbekannten Pyramide stammt gar nicht von Maslow. Bist du überrascht? „Maslow hat selbst nicht behauptet, dass die vorgelagerten Stufen immer erst voll befriedigt sein müssen, damit Menschen sich den übergeordneten Bedürfnissen zuwenden. Die Darstellung als Pyramide geht mit großer Wahrscheinlichkeit auf den Psychologen Charles McDermid zurück, der diese 1960 in der Zeitschrift Business Horizons veröffentlichte."[65]

41 Eine weitere Überraschung bietet das Marshmallow-Experiment der Stanford University von 1972. Kinder bekamen ein einziges Marshmallow. Ein zweites Marshmallow wurde ihnen versprochen, wenn sie nach einer bestimmen Zeit das erste Marshmallow noch nicht aufgegessen hatten. Wer konnte warten und wer nicht? Das Ergebnis wurde mit den späteren schulischen und beruflichen Leistungen der Kinder verglichen. Jahrzehntelang glaubte man an dieses Fazit: Wer als Kind die Willenskraft besitzt, auf das zweite Marshmallow zu warten, erzielt im Leben bessere Abschlüsse, hat glücklichere Beziehungen und höhere Einkommen. Erst 2018 benennt *The Atlantic* das Problem der Stanford-Studie: Der familiäre Hintergrund der Kinder war 1972 völlig ausgeblendet worden. Ausschlaggebend für die Leistungen der Kinder war nicht deren angebliche Willensstärke, sondern die soziale Lage ihrer Eltern.[66] „Für arme Menschen gibt es einfach keinen zweiten Marshmallow", erfasst Wolfgang Gründinger den blinden Fleck im Marshmallow-Test.[67]

Die Aussage des Marshmallow-Tests ist also eine völlig andere! Wenn es gar nicht um „angeborene" Willenskraft geht, sondern um die soziale Lage der Eltern, dann wird auch klar, warum auch in Deutschland Bildungswege weiterhin am Beruf der Eltern kleben.

 Dass Akademikerkinder eine dreimal so große Chance auf einen Bachelorabschluss haben wie Kinder, die in einer Nicht-Akademiker-Familie aufwachsen, liegt wohl nicht an mangelnder Willenskraft. Das Argument „Bildung steht doch von allein jedem offen" zieht also nicht. Deutschland verschwendet die Talente des Nachwuchses.[68]

Wer Armut nicht erlebt hat, weiß nicht, wie sie Kindheit und Leben prägt. Alle sozialen Bereiche sind betroffen, Schule, Essen, Freizeit und die Selbsteinschätzung. Privilegierte Menschen wissen nicht, wie es ist, auf jeden Euro achten zu müssen. Und vor allem haben sie nie erfahren, wie niederschmetternd die soziale Stigmatisierung auf die Betroffenen wirkt.[69]

> Welche Behauptungen aus wissenschaftlichen Studien haben dich lange geprägt? Welche neuen Erkenntnisse haben ein altes Weltbild entkräftet oder ließen es komplett einstürzen? Hast du schon mal falsche Annahmen **gestrichen**? Wähle ein Thema und suche dazu die gängigsten Meinungen, Studien und Annahmen. Dann suche gezielt nach Widersprüchen und neusten Erkenntnissen. Was stimmt?

Es ist Zeitverschwendung, auf altem Wissen zu beharren. Recht haben zu wollen, ist ein falscher Freund. Es kostet Zeit, Lebensfreude und Glück. Es gibt so viel Neues zu entdecken, wenn wir **infrage stellen, vertiefen, kombinieren**! Besserfrager sehen, hören, schmecken, fühlen, riechen mehr. Sie erkennen, probieren aus, **streichen, drehen um** und **steigern**. Wer fragt und lernt, befindet sich jeden Tag auf einer Abenteuerreise.

> ✓ Stelle regelmäßig Fragen zu Themen, die dich ärgern, begeistern, interessieren und herausfordern. Stell an jeder roten Ampel, im Stau und beim Warten auf Bus und Bahn 44 Fragen. Stelle jedes Mal andere 44 Fragen.

Die 17., 23. oder 43. Frage wird dich überraschen, selten die ersten zehn Fragen. Übst du das regemäßig, stellst du in sieben Jahren eine Million Fragen. Jede Frage ist eine Anregung zum **Streichen, Ersetzen** und **Kombinieren**. Du schaust hinter Mauern, **vertiefst, entdeckst** und mistest alte Prozesse und Denkweisen aus.

> Bist du fertig? Oder offen für Neues?
> Beharrst du auf deinem Standpunkt?
> Willst du Bestätigung des Bekannten?
> Oder fasziniert dich Überraschendes?
> Ist Platz neben deiner Überzeugung?
> Feierst du verschiedene Meinungen?
> Stellst du Fragen, die weiterführen?

Wer fragt, gibt dem Wandel eine Chance. Das bedeutet nicht, alle Komfortzonen gleichzeitig zu verlassen. Komfortzonen bieten auch Halt und Unterstützung, sie sind Säulen, Nahrung und Ressourcen auf dem Weg der Veränderung.

43 Meine Tante aus Mecklenburg-Vorpommern sagte nach der Wende 1990 zu mir: „Du kannst dir das nicht vorstellen. Für uns ist alles neu. Neue Gesetze. Neues Geld. Neue Preise. Neue Ämter. Neue Rentenberechnung. Neue Ausbildungen. Neue Berufe. Neue Versicherungen. Neue Reize. Neue Versuchungen. Neue Worte. Neue Werte. Neue Spielregeln." Bei aller Freude über die lang ersehnte Einheit war der massive Wandel für sie eine große Herausforderung.

DAMIT VERÄNDERUNG NICHT ALS ÜBERFORDERUNG ERLEBT WIRD, BRAUCHEN WIR RESSOURCEN WIE SICHERHEIT, RÜCKHALT, KRAFT, WERTSCHÄTZUNG, EIN STARKES TEAM UND VIELES MEHR.

Jede Arbeit geht einfacher, gesünder, glücklicher, gewagter, großzügiger, gerechter, umweltfreundlicher, inklusiver und kreativer, wenn wir es wollen und nicht abwehren. Je trainierter du im **Infragestellen** bist, desto normaler wird die tägliche Erneuerung. Es liegt an uns, in feststehende Mauern neue Türen zu schlagen und Fenster zu bauen. Genieße deine Vorstellungskraft mit einer Fülle an bisher unentdeckten Optionen! Das Aufdecken von neuen Erkenntnissen trainiert deine Fähigkeit, Themen von mehreren Seiten zu sehen.

ALLES BESTEHENDE SAGT: SO MACHT MAN DAS! DOCH ES GIBT IMMER OPTIONEN JENSEITS DER MAUERN.

Aus diversen Perspektiven entstehen neue Fragen, Herausforderungen und Zutaten. Auch in der Gewinnung von Mitarbeiterinnen und Mitarbeitern herrschen noch viele Vorurteile und alte Muster. Diese hinterfragen wir nun, und ich garantiere dir Überraschungen.

Im 2. Kapitel finden wir Fachkräfte und gehen dabei vor wie in der Kunden-Gewinnung.

2. 17.000.000 WECHSELBEREITE FACHKRÄFTE

Dass eine klassische Arbeitswoche 5 Tage hat, geht auf eine Regelung für Fabriken von 1918 zurück.[70] Damals waren 60 Arbeitsstunden pro Woche der Standard. Auch wenn heute eine 40-Stunden-Arbeitswoche als Norm gilt, basiert die 5-Tage-Woche weiterhin auf einer über 100-jährigen Tradition. Eine Umfrage unter 2.000 britischen Büroangestellten zeigt, dass die Mehrheit nur knapp drei von acht Stunden produktiv arbeitet.[71]

> Wie schätzt du die produktive Arbeitszeit in deinem Betrieb ein? Wird Zeit unnötig abgesessen? Oder sind alle pausenlos mit voller Kraft und Produktivität im Einsatz? Hast du verschiedene Zeitmodelle für dich getestet? Welches passt am besten in dein Leben?

STREICHE UNPRODUKTIVE ARBEITSZEIT

In der Bielefelder Digitalagentur Rheingans GmbH wird von 8 bis 13 Uhr gearbeitet – 25 Wochenstunden sind dort Vollzeit. „Jeden Freitag definieren wir gemeinsam mit dem Projektmanagement Wochenziele für die folgende Woche, daraus leiten sich die Tagesziele für jeden Einzelnen ab. Alle arbeiten sehr fokussiert und hoch konzentriert, um diese zu erreichen", berichtet Lasse Rheingans.[72] Mit dem 5-Stunden-Tag **steigert** die Agentur nicht nur ihre Produktivität, sondern hat auch eine Alleinstellung im Personalmarketing erreicht. Gute Initiativ-Bewerbungen kommen nun ohne Stellenanzeigen.

(45) Axel Schönfelder, Chef eines Sportartikel-Vertriebs aus Hennef, hat die 30-Stunden-Woche bei vollem Gehalt eingeführt. Digitalisierte Abläufe sparen 25 Prozent der Arbeitszeit ein, die er nun der Crew schenkt. „Zeit ist das wichtigste, das wir schenken können."[73]

In weniger Arbeitszeit werden die Ziele erreicht. Es rechnet sich also auch für Firmen. Bei der Agentur Versa hat die **Reduzierung** der Arbeitszeit sogar zu einer **Steigerung** von Umsatz und Gewinn geführt:

(46) Das Unternehmensmotto des australischen Unternehmen Versa lautet: *making people's lives better.* Seit 2020 wendet Versa dieses Prinzip auch auf die eigene Belegschaft an. Gearbeitet wird montags, dienstags, donnerstags und freitags. Jeden Mittwoch ist die Arbeitszeit komplett **gestrichen**. Diese Form der 4-Tage-Woche beschert dem Team zwei Wochenenden pro Woche.[74] Die interne Zufriedenheit und die Produktivität wurden **gesteigert**, Versa hat den Umsatz um 46 Prozent **gesteigert** und den Gewinn sogar verdreifacht. CEO Kath Blackham sagt:

> *„Ich wollte beweisen, dass es sogar in der Dienstleistungsbranche, die dafür bekannt ist, dass junge Menschen sehr lange arbeiten müssen, funktionieren kann, wenn man sich etwas Innovatives einfallen lässt. Mittwochs können die Mitarbeiter ins Fitnessstudio gehen, sich um den Haushalt und ihre Kinder kümmern, an ihrem Start-up arbeiten oder Netflix schauen."*[75]

Die drei genannten Beispiele betreffen zwei Digital-Agenturen und einen Online-Vertrieb. Sie haben traditionelle Annahmen und Arbeitszeiten mutig **gestrichen** und so Produktivität und Gewinn **gesteigert**.

Nach meinen Vorträgen höre ich oft, dass solche Erfolge durch Arbeitszeitverkürzung auf keinen Fall im Handwerk funktionieren können. Stimmt das?

47 Als der Handwerksmeister Marcus Gaßner 2018 keine Mitarbeiter fand, startete er die 4-Tage-Woche bei vollem Lohn. Auf seiner Stellenanzeige stand „Lust auf was Neues? Vier Tage arbeiten, einen Tag frei, bei gleicher Bezahlung".[76] Inzwischen freut sich die ganze Crew über die 4-Tage-Arbeit – auch der Chef. Seine Partnerin Ayleen Bauser sagt:

> *„Nicht vergessen, dass man selbst ein Mensch ist. Nicht nur Arbeit zählt, sondern das Leben auch. Man hat nur das eine Leben."*[77]

Dass eine 4-Tage-Woche die Lebensqualität von Menschen **steigert**, ist offensichtlich. Ein Kommentar auf Xing unterstreicht das: „Es ist schade, dass gerade viele Handwerksbetriebe dies nicht umsetzen. Ich selbst habe mich auf eine 4-Tage-Woche reduzieren lassen, dies wird leider von der Geschäftsstelle sehr negativ aufgenommen. Jeder soll so arbeiten, wie er es für richtig hält, und für mich ist die 4-Tage-Woche ein Erfolg. Man ist nicht mehr so gestresst und ausgebrannt."

Familie, Freizeit und Hobbys wie Ausflüge und Sport werden in allen Umfragen zur 4-Tage-Woche als wichtigster Gewinn beschrieben. Fast alle Befragten geben an, dass sich ihre Work-Life-Balance durch die **reduzierte** Arbeitszeit stark verbessert hat. Es bleibt mehr Zeit für Kinder, Freunde, Sport und andere Hobbys. Außerdem können Arbeiten im Haushalt auch während der Woche erledigen werden, so dass an Wochenenden mehr Zeit und Energie für Aktivitäten bleibt.[78]

48 Eine im Juni 2021 veröffentlichte Studie aus Island zeigt, dass Beschäftigte mit verkürzter Arbeitszeit weniger Stress hatten, sich glücklicher fühlten und auch weniger krank waren. Die Produktivität blieb gleich oder wurde sogar gesteigert.[79]

Fehlzeiten sinken, wenn mehr Zeit zur Regeneration bleibt. Typische Beschwerden wie Rücken- und Kopfschmerzen treten seltener auf.[80] Bereits vier Stunden weniger Arbeit bei gleicher Bezahlung führten zu weniger Rauchen und reduziertem Übergewicht. Und nebenbei entlastet ein **gestrichener** Arbeitstag auch den Straßenverkehr zur Rush Hour und trägt zum Klimaschutz bei.[81]

In vielen Köpfen gibt es nur die Wahl zwischen Teil- oder Vollzeit. Das Recht auf Teilzeit ist sowieso gesetzlich verankert. Warum also nicht noch viel mehr kreative Lösungen finden? Enzo Weber forscht am Nürnberger Institut für Arbeitsmarkt- und Berufsforschung und sagt: „Das Entscheidende ist, dass wir die starke Trennung zwischen Vollzeit und Teilzeit aufheben."[82]

> **!** ERHOLTE MENSCHEN ARBEITEN KREATIVER UND PRODUKTIVER. MEHR FREIE LEBENSZEIT ERFRISCHT MENSCHEN, MACHT SIE GESÜNDER UND TUT AUCH FIRMEN UND GESELLSCHAFT GUT.

49 In Großbritannien zeigen Umfragen, dass die Mehrheit der Briten eine verkürzte Arbeitswoche bevorzugen.[83] Im Februar 2022 kündigte Belgien an, landesweit das Recht auf eine 4-Tage-Woche einzuführen. Dort wird allerdings die Arbeitszeit nicht verkürzt, sondern wer vier Tage arbeiten möchte, arbeitet an den anderen Tagen 10 Stunden.[84] 71 Prozent der Deutschen wünschen sich eine 4-Tage-Woche nach dem belgischen Modell.[85]

Der Haken an der belgischen Lösung: Niemand arbeitet 10 Stunden produktiv. Umgekehrt überrascht eine 4-Tage-Woche mit **reduzierter** Arbeitszeit häufig damit, dass die Produktivität **gesteigert** wird.[86] Und die Zufriedenheit der Mitarbeitenden wächst. Doch viele Unternehmen trauen sich so einen radikalen Schritt noch nicht zu. Da sich die 4-Tage-Woche noch lange nicht auf dem Arbeitsmarkt durchgesetzt hat, wirkt sie bei der Mitarbeitersuche magnetisch. Firmen mit verkürzten Arbeitszeiten sind im Arbeitsmarkt attraktiver. Andere Betriebe kommen in Zugzwang.

50 Die Küchenbrigade im Park-Hotel Winterthur arbeitet an vier Tagen. Das Vier-Sterne-Stadthotel reagierte damit auf die hohe Fluktuation, so der Hotel-Direktor Philipp Albrecht.[87]

51 Als erstes Hotel in Sachsen wagt sich das Dresdner Carolaschlösschen, die 4-Tage-Woche anzubieten im Kampf gegen den Personalmangel.[88]

52 2021 hat die Steirische Tischlerei Schneider eine 4-Tage-Woche eingeführt und offensiv beworben. Der Erfolg: Nach Monaten ohne eine einzige Bewerbung gab es nun 50 Anfragen.[89]

53 Auch eMAGNETIX aus Österreich führte die 4-Tage-Woche bei gleichem Verdienst ein. Das Personal ist zufriedener und das Geschäft wird von Bewerbern überrannt, so der Chef Klaus Hochreiter.[90]

! MENSCHEN SUCHEN UNTERNEHMEN MIT EINER GESUNDEN PRODUKTIVITÄT UND POSITIVEN ARBEITSKULTUR.

KREATIVE PERSONALGEWINNUNG

Viele Unternehmen leiden unter einem Mangel an Mitarbeiterinnen und Mitarbeitern. Für sie scheint der Markt wie leergefegt zu sein. Gleichzeitig wechseln immer mehr Menschen ihre Jobs. Es gibt also immer mehr Fachkräfte auf der Suche nach attraktiven Firmen. Und noch viel mehr Menschen wären wechselwillig, wenn sie ein gutes Angebot bekämen. Forsa hat 2022 im Auftrag von Xing Erwerbstätige befragt und kam zu dem Ergebnis, dass 38 Prozent der weiblichen und 37 Prozent der männlichen Befragten an einem Wechsel ihrer Arbeitsstelle interessiert sind.[91] Das ist gut jeder dritte Erwerbstätige. Doch die wenigsten suchen aktiv.

 17 MILLIONEN MENSCHEN SIND WECHSELWILLIG. WAS FÜR EINE GIGANTISCHE CHANCE! WEIL SIE NICHT AKTIV SUCHEN, SOLLTEN UNTERNEHMEN AKTIV WERDEN – MIT GUTEN ANGEBOTEN UND KREATIVEN AKTIONEN.

Da sie es mit dem Wechsel nicht eilig haben, lesen sie keine Stellenanzeigen. Und sie kennen deine Firma nicht. Die 97,3 Prozent mit weniger als 50 Angestellten kennen nur die Insider und ihre Familien. Immerhin haben die meisten Firmen inzwischen eine Website. Werden potenzielle Bewerberinnen und Bewerber dort herzlich begrüßt und willkommen geheißen?

54 Nur 14,2 Prozent der kleinen und mittleren Unternehmen haben auf ihrer Webseite eine Karriereseite eingerichtet, kritisiert der Blogger Henner Knabenreich.[92] Auf seinem Blog Personalmarketing2null.de schreibt er 2021: „Ein Ergebnis, das nachdenklich stimmt. Ist doch die Karriere-Website quasi der Nabel aller Recruiting-Aktivitäten und ermöglicht eine unabhängige Präsenz als Arbeitgeber an 365 Tagen im Jahr, 7 Tagen in der Woche und 24 Stunden am Tag."

55 „In Heilbronn, da gibt's nur Audi.", sagte mir einmal eine Absolventin nach ihrem Umzug nach Köln. Dabei weist die Region Heilbronn-Franken bezogen auf die Einwohnerzahl deutschlandweit die höchste Dichte an weltmarktführenden Unternehmen auf.[93] Dass in ihrer Heimat auch Weltmarktführer wie Schunk, EBM-Papst, Ziehl-Abegg und Würth zuhause sind, wusste sie nicht. Sie gehört zu den 70 Prozent aller Studierenden, die nach ihrem Abschluss gerne am Studienort arbeiten möchten. Weil sie aber nicht wissen, welche Möglichkeiten es dort für sie gibt, verlassen sie die Region.

Die Sache gilt auch umgekehrt: Unternehmen erkennen die Chancen vor der eigenen Haustür nicht. Würden sie Fachkräften ein attraktives Angebot machen, bevor sie wegziehen, wäre allen geholfen. Das gilt für alle Alters- und Berufsgruppen.

> **DIE MIT ABSTAND MEISTEN UNTERNEHMEN SIND ALS ARBEITGEBER UNSICHTBAR. ORIGINELLE AKTIONEN BEKOMMEN AUFMERKSAMKEIT UND BEWERBUNGEN.**

56 Eine Firma stellte einen Kran auf und hängte einen Porsche an den Haken. Das Spiel hieß: *Cash or Crash*. Jeder konnte mit darüber abstimmen, ob der Porsche abstürzt oder nicht. Mit diesem Coup stand die bis dahin unbekannte Firma YOC bundesweit in allen Medien.[94]

57 Genial kreativ finde ich auch die Idee eines Unternehmens, das händeringend nach Elektrikerinnen und Elektriker gesucht hat. Sie fragten sich: „Wo treffen wir sie garantiert?" Die Antwort führte zur Lösung. In allen Baumärkten der Region wurden Zettel zwischen die Kabelbinder gelegt. Darauf stand: „Suchen Sie eine Arbeit im Trockenen? Kommen Sie zu uns!" Viele schweißgebadete oder nassgeregnete Facharbeiter, die von der Baustelle kamen, um schnell Kabelbinder zu kaufen, haben sich beworben. Innerhalb von fünfzehn Tagen konnte das Unternehmen 30 Elektrikerinnen und Elektriker einstellen. Die Kosten dieser Werbekampagne: 2.000 Schwarz-Weiß-Kopien.

58 Glaser Sterz filmt sich regelmäßig auf Baustellen und **steigert** seine Bekanntheit auf Facebook. Sein Video zur Azubi-Suche ging 2018 viral.[95] Spiegel, Stern, Zeit, Welt, SZ und FAZ berichten. Unter vielen Bewerbungen konnte Herr Sterz seine drei Azubis auswählen. Stilsicher hat er sie in einem Video vorgestellt und sich für die große Unterstützung bedankt.[96]

59 Eine Stahlbaufirma aus Krempe setzte ihr Wissen, dass Ingenieure überdurchschnittlich häufig Heavy-Metal-Fans sind, auf kreative Weise um. Sie verlosen unter allen Bewerberinnen und Bewerbern Tickets für das weltberühmte Wacken-Festival.⁹⁷ Weil die Tickets nur schwer zu bekommen sind, und sich die Aktion in der Branche wie ein Lauffeuer herumsprach, kamen viele gute Bewerbungen. Die Aufmerksamkeit im Bewerbermarkt konnte **gesteigert** werden, nachdem das Wissen um die Vorlieben einer Berufsgruppe **vertieft** worden war.

Wie wäre es mit einem Live-Stream der Lieblingsmusik aller Kolleginnen und Kollegen auf der Karriere-Website? Musik verbindet.

60 Pop-up-Stores sind im Handel ein bekanntes Werkzeug für schnellen Abverkauf. Die Schweizer Bahn hat Pop-up-Stores aufs **Recruiting** übertragen. Auf vier Wochen begrenzt eröffnete die SBB im Hauptbahnhof Zürich ein „Berufswelten-Café". Es gab Kaffee, Informationen über die 150 Ausbildungsberufe bei der SBB und Bewerbungstipps. Und Lebensläufe wurden auch gleich entgegengenommen.⁹⁸ Über diese Aktion der Schweizer Bahn wurde landesweit berichtet.

 Was könnte ein Unternehmen noch verlosen? Oder anbieten? Wie kann es sich sichtbar machen? Welche der hier vorgestellten Ideen lassen sich auf deine Branche **übertragen**? Wie wurdest du auf dein Unternehmen aufmerksam? Was können andere Firmen davon lernen?

Aufmerksamkeit ist ein rares Gut. Bevor ich von weiteren abgefahrenen Recruiting-Taten erzähle, kommt eine Rätselfrage. Die Auflösung folgt in diesem Kapitel.

54 bis 59 Prozent der jungen Menschen eines Jahrgangs beginnen ein Studium. 61 bis 64 Prozent pro Jahrgang starten eine Ausbildung, bei der sie bereits in einem Betrieb arbeiten

und lernen. Dazu zählen duale Ausbildungen und duale Studiengänge in gewerblich-technischen, handwerklichen und kaufmännischen Berufen. Menschen in allen Formen der dualen Ausbildung werden nur einmal gezählt. Es scheint also ein Rechenfehler vorzuliegen. Oder fällt dir die wahre Lösung ein?

Deine Lösung:

61 Auf der Suche nach Auszubildenden stellte sich der Stuttgarter Malerbetrieb Hürttle bei den Schülerinnen und Schülern der neunten Klasse des Mörike-Gymnasiums vor. Sechs Interessierte halfen drei Tage lang beim Streichen mit und lernten dabei eine besondere Kreuztechnik mit 3D-Effekt kennen.[99] Alle rund 40.000 Malereibetriebe in Deutschland könnten Räume in einer Schule verschönern und so das Bewerbungsverfahren **umdrehen**.

62 Müssen Buchhalterinnen und Buchhalter gut recherchieren können, um ein passendes Angebot unter 8 Millionen Stellenanzeigen[100] zu finden? Nein. Müssen sie überzeugende Bewerbungen schreiben können? Nein. Im Bewerbungsgespräch glänzen? Nein! Wodurch zeichnen sich diese Personen aus? Die Kernkompetenzen sind Gründlichkeit und Ehrlichkeit. Mit der Einsicht hat eine Firma die Bewerbung **umgedreht**. Wenn Rechnungen bezahlt wurden, haben sie drei Cents zu viel überwiesen. Die Frage war: Wem auf der Empfängerseite fällt das auf? Wer ruft an oder mailt? Wer ist so gründlich? Durch diese **Umdrehung** kam es zu gezielten Kontakten mit sehr guten Fachkräften. Wer den Fehler meldete, bekam ein Jobangebot. Der Einsatz der Firma: wenige Euro.

63 Stell dir vor, der Postbote klingelt. Du bekommst ein Päckchen. Es riecht gut und sieht gut aus. Allerdings kennst du den Absender nicht. Weil es dich anlächelt, reißt du es auf. Im Päckchen liegt ein Smartphone. Das neuste Modell. Unter dem Smartphone klebt ein Post-it: „Rufen Sie uns an, wir sind Ihr neuer Arbeitgeber". Auch diese Bewerbung wurde **umge-**

dreht. Statt passiv auf Bewerbungen zu warten, hat diese Firma recherchiert, wer zur Firma passt. Die interessantesten 20 Personen wurden mit dem Päckchen überrascht. Wer zusagte, war durch die Vorauswahl bereits als ein sicherer Volltreffer qualifiziert. Diese Art der **umgedrehten** Bewerbung ist Wertschätzung pur. Und fünf der 20 sagten zu. Von dieser Aktion einer Medienagentur erzählte mir eine meiner Mitarbeiterinnen.

Was kannst du umdrehen? Wie gehst du auf Menschen zu? Wie überraschst du sie? Wie machst du sie auf deine Firma, deine Jobs, deine Projekte und dein Team aufmerksam? Was brauchen sie? Wie gehst du gezielt in Vorleistung?

Nur die wenigsten Wechselwilligen suchen aktiv nach neuen Arbeitgebern. Sie spüren keinen Zeitdruck und warten auf ein besseres Angebot. Daher sind **umgedrehte** Bewerbungen sehr wirkungsvoll: Unternehmen bewerben sich bei wechselwilligen Fachkräften – auch bei denen, die noch gar nicht wissen, dass sie gerne ihren Arbeitgeber wechseln würden. Das setzt voraus, dass Firmen wissen, wer interessant fürs Unternehmen ist.

PERSONALGEWINNUNG IST VERTRIEB. HEADHUNTER **DREHEN** DIE BEWERBUNG UM, SIE GEHEN AKTIV AUF TALENTE ZU. AUCH PERSONALABTEILUNGEN KÖNNEN IHRE SUCHE **UMDREHEN** UND AKTIV AUSSCHAU NACH PASSENDEN AUSZUBILDENDEN UND FACHKRÄFTEN HALTEN.

Wo findet man interessante Menschen? Hier einige Anregungen:

Wer gewinnt regionale Auszeichnungen und internationale Preise im Handwerk?

Wer teilt passende Inhalte auf Twitter, TikTok, Instagram? Wer schreibt Artikel zu Themen deiner Branche auf LinkedIn und XING? Wer schreibt Branchen-Blogs? Wer ist zu Gast in Podcasts? Wer macht Podcasts?

Welche Berufsgruppe leistet ähnliche Arbeit, leidet aber bekanntermaßen unter schlechten Arbeitsbedingungen? Wer könnte umsatteln?

Wer ist ehrenamtlich tätig? Wer ist als Trainer im regionalen Sportverein aktiv?

Wer arbeitet in Schüler- und Juniorenfirmen? 580 Schülerfirmen mit mehr als 5.500 Schülerinnen und Schülern sind aktiv.[101]

Wer hat bei Jugend forscht mitgemacht? Bei diesem Programm engagieren sich Zehntausende Nachwuchstalente. Wer den Teilnehmerinnen und Teilnehmern drei Jahre nach der Auszeichnung ein Praktikum oder fünf Jahre später einen Job anbietet, kann sie positiv überraschen.

Wer meldet für deine Branche relevante Patente an?

64 Menschen, die interessante Patente angemeldet haben, wurden zum nächsten Sommerfest eingeladen, berichtete der Personalleiter einer Firma in Bayern bei einer Fortbildung in der IHK in Bochum. Die positive Überraschung wirkte, die Neugier war geweckt. Über 50 Prozent der Eingeladenen sagten zu. Beim Fest kamen sie locker ins Gespräch über Privates und über Projekte im Unternehmen. Gäste, denen es gefallen hatte, bewarben sich schon ein paar Monate oder sogar noch Jahre später. Die Kosten für das Unternehmen: Zeit für Patentrecherchen und Einladungen zum Fest.

65 Köche suchen oft Jobs mit geregelten Arbeitszeiten. Deshalb sprechen einige Lebensmitteleinzelhändler auf der Suche nach Fleischerei-Fachverkäufer gezielt Menschen aus dieser Berufsgruppe an: „Wir suchen Köchinnen und Köche". Der Inhaber eines Rewe-Marktes in Bayern erzählte mir 2021, dass er auf diese Weise aus zehn Bewerbungen vier neue Kolleginnen und Kollegen auswählen konnte.

 Ein Uhrenmacher berichtete mir nach einem Vortrag in Mainz, wie er nach langer Suche doch noch Fachkräfte fand. Zahntechnikerinnen und Zahntechniker haben zu 95 Prozent die gesuchten Fähigkeiten: Feingefühl und Präzision. Also suchte er gezielt nach wechselwilligen Menschen aus dieser Berufsgruppe und bildete sie fort.

Starte eine Liste für umgedrehtes Personalmarketing. An welchen Stellen wirst du für dein Unternehmen fündig? Sammle Namen und Kontakte von interessanten Personen und Gruppen. Auf wen gehst du aktiv zu?

VOM HÖRSAAL IN DIE AUSBILDUNG

Jetzt verrate ich die Lösung zu meiner Frage: Wie kann es sein, dass 54 bis 59 Prozent Studienanfänger und 61 bis 64 Prozent Auszubildende eines Jahrgangs zusammen 100 Prozent ergeben? Ganz einfach: Viele, die ein Studium beginnen, brechen ihr Studium wieder ab, im Durchschnitt sind es 25 bis 32 Prozent der Studierenden.[102] Meistens entscheiden sich diese Ex-Studierenden, in eine Ausbildung zu wechseln. Auch deshalb steigt das Durchschnittsalter der Azubis.[103]

Immer mehr Unternehmen stellen bevorzugt Azubis ein, die das Studium abgebrochen haben. Sie sind älter, reifer und sie verschwinden nach der Ausbildung nicht zum Studium. Wer zum Beispiel sein Studium der Ingenieurwissenschaften nicht beendet hat, wird im Maschinenbau mit Kusshand als Azubi genommen.

67 Ein Unternehmer schreibt seit über zehn Jahren in seine Stellenanzeigen: „Wir suchen auch Studienabbrecher." Ohne diesen Zusatz hätten sich viele Bewerber aus Scham nicht gemeldet, denn ein Studienabbruch gilt immer noch als Makel.

Es gibt noch viele weitere Gruppen potenzieller Azubis, die Unternehmen gezielt ansprechen können.

68 Ziya Rahimi wurde 1999 in Afghanistan geboren. Mit 15 Jahren kam er nach Deutschland und machte bei der Klemens Ott GmbH eine Ausbildung zum Dachdecker. 2020 gewann er die Auszeichnung „Bester der Dachdecker-Innung Aschaffenburg-Miltenberg".[104]

69 Beim Hamburger Malermeister Hermann Maracke gibt es keinen Nachwuchsmangel. 2018 waren elf seiner dreizehn Azubis Geflüchtete.[105] Als er für sein Engagement den Nationalen Integrationspreis bekam, sagte er: „Wir haben die Flüchtlinge aufgenommen, weil sie engagiert und fleißig sind und unser Handwerk sehr ernst nehmen. Sie wollen arbeiten und können das auch."

70 In Niedersachsen arbeitete Alexander Peter sieben Jahre im Dachdecker-Handwerk als Helfer ohne Berufsabschluss. Sein Betrieb bot ihm die Möglichkeit zur Ausbildung. 2019 beendete er die Ausbildung zum Dachdecker als Bester seines Jahrgangs – mit 39 Jahren.[106]

2021 berichteten einige Handwerksbranchen von steigenden Azubi-Zahlen. Es gibt mehr Dachdecker-Azubis[107] und Azubis im Elektrohandwerk.[108] Auch in manchen Regionen, zum Beispiel in Sachsen-Anhalt,[109] geht es wieder aufwärts.

Streichen wirkt auch in der Personalgewinnung kreativ und schafft Raum. „Bewerber haben Ansprüche wie beim Online-Shopping", titelte die FAZ 2019.[110] Das bedeutet, dass komplizierte Bewerbungsverfahren ausgemistet werden sollten. Es sind die besten Bewerberinnen und Bewerber, die ein Online-Bewerbungsverfahren abbrechen, wenn es zu lange dauert. Denn sie haben die Wahl. Der Azubi-Report meint hierzu 2021:

> *„Unternehmen verlieren zahlreiche Bewerber – ohne es überhaupt zu bemerken. Der Grund: Noch zu häufig funktionieren digitale Bewerbungsprozesse nicht sauber. So gibt jeder zweite Auszubildende an, bereits eine Online-Bewerbung abgebrochen zu haben. Wenige Klicks sollten zum Erfolg führen."*[111]

71 Die Caritas Düsseldorf startete im Sommer 2017 die Kampagne „Bei Anruf Ausbildung".[112] Alles andere wurde **gestrichen**. Kein Anschreiben. Kein Lebenslauf. Keine Prüfung. Kein Vorstellungsgespräch. „Die Caritasverbände in Geldern und Moers-Xanten haben damit weit mehr Ausbildungsplätze besetzen können als bislang, ohne dass die Abbrecherquote gestiegen sei."[113] Verfahren **vereinfacht**, Ziel erreicht.

! BEWERBUNGSVERFAHREN MÜSSEN SCHNELL UND TRANSPARENT SEIN. DAS STREICHEN ALLER HÜRDEN IM BEWERBUNGSPROZESS FÜHRT ZU DEUTLICH MEHR GUTEN BEWERBUNGEN.

Wenn ein Unternehmen die erste Hürde genommen hat und sich aus dem Schatten der Unsichtbarkeit herausgearbeitet hat, kommt gleich die zweite Hürde: mangelnde Wertschätzung. Viele Unternehmen lassen Bewerberinnen und Bewerber wochenlang auf eine Antwort warten.

72 In der Hotellerie und Gastronomie ist es besonders schwierig, Nachwuchs zu finden. Nach einem meiner Vorträge nahm eine Coburger Hotelchefin sich vor, innerhalb von 24 Stunden auf alle Bewerbungen persönlich zu antworten. Dabei ging es nicht darum, spontan zu- oder abzusagen, sondern darum, einen positiven Eindruck beim Absender zu hinterlassen. Sie antwortete zum Beispiel: „Sehr geehrte/r _____ Vielen Dank für Ihre Bewerbung. Am Freitag bin ich von der Messe zurück, dann schaue ich mir Ihre Bewerbung in Ruhe an und melde mich bei Ihnen." Mit dieser schnellen und freundlichen Rückmeldung stieß sie einen Kreislauf der Wertschätzung an. Ihre persönliche und verbindliche Reaktion hat sich herumgesprochen. Inzwischen bekommt sie immer mehr Bewerbungen von immer besseren Fachkräften. Wertschätzung **verzaubert** und wird weitererzählt.

VERZAUBERNDE JOBPARTYS

> Wenn zu wenige Kolleginnen und Kollegen zu viel Arbeit stemmen müssen, wenn ein Unternehmen händeringend nach Fachkräften sucht und niemanden findet, wenn das Team immer weiter ausdünnt, weil manche das Handtuch schmeißen,

… dann wird Arbeit mühselig und krankmachend. Bei der Mitarbeitersuche geht es nicht nur um das wirtschaftliche Überleben einer Firma. Es geht auch um die Lebensqualität aller Beteiligten – einschließlich ihrer Familien und der Freundeskreise. Wie also kann ein Unternehmen dafür sorgen, dass Teams vollzählig sind und Arbeit auch Spaß macht?

Mit besonderen Aktionen könnten sogar Bewerbungsgespräche außergewöhnlich werden. Wenn jemand aus einem Bewerbungsgespräch kommt, sagt er meistens: „Lief ganz gut" oder „Lief eher schlecht". Pure Begeisterung höre ich selten.

73 **Verzaubere** die Gäste mit einer Jobparty! Schon das Wort Party löst Begeisterung aus – anders als die üblichen Bewerbungsverfahren oder Vorstellungsgespräche. Eine gute Party sorgt dafür, dass die Gäste positiv über ihre Erlebnisse in deinem Unternehmen berichten. Eine Tischlerei feierte ihre Jobparty in Baumhäusern. Eine Kfz-Werkstatt lud zum Carrera-Wettrennen in der Werkshalle ein. Auch die Freunde und Familien haben davon erfahren.

74 Wie wäre es mit Radtour-Recruiting? 70 Prozent der Deutschen leben auf dem Land oder in einer Kleinstadt. Unternehmen laden Menschen ein, die gerne Radfahren und ein passendes berufliches Profil haben. Gemeinsam erleben sie die **verzaubernde** Umgebung an der Saale, Elbe, Donau oder Mosel. Wenn sich auf der Radtour zeigt, dass jemand zum Unternehmen passt, bekommt er oder sie ein Job-Angebot.

75 Beim Sportvereine-Recruiting wirbt die Firma aktiv mit dem großen Sportangebot ihrer Region. Ich kenne Bewerber, die sich zuerst die Sportvereine am Ort anschauten und dann erst den Arbeitgebern zusagten, die ihnen ein Jobangebot gemacht hatten.

Nimm Worte, die dir Spaß machen, und kombiniere sie mit „Recruiting". Nimm Worte, die zu deiner Branche und Region passen, und hänge Recruiting ran. Schon hast du Ideen für Personalgewinnung, die Aufmerksamkeit bekommen können.

Musik-Recruiting, Festival-Recruiting, Kreuzfahrtschiff-Recruiting, Spieleabend-Recruiting, Burger-Recruiting, Kochduell-Recruiting, Dinner-Recruiting, Seifenkistenrennen-Recruiting, Bahn-Recruiting, Taxi-Recruiting, Offene-Baustellen-Recruiting, Kicker-Turnier-Recruiting, Verkleidungs-Recruiting, Laufsteg-Recruiting, Flashmob-Recruiting, Recruiting-Hackathon, Speed-Recruiting, Trommel-Recruiting, Tanz-Recruiting, Wellness-Recruiting, Schaufenster-Recruiting, Pausen-Recruiting, Kamin-Recruiting, Stadion-Recruiting, Tauch-Recruiting, Wellenreiter-Recruiting, Story-Recruiting …

Was bietet deine Region? Mit welchen Aktionen kann dein Unternehmen den Spaß beim Zusammenkommen **steigern**?
Wie bleibt der erste Kontakt positiv in Erinnerung?
Lade ein zur Jobparty in deiner Firma, Branche und Region.
Schreibe ein Drehbuch, das begeistert: Was siehst du?
Was hörst du? Was passiert? Über welche überraschenden Erlebnisse werden die Gäste zuhause berichten?

Und was ist mit den Menschen, die längst im Unternehmen arbeiten? Den Spaß untereinander zu fördern, zeigt ebenfalls Wirkung.

76 Wenn das Software-Team in meiner Firma ein Software-Update erwartete, das sie abends sofort implementieren wollten, veranstalteten wir Poker-Abende. Alle Kolleginnen und Kollegen, die Lust hatten, waren eingeladen, nach Feierabend in der Firma zu bleiben und Spaß zu haben. Ein schöner Nebeneffekt: Das Engagement der Software-Crew wurde vom gesamten Team mitgetragen. Das spricht sich herum.

Den Spaß zu **steigern**, bringt Erfolg. Es gibt viele andere Möglichkeiten der **Steigerung**. Zum Beispiel: Bindung **steigern**, denn Bindung **steigert** Verbindlichkeit. Der erste Schritt dazu sollte vom Unternehmen ausgehen.

77 Nach einem Vortrag in Erkelenz klagte ein Unternehmer im Publikum über ein bekanntes Phänomen: Azubis, die er mit viel Mühe gefunden hatte, erschienen nicht zum ersten Arbeitstag. Die Lösung für dieses Problem lieferte ein anderer Unternehmer, der vierzig Azubis pro Jahr ausbildet und bei dem 100 Prozent der Azubis auch wirklich mit der Ausbildung beginnen. Was macht er anders? Ab dem Tag der Vertragsunterschrift, also lange vor dem ersten offiziellen Arbeitstag, werden die Neuen aktiv eingebunden. Sie lernen alle Azubis im ersten bis dritten Lehrjahr kennen, machen ein Teamtraining, die Eltern, Geschwister und Großeltern bekommen eine Betriebsführung. Diese Bindung sorgt für Verbindlichkeit. Der Unternehmer, der geklagt hatte, hatte sich nach der Vertragsunterschrift nicht mehr bei den Azubis gemeldet.

Den Suchradius **steigern**. Fakt 1: Die meisten Unternehmen in der DACH-Region setzen Deutsch-Kenntnisse bei ihren Mitarbeitern und Mitarbeiterinnen voraus. Fakt 2: Diese Hürde führt zu einer sehr begrenzten Auswahl, zum Beispiel bei dringend gesuchten Software-Entwicklerinnen und -Entwicklern. Wer das Kriterium „muss Deutsch sprechen" **streicht**, hat Zugriff auf Millionen hervorragende Fachkräfte. „Warum Firmen neue Mitarbeiter auf Englisch suchen sollten.", schreibt die Wirtschaftswoche: „Trotz Fachkräftemangel rekrutieren die wenigsten Unternehmen auf Englisch, weil sie den zusätzlichen Aufwand scheuen. Dabei überwiegen die Vorteile, wenn die Arbeitgeber es richtig anstellen."[114] Fakt 3: Es funktioniert.

78 Mein Unternehmen hat Software-Entwicklerinnen und Entwickler aus Deutschland, Nepal, Bulgarien, Serbien und Moldawien beschäftigt. Fast die Hälfte aller Mitarbeiterinnen und Mitarbeiter in Berliner Start-ups kommen aus anderen Ländern – 45,4 Prozent.[115]

Was passiert, wenn **Steigerung** von Suchradius und **Steigerung** von Wertschätzung **kombiniert** werden, zeigt das folgende Beispiel.

79 Ein Headhunter hatte für eine Software-Firma den passenden Kandidaten in Kroatien gefunden. Aber würde er auch wirklich den angebotenen Job annehmen? Der Unternehmer lud postwendend die ganze Familie ein und holte sie persönlich vom Flughafen ab. Der kroatische Software-Entwickler unterschrieb, denn auch seine Familie war begeistert.

Kooperation zu **steigern**, ist eine weitere Möglichkeit.

80 Auf der Webseite Schienenjobs.de informieren die Deutsche Bahn, andere Bahnbetreiber, lokale Verkehrsbetriebe und diverse Zulieferer über ihre verschiedenen Unternehmensprofile, die vielfältigen Berufsmöglichkeiten und weisen gebündelt auf ihre offenen Stellen hin. So werden Bahn-Jobs und -Betriebe insgesamt sichtbarer und es entsteht ein Bewerberpool, von dem alle profitieren.

81 Auch das Schäferei-Handwerk hat einen gemeinsamen Online-Stellenmarkt auf stellenmarkt-schafe.eu.[116]

82 Auf paritaetjob.de bündeln soziale Unternehmen des Paritätischen Wohlfahrtsverbandes aus Berlin, Sachsen-Anhalt, Brandenburg und Mecklenburg-Vorpommern ihre offenen Stellen.

83 Das von Unternehmen der Region organisierte Regio-Camp bietet Schülerinnen und Schülern von Koblenz bis zum Hunsrück in den Sommerferien ein buntes Programm mit Zelten und Lagerfeuer.[117] Es wird mit TV-Köchen gekocht, Solarboote werden gebaut und, nicht zuletzt, es werden Ausflüge zu den Unternehmen angeboten. So lernen junge Menschen die Arbeitsmöglichkeiten in der Region kennen.

84 Der Farbenhersteller Brillux betreibt für Malerbetriebe die Website deine-zukunft-ist-bunt.de mit Berufsinfos, Videos, der Spiele-App Buntes Battle und Beiträgen von Azubi-Botschafterinnen und -Botschaftern. Indem er seine Kunden bei ihrer Suche nach Nachwuchs unterstützt, stärkt er die Kundenbindung.

85 Der Klassiker nach einem Bewerbungsgespräch heißt: „Wir melden uns." Diese Situation kann einfach aufgewertet werden, wenn der Bewerber nach dem Vorstellungsgespräch ein für die Firma oder die Region typisches Geschenk erhält. Der Zahnarzt gibt gute Zahnseide mit. Die Bäckerei die neuste Backkreation für die Familie und Freunde. Eine Spritzgussfirma überrascht mit dem neuesten 3D-Druck. Wetten, dass die Bewerberinnen und Bewerber im Anschluss WhatsApp und Signal heiß laufen lassen?

> **!** WERDEN DIE BEWERBERINNEN UND BEWERBER POSITIV ÜBERRASCHT, ERZÄHLEN SIE BEGEISTERT VON IHREM ERLEBNIS. WER BEWERBER **VERZAUBERT**, **STEIGERT** SEINEN RUF.

86 Kununu.de ist eine Plattform, auf der Mitarbeiterinnen und Mitarbeiter ihren Arbeitgeber bewerten. Eine Million Unternehmen werden dort bereits beschrieben. Deines ist vielleicht ebenfalls mit dabei – auch wenn du davon bisher nichts wusstest. Wie ist die Unternehmenskultur? Wie sind die Arbeitszeiten, die Löhne, der Spirit im Team? Auch Bewerberinnen und Bewerber berichten dort über ihre Erfahrungen. Firmen können bereits im Vorstellungsgespräch aktiv dazu einladen, über das Bewerbungs-Erlebnis zu berichten. Wer alle Kontakte dazu einlädt, **steigert** den Kununu-Score des Unternehmens – wenn die Erlebnisse positiv sind.

Suche auf kununu.de nach deiner Firma und nach den Firmen deiner Freunde. Bei welcher Firma würdest du dich bewerben? Wenn dein Arbeitgeber nichts von kununu weiß, berichte von deinen Beobachtungen und der Wirkung auf dich.

Jeden Monat investieren deutsche Firmen über 200 Millionen Euro in Stellenanzeigen in Zeitungen und Online-Stellenbörsen. Warum eigentlich? Wer inseriert, meint, gesehen zu werden. Doch es ist purer Zufall, wenn genau in diesen Tagen jemand auf den rund 2.500 Stellenbörsen sucht und ausgerechnet dein Angebot sieht. Das Gros der Unternehmen nutzt sogar ausschließlich Jobbörsen und beklagt sich dann über zu wenig passende Bewerbungen.

MITARBEITERGEWINNUNG IST EINE ANSPRUCHSVOLLE ARBEIT, DIE NICHT EINFACH IST, ABER **VEREINFACHT** GEHT – UND DABEI HÄUFIG WENIGER KOSTET, ALS STELLENANZEIGEN ZU SCHALTEN.

Der Wandel in der Personalgewinnung hört nie auf. Erneuerung in der Gewinnung von Menschen ist ein lebendiger, kontinuierlicher Prozess. Wer Neues machen will, muss **streichen** und Platz schaffen. Viel Erfolg beim **Umdrehen, Vereinfachen, Infragestellen, Kombinieren** und **Steigern**! Verändere die Spielregeln im Recruiting und mache es zu *deinem* Spiel!

✓ Definiere sechs Kernelemente deiner aktuellen Personalgewinnung. Streiche drei Elemente: Freiraum gewonnen. **Ersetze** sie mit anderen Wegen im Recruiting. **Steigere** zuerst die Zahl der Experimente und **steigere** dann, was gut läuft.

KUNDENBEFRAGUNG MAL ANDERS

Immer mehr Unternehmen nutzen Mitarbeiter-empfehlen-Mitarbeiter-Programme zur Gewinnung neuer Kolleginnen und Kollegen. Für Unternehmen mit über 50 Mitarbeitern, also 2,7 Prozent der Firmen, ist so ein Programm sehr aussichtsreich. Die Masse macht's. Aber für die 97,3 Prozent der Betriebe, die weniger als 50 Mitarbeiter und durchschnittlich sogar nur sechs Angestellte haben, eignet sich dieser Weg nur eingeschränkt. Wen können sie fragen?

Tischlermeister Julius Kapune wollte mit seinem Betrieb wachsen. Weil er keine Bewerbungen bekam, fragte er seine Kunden: „Kennen Sie Tischlerinnen, Tischler, Auszubildende, Praktikantinnen und Praktikanten? Dann empfehlen Sie uns bitte!" Warum hat das geklappt? Erfolgreiche Betriebe haben zufriedene Kunden. Und zufriedene Kunden geben gerne eine Empfehlung. „50 Prozent unserer Mitarbeiter sind über persönliche Empfehlungen zu uns gekommen", sagt Kapune.[118]

Angenommen, jeder Mensch kennt zehn Menschen und ihre Qualifikationen sehr gut. Zum Beispiel Nachbarn, Bekannte, ehemalige Kolleginnen und Kollegen, Freunde aus der Ausbildung oder aus dem Studium. Mal grob gerechnet: Hat eine lokale Handwerksbäckerei 500 Kundinnen und Kunden, kennen sie zusammen 5.000 Menschen, unter denen sich mit einiger Wahrscheinlichkeit potenzielle Fachkräfte befinden. Menschen zu fragen, stärkt zudem die Kundenbeziehung.

Wie wäre es mit einer Aktion und großem Plakat? „Wer uns eine Fachkraft empfiehlt, bekommt ein Jahr lang Brot und Brötchen umsonst." Der Nebeneffekt einer solchen Aktion: Dieses Angebot wäre sofort Gesprächsstoff in der Stadt. Hängt ein entsprechendes Plakat im Schaufenster, können sich auch Passanten beteiligen.

> Ein Friseurladen könnte Empfehlenden ein Jahr lang die Haare umsonst schneiden. Eine Kfz-Werkstatt bietet drei Inspektionen an. Ein Autohaus verschenkt drei Wochen Probefahrt mit dem neusten Elektroauto. Ein Malereibetrieb streicht das Wohnzimmer für eine erfolgreiche Empfehlung. Hotels bieten kostenfreie Kurzurlaube. Restaurants verschenken die nächste Geburtstagsfeier.

Auch Städte und Gemeinden können ihre Kunden – also alle Bürgerinnen und Bürger fragen. Viele Verwaltungen suchen zum Beispiel Teamverstärkung für Kitas und Krankenhäuser, Klärwerke, Rechenzentren, Stromversorgung, Straßen- und Radwegebau. Zusammen mit der nächsten kommunalen Kita- oder Wasserrechnung und auf Großplakaten am Rathaus wird aktiv darum gebeten, bei der Personalsuche zu helfen. Eine Verbandsgemeinde mit 15.000 Haushalten könnte 150.000 Menschen erreichen. Aachen, Chemnitz und Braunschweig kämen sogar auf jeweils 2,5 Millionen Kontakte über Bürgerinnen und Bürger.

 Denk an deinen Betrieb, deine Stadt oder deine Kommune. Wie beziehst du Kundinnen und Kunden, Einwohnerinnen und Einwohner in deine Personalsuche ein? Was bietest du ihnen an? Wie verbreitest du die Suche? Womit überraschst du und sorgst für Gesprächsstoff?

Eine Rätselfrage. Die Auflösung folgt gleich: Ist die Zahl der Erwerbstätigen in Deutschland seit 1991 von 38 Millionen auf 45 Millionen Erwerbstätige im Jahr 2021 gestiegen? Oder ist die Zahl der Erwerbstätigen in Deutschland in diesem Zeitraum von 45 Millionen auf 38 Millionen gesunken? Was denkst du? Gesunken oder gestiegen?

Deine Lösung:

FACHKRÄFTE WIE KUNDEN BEHANDELN

> Kundenmangel erschwert Klimaschutz.
> In der Holz- und Möbelindustrie verschärft sich der Kundenengpass weiter.
> Kundenmangel bremst digitale Transformation massiv aus.
> Kundenmangel bleibt die größte Sorge der Unternehmen.

Das sind typische Schlagzeilen, wie man sie seit Jahren in den Medien findet. Oder? Äh, sorry, da stimmt etwas nicht! Ersetzt man aber das Wort „Kunde" durch „Fachkräfte", passt es wieder. Über den Fachkräftemangel wird öffentlich geklagt, und zwar täglich seit 1984. Über Kundenmangel liest man dagegen so gut wie nie etwas. Diese Blöße will sich keine Branche und kein Unternehmen geben.

Warum ist Fachkräftemangel nicht so peinlich wie Kundenmangel? Unternehmen, die vergeblich nach Fachkräften fahnden, sollten überlegen, ob ihr Angebot attraktiv ist, ob ihre Unternehmenskultur magnetisch anzieht, ob sie auf Bewerbungen schnell und wertschätzend reagieren und ob sie ihre Suche nach Kolleginnen und Kollegen regelmäßig den neuen Rahmenbedingungen anpassen.

 WENN EIN UNTERNEHMEN ODER EINE BRANCHE FACHKRÄFTEMANGEL BEKLAGT, DANN IST DAS NICHTS ANDERS ALS EIN KUNDENMANGEL. NUR MIT EINER BESONDEREN ZIELGRUPPE.

Bei Kundenmangel reagieren Unternehmen professionell und verbessern ihr Angebot und ihr Marketing. Wenn es hingegen zu wenig Bewerber für offene Stellen und Ausbildungsplätze im Unternehmen gibt, dann beklagen sich Unternehmen und Verbände öffentlich.

Seit dreißig Jahren ist die Zahl der Erwerbstätigen kontinuierlich von 38 Millionen 1991 auf über 45 Millionen Erwerbstätige gestiegen.[119] In Zeiten von Fachkräfte-Rekordzahlen finde ich den Begriff „Fachkräftemangel" irreführend. Wir sollten also von Fachkräfte-Reichtum sprechen.

Die relevante Frage lautet: Sind sie bei dir oder arbeiten sie woanders? Die absolute Mehrheit der potenziell passenden Fachkräfte hat sich noch nie bei dir beworben. Also liegt der Ball bei dir, aktiv zu werden. Fachkräftemangel ist nichts anderes als Ideenmangel in der Kunden-Akquise – äh, nein, in der Fachkräfte-Gewinnung.

 ES GIBT KEIN RECHT AUF BEWERBUNGEN. UND ES GIBT AUCH KEIN RECHT AUF FACHKRÄFTE. GUTE MITARBEITER UND MITARBEITERINNEN ZU GEWINNEN, IST EIN WETTBEWERB. GENAUSO WIE DER UM KUNDEN.

Dass Unternehmen, die nicht proaktiv auf Bewerberinnen und Bewerber zugehen, heute weniger Bewerbungen bekommen, ist kein Wunder. Clevere Unternehmen kennen keinen Mangel. Sie gehen neue Wege.

Man sollte sich auch nicht von Prognosen beirren lassen. Seit Jahrzehnten sorgen sie für reißerische Schlagzeilen zum sogenannten Fachkräftemangel. Schon 2015 berichtete der Spiegel: „Was wurde aus dem Fachkräftemangel? Frühere Prognosen lagen gewaltig daneben."[120] Keine der Prognosen und Hochrechnungen, die Meinungsforschungsinstitute 2009 auf den Markt gebracht hatten, waren bis 2015 eingetroffen. Keine einzige.

88 Slack wurde 2013 gegründet. Teams arbeiten auf der Plattform weltweit zusammen, und die Fachkräftegewinnung ist nun nicht mehr auf ein Land beschränkt. Alle Prognosen zum Fachkräftemarkt, die vor 2013 veröffentlicht wurden, haben die Internationalisierung nicht in ihre Rechnung aufnehmen können.

89 Gleichzeitig erzählen mir Headhunter seit zehn Jahren, dass 80 bis 90 Prozent der deutschen Unternehmen nicht bereit sind, englischsprachige Software-Entwickler einzustellen. Das ist eine extreme Selbstbeschränkung. Ich nenne das einen hausgemachten Mangel.

90 Auf Low-Code- und No-Code-Plattformen ist Programmierung so einfach gestaltet, dass auch Menschen ohne Programmierkenntnisse sie anwenden können:

> *„Drumherum hat sich ein Milliardenmarkt mit Playern wie Salesforce, Mendix oder Appian entwickelt. Sie stellen für Unternehmen die gängigste Hardware-Komponente dieser Tech-Sparte bereit, die cloudbasierten Low-Code-Plattformen. Ihr Umsatz steigt 2021 weltweit auf 5,8 Milliarden Dollar, fast 30 Prozent mehr als noch 2020. Die Zahl der Low-Coder soll bis 2023 viermal so hoch sein wie die der professionellen Entwickler. Bis 2024 wird die Methode für mehr als 65 Prozent der Entwicklungs-Aktivitäten verantwortlich sein."* [121]

Welche Prognosen zum Fachkräftemangel haben so komplexe Entwicklungen der Märkte mit Slack und Low-Code/No-Code berücksichtigt? Bitte meldet euch. Ich lasse mich gerne überraschen.

! DIE WELT IST IM WANDEL. BEHANDLE PROGNOSEN MIT VORSICHT. MACH DEIN DING UND NUTZE DIE MÖGLICHKEITEN, DIE DIR DER WANDEL SCHENKT.

SOCIAL MEDIA FÜR NEUE BEZIEHUNGEN

Weitere Bewegung bringen Social Media ins Personalmarketing. Sie sind vielfältig, schnell und bieten Unternehmen und Branchen völlig neue Möglichkeiten, sich zu präsentieren und mit Menschen in Beziehung zu treten.

91 Als Soundcloud im Sommer 2017 40 Prozent der Angestellten entlassen hat, wurde noch an demselben Tag über Twitter ein Dokument mit den Kontaktdaten der 173 Software-Entwickler und -Entwicklerinnen, Designerinnen und Designer geteilt. Sie bekamen schnell neue Jobangebote. Doch obwohl Soundcloud ein deutsches Unternehmen ist, hat kaum eine Firma in Deutschland diese Chance wahrgenommen.

92 TikTok führte 2021 in den USA Video-Lebensläufe ein. Unter dem Hashtag #TikTokResumes können Jobinteressierte ihre kreativen Videos präsentieren. Es ist nur eine Frage der Zeit, bis es auch in anderen Ländern läuft. Wer ist darauf vorbereitet?

93 Die Somengo GmbH zeigte sich am Weltfrauentag auf Instagram selbstbewusst mit 65 Prozent Frauen im Unternehmen.[122] Ein Bild sagt mehr als 1.000 Worte.

✓ Welche Geschichten werden über dein Unternehmen erzählt? Wofür steht dein Betrieb in Storys und Reels, TikToks und Podcasts? Was bringt deinem Unternehmen Aufmerksamkeit? Wie kommunizierst du? Welche Plattformen nutzt du? Was und wen willst du erreichen? Welche Ergebnisse erwartest du? Was tust du dafür?

Engagement in Social Media liefert meist keinen kurzfristigen Erfolg. Doch es gibt einen ersten Eindruck vom potenziellen Arbeitgeber. Profile auf Instagram, LinkedIn, Kununu und TikTok bieten Positionierung und Sichtbarkeit. Über die Kommentarfunktion findet Austausch statt. Wer gute Einblicke in Berufe bietet und unterhaltsam ist, bekommt Resonanz.

❗ BEI SOCIAL MEDIA GEHT ES UM ERLEBNISSE UND KOMMUNIKATION. SOCIAL MEDIA ERMÖGLICHEN AUSTAUSCH UND BEZIEHUNGEN. STELLENANZEIGEN NICHT.

94 Ich gewinne viele Anregungen aus Tweets und Threads auf Twitter, ich lese und kommentiere Debatten auf LinkedIn, und ich schreibe als Insider auf Xing. Das macht mich sichtbar, und ich lerne täglich Neues. Wenn ich auf Vortragsreisen bin, verabrede ich mich regelmäßig mit Menschen, die ich von Twitter und Instagram kenne. Wir treffen uns in Hannover, Hamburg, Bamberg oder Erfurt und tauschen uns aus. Weil wir uns über die Tweets und Kommentare bereits gut kennengelernt haben, ist es so, als träfe man Freunde, die man länger nicht gesehen hat. Einmal habe ich über Twitter sogar einen Mitarbeiter gewonnen. In 140 Zeichen hatte ich ihm 2012 ein Vorstellungsgespräch angeboten.

Mittlerweile werden auch E-Sports im Personalmarketing eingesetzt.[123] E-Sports und Gaming sind starke Wachstumsmärkte. Gaming wird beim Onboarding und für Schulungen genutzt. Und das Metaverse kommt bereits um die Ecke. „Die Arbeitswelt der Zukunft entspringt aus der Gaming-Welt. Adieu, Zoom und Teams."[124]

Der Trend zur Virtual Reality (VR) ist noch lange nicht ausgereizt. Wir sind Sinneswesen. Was wir nicht sehen, das gibt es für uns nicht. Mit VR werden Arbeitgeber sichtbarer und erlebbar. Einblicke in Berufe, Büros und Unternehmenskulturen werden über VR anschaulicher werden.

95 Die Bahn spart viel Geld, weil Mitarbeiter mit VR-Unterstützung Kaffeemaschinen reparieren können. Früher musste der Zug dafür in eine Werkstatt fahren oder ein Techniker extra anreisen.

Unter 45,3 Millionen Berufstätigen sind mit Sicherheit potenzielle Fachkräfte für dein Unternehmen. Wenn sie nicht bei dir sind, warum? Bleiben Azubis gerne im Unternehmen? Antwortest du wertschätzend auf Bewerbungen? Bietest du eine Arbeitskultur, die magnetisch anzieht und sich herumspricht? Würden dir Kundinnen und Kunden Menschen zur Mitarbeit empfehlen? Wie ist dein Ruf als Arbeitgeber im Umfeld und auf Kununu? Behandelst du mitarbeitende Menschen wie Gäste?

Unternehmen, die das Bedürfnis aller Menschen nach Glück, Wertschätzung und Gesundheit ernst nehmen und entsprechend handeln, haben bessere Chancen, Fachkräfte zu finden. Zum Glück ist das so!

Im 3. Kapitel vertiefen wir uns in unser Glück und in Unternehmen, die Gesundheit steigern.

3. DIE TOP-PRIORITÄTEN GLÜCK & GESUNDHEIT

Im Leben geht es weder um Arbeit noch um Firmen, Arbeitgeber und Löhne. Sie sind wichtig, und doch alles nur Mittel zum Zweck. Es geht um uns, um unser Leben, um Freude und Glück.

Vieles kann uns glücklich machen. Gemeinschaft, Engagement und Sport. Training, Filme und Spiele. Gemeinsamer Spaß und Humor sind starke Glückstreiber. Auch Musik erfreut viele Menschen. Wir singen Lieder in 7.100 Sprachen. Wir wollen alle glücklich sein. Was macht dich glücklich?

96 Vierzehn zusätzliche Vogelarten im Wohnumfeld haben dieselbe Glückswirkung wie ein monatliches Lohn-Plus von 124 Euro.[125]

Ein häufiger Weg zu unserem eigenen Glück ist das Glück anderer Menschen. Dazu können wir mit unserer Arbeit beitragen.

97 Mein Vater macht als Gärtner viele Menschen glücklich. Vor langer Zeit pflanzte er Platanen auf dem Gelände des Benjamin-Franklin-Krankenhauses in Berlin. Später machten meine Frau und ich im Schatten dieser Bäume die ersten Spaziergänge mit unseren Babys, die in diesem Krankenhaus geboren wurden. Auch heute pflanzt mein Vater noch Blumen und macht Menschen glücklich. Und dabei ist auch er glücklich.

98 Glücksgefühle genieße ich beim Anblick meines Bücherregals, das meine Tochter Miriam aus über 70 Einzelteilen für mich gebaut hat. Sie ist Tischlerin und hat mich damit glücklich gemacht. Einige Details hat sie auf meinen Wunsch hin umgesetzt. Zum Beispiel schräge Regalbretter. Wenn ich Webinare gebe, ist dieses auffallende Regal im Hintergrund zu sehen. Und immer wird es zum Gesprächsthema.

99 In einem Vortrag auf der Messe „Zukunft Personal" hörte ich von einem Busfahrer in Osnabrück, der gefragt wurde, was ihm seine Arbeit bedeutet. Er antwortete: „Ich sorge in meinem Beruf dafür, dass Tausende Schülerinnen und Schüler sicher zur Schule kommen und lernen können." Er ist glücklich und zufrieden in seinem Beruf.

! MIT UNSERER ARBEIT KÖNNEN WIR DIE BEDÜRFNISSE ANDERER MENSCHEN ERFÜLLEN UND SIE GLÜCKLICH MACHEN.

Aber tun wir das auch immer? Manchmal hat sich Arbeit verselbstständigt. Wir sollten bei jeder Arbeit fragen: Ist das ein Beitrag zum Leben anderer Menschen? Trägt meine Arbeit dazu bei, andere glücklich zu machen? Ist sie relevant? Für wen?

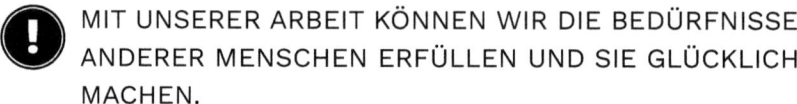

✓ Wen macht deine Arbeit glücklich? Wessen Bedürfnisse erfüllst du? Wessen Leben verbesserst du? Wie kannst du Unglück durch Glück **ersetzen**? Wirst du das Glück anderer Menschen **steigern**?

Wenn wir nur noch die Arbeit tun, die gut für uns und für andere ist, gäbe es keinen Stress und kein Gefühl der Sinnlosigkeit. Es gäbe keine Ausbeutung in unfairen Lieferketten und keine Massentierhaltung. Es gäbe Arbeit, bei der wir gesund bleiben, lachen und uns im Einklang mit der Mitwelt entfalten. Klingt das zu harmonisch für dich? Oder lebst du bereits so?

GESUNDE ARBEIT
FÜR GESUNDES LEBEN

Ein wichtiges Bedürfnis ist es, gesund zu sein. Das bringt Kraft, Freude und Lebensqualität. Gesundheit ist eine wichtige Basis für kontinuierlich gute Leistungen. Doch in welchem Unternehmen ist die Gesundheit explizit Priorität Nummer eins? Auch wer von Schmerzen gequält wird, kann arbeiten und Leistungen bringen. Allerdings ist der Preis dafür sehr hoch. Viele Menschen werden so überfordert, und eine Heilung rückt in immer weitere Ferne.

> **!** GESUNDHEIT IM BERUF ALS ERSTE PRIORITAT IST
> AUCH IM UNTERNEHMERISCHEN INTERESSE.
> GESUNDE MENSCHEN BRINGEN DIE BESTEN LEISTUNGEN.

 2019 stellte ich eine neue Kollegin ein. Sie kam krank und geschwächt aus einem Arbeitsverhältnis, in dem sie ständig über ihre körperliche Leistungsgrenze gehen musste. Vor der Zusammenarbeit nahmen wir uns zwei Tage Zeit, um unsere Erwartungen, Wünsche und Vorstellungen zu besprechen. Ich sah ihre angeschlagene Gesundheit, aber auch ihre Kompetenzen. Ich schlug ihr vor: „Deine Gesundheit ist Priorität Nummer 1 in unserer Zusammenarbeit. Wir werden beide darauf achten, dass du Pausen machst, bevor dein Körper überfordert ist. Der Druck, über deine Grenzen gehen zu müssen, wird **gestrichen**." Eine Auszeit konnte sie sich finanziell nicht leisten. Daher begannen wir die Zusammenarbeit sofort. Ich erinnerte sie öfter an unsere Vereinbarung als sie selbst es tat: „Denk an die Priorität Nummer eins." Sie hatte die Freiheit, spontan spazieren gehen oder zu schlafen. Während der Arbeitszeit konnte sie ins Fitnessstudio und zu ihrer Therapie gehen. All das war wichtiger als die Arbeit. Früher nahm sie viele Schmerzmittel, nun nur noch ganz selten. Schon nach wenigen Monaten wurde meine neue Mitarbeiterin von Nachbarn darauf angesprochen, wie positiv sie sich verändert hatte. Nach zwölf Monaten war sie so gesund, dass sie ihre eigene Selbständigkeit starten konnte. Das war immer ihr Ziel gewesen. War die neue Priorität in der Zusammenarbeit ein schlechtes Geschäft für mich als Arbeitgeber? Nein, denn die Mitarbeiterin, die bei ihren vorherigen Arbeitgebern oft mehrere Wochen arbeitsunfähig gewesen war, hat in meinem Unternehmen weniger als fünf Tage gefehlt. Unterm Strich hat sie die volle Leistung gebracht. Die Freiheit, Nein sagen und Pausen frei wählen zu können, war wie Medizin.

Wie wird Gesundheit zur ersten Priorität bei deiner Arbeit? Kannst du Arbeit streichen, die dich und andere krank macht? Achtet dein Arbeitgeber auf eine gesunde Arbeitskultur? Wie würde Gesundheit als erste Priorität für dich wirken?

Dass alle Menschen die Möglichkeit haben, besser zu arbeiten und gesünder zu leben, ist eine herausfordernde Aufgabe. Dem Schlaf kommt dabei eine besondere Rolle zu.

STRESS REDUZIEREN FÜR DIE MÜLLABFUHR

Beschäftigte klagen immer häufiger über Stress und psychische Belastungen durch ihre Arbeit.[126] Psychische Erkrankungen sind die häufigste Ursache für eine frühzeitige Rente.[127] Das ist das krasse Gegenteil zu Gesundheit als erste Priorität. Wir beschädigen die Lebensqualität von Millionen Menschen. Von 44 Milliarden Euro Behandlungskosten im Zusammenhang mit psychischen Erkrankungen berichtet das Deutsche Ärzteblatt.[128] Am totalen Erschöpfungszustand, Burnout genannt, hat gestörter Schlaf einen großen Anteil.

Burnout äußert sich in starkem Leistungsabfall. Betroffene wachen eines Tages auf und kommen buchstäblich nicht mehr aus dem Bett. Stress kann einen Beitrag zu diesem Zustand leisten, aber er ist nicht der eigentliche Auslöser. „Wir glauben, dass Menschen unter hoher Stressbelastung ziemlich gut leben können", sagt Torbjörn Akerstedt vom Karolinska-Institut.[129] „Erst wenn der Schlaf gestört wird, kommt es zum Burnout-Syndrom." Die von ihm untersuchten Probanden mit Burnout schliefen nur vier bis fünf Stunden, der Tiefschlaf-Anteil lag 40 Prozent niedriger als bei gesunden Menschen. Umgekehrt gilt: Wer gut schlafen kann, kann häufig auch mit beruflichem oder privatem Stress gesund bleiben.

Leider nimmt der strukturelle Schlafentzug kontinuierlich zu. Arbeitszeiten mit Schichtdienst und 24/7-Services, Produktion rund um die Uhr und Dienstreisen zwingen viele Menschen zu einem Lebensrhythmus, der nicht gesund ist.

Schlafmangel und fehlende Zeiten zur Regeneration verursachen Krankheiten und sinkende Leistungen. Das ist teuer. Die Rand-Corporation schätzt den Schaden durch Schlafentzug in Deutschland auf 60 Milliarden US-Dollar pro Jahr, in Japan auf 138 Milliarden und in den USA auf 411 Milliarden.[130] Übergewicht und Adipositas kann mit ungesunden Schlafgewohnheiten zusammenhängen.[131] Trotzdem werden Erschöpfung und Schlafmangel teilweise sogar zelebriert.

101 Die Eltern einer Freundin sagten häufig zu ihr: „Wer nicht erschöpft ist, hat nicht genug gearbeitet."

❗ CHRONISCHER SCHLAFMANGEL KANN BURNOUT VERURSACHEN. UM DEM ZU-VIEL-VON ALLEM-ERSTICKUNGSTOD ZU ENTKOMMEN, MÜSSEN WIR STRESS UND ÜBERFORDERUNG STREICHEN UND GESUNDEN SCHLAF STEIGERN.

Der Wunsch aus dem bekannten Schlaflied „Der Mond ist aufgegangen" ist lebensnotwendig: „Und lass uns ruhig schlafen." Der Körper braucht die Ruhe, damit das Gehirn und alle Organe entspannen und sich regenerieren können.

102 Bill Clinton war 1993 bis 2001 Präsident der USA. Er sagte über Schlafmangel: „Jeden bedeutsamen Fehler in meinem Leben habe ich gemacht, wenn ich übermüdet war."[132]

103 Die Zahl der Menschen, die täglich 25 Kilometer und mehr zur Arbeit fahren, ist höher als vor 20 Jahren.[133] Zeit im Auto ist Zeit, die zur Entspannung fehlt.

104 Bei Sportlerinnen und Sportlern, Politikern und Politikerinnen sowie Musikerinnen und Musikern zeigen Studien, dass Schlaf und Training die beiden wichtigsten Einflüsse auf gute Leistungen sind.[134] „Schlafen zählt zu den produktivsten Dingen, die man zur Steigerung seiner Leistungsfähigkeit tun kann. Sportler werden nicht während einer Trainingseinheit besser, sondern danach – auch und vor allem im Schlaf."[135] Eine weitere Studie belegt den positiven Einfluss von einem Mittagsschlaf auf ausgezeichnete Leistungen.[136]

Schläfst du gerne? Bekommst du genug Schlaf? Macht dir Schlafen Spaß? Nimmst du dir genug Zeit zum Schlafen? Oder ärgert es dich, wenn du viel schläfst? Mit wie viel Schlaf bist du zufrieden, leistungsfähig und am glücklichsten?

Schlaf ist kein Luxus. Unser Gehirn braucht die Zeit, um schädlichen Müll zu entsorgen.

105 Wir haben eine Müllabfuhr im Gehirn. Jeden Tag sammeln sich im Gehirn schädliche Stoffe, die auf Dauer sowohl das Denken als auch das Gedächtnis einschränken. Die Entsorgung der Abfallstoffe im Gehirn wurde erst 2013 entdeckt und Glymphatisches System genannt. Im Tiefschlaf vergrößern sich die Zwischenräume in den Gehirnzellen, das Hirnwasser fließt hindurch und spült den Müll weg. Diese Erkenntnisse spielen auch eine wichtige Rolle bei der Erforschung und Heilung von Demenz.[137]

Der Müll muss raus. Wenn Menschen in ihrer Wohnung viele Gegenstände horten und bis zur Decke stapeln, bleiben ihnen im Extremfall nur schmale Gänge, die immer enger werden. Ähnlich ist es im Gehirn. Wenn wir nicht schlafen, verklumpen Proteine und es wird immer enger. „Schlaf ist für den menschlichen Organismus die beste Medizin und so wichtig wie Essen und Trinken." [138]

 ZU WENIG SCHLAF MACHT KRANK.
TIEFSCHLAF IST ZUR MÜLLENTSORGUNG WICHTIG.

Wie groß die gesunde Dosis Schlaf ist, hängt vom einzelnen Menschen ab. Hormonspiegel, Körpertemperatur und weitere physiologische Parameter bestimmen unseren Chronotyp.[139] Die wenigsten Menschen sind reine Lerchen oder Eulen. Meist liegen wir irgendwo zwischen Frühaufstehern und Langschläfern. Dennoch orientieren sich die öffentlichen Strukturen wie Schul- und Arbeitsbeginn am Frühaufsteher.

> Muss die Schicht um 6 Uhr beginnen?
> Muss der Supermarkt um 7 Uhr öffnen?
> Muss Schule um 8 Uhr beginnen?
> Muss ein Bäcker nachts um 2 Uhr anfangen zu arbeiten?

106 Bäckereien können den traditionell frühen Arbeitsbeginn streichen. „Die Brotpuristen" in Speyer kneten den Brotteig vormittags, mittags wird gebacken und ab 14.30 Uhr wird verkauft.[140] Begeisterte Fans warten auf das leckere Brot. Der Back-Plan verrät online, wann welches Lieblingsbrot gebacken wird.

107 In Essen öffnet Lisa Scherpel ihre „blond bakery" um 11 Uhr.[141] Sie führt die Backtradition der Familie in der fünften Generation fort. Schnelle Massenware hat sie gestrichen. Die Auswahl der Rohstoffe und die lange Reifezeit der Teige macht den einzigartigen Geschmack ihrer fünf Bio-Brotsorten aus.

108 In Bonn öffnet die Bäckerei „Max Kugel liebt Brot" um 10 Uhr.[142] Kuchen hat Max Kugel genauso **gestrichen** wie Backmischungen. Er backt seine zehn Brotsorten mit unbehandelten Rohstoffen und Teigruhe. „Jeder hat seine eigene Philosophie, und meine ist es, die Natur auf das Backen so gut wie möglich zu adaptieren."

Am Anfang der Pandemie 2020 haben viele Menschen Homeoffice und Homeschooling zum ersten Mal erlebt. Das war zwar anstrengend, aber es brachte auch eine messbare **Steigerung** der Nachtruhe.

109 2020 standen die Deutschen durchschnittlich fast eine Stunde später auf. Gemessen wurde das am Stromverbrauch.[143]

110 Das Good News Magazin machte im März 2021 zu diesem Thema eine Umfrage. 54 Prozent der 8.857 Teilnehmenden bestätigten: „Ja! Wir konnten in der Pandemie mehr schlafen."[144]

Dieses Umfrageergebnis ist nicht repräsentativ für alle Deutschen, aber doch erfreulich. Denn mit regelmäßigem und ausreichendem Schlaf **steigern** wir Gesundheit und Leistungsfähigkeit und **reduzieren** die Kosten für das Gesundheitssystem.

Kannst du Ruhe und Entspannung genießen? Kennst du Stille? Ist Ruhe für dich eine regelmäßige Wohltat oder Luxus? Entspannst du anders? Zum Beispiel tanzend bei lauter Musik? Was macht dich gesünder und glücklicher?

FREIRAUM GEGEN DEN PFLEXIT

Auch im Gesundheitswesen wird gegen unseren Biorhythmus angearbeitet. Mit rund einer Millionen Beschäftigten sind Pflegekräfte die größte Berufsgruppe im Gesundheitswesen – und auch die gefährdetste. Sie stehen auf Platz Eins der Krankenstatistik. Im Jahr 2020 lagen sie mit 21,1 Tagen Krankschreibung deutlich über dem Durchschnitt von 12,9 Fehltagen.[145] Das liegt vor allem an ihrer hohen psychischen und physischen Arbeitsbelastung. Die häufigsten Folgen sind Muskel-Skelett-Erkrankungen sowie psychische Erkrankungen.

111 „Ich habe während der Schicht nicht getrunken – so musste ich nicht zur Toilette", berichtet eine Pflegekraft über den täglichen Zeitdruck.[146]

112 2021 kündigten am Uniklinik in Marburg 15 von 16 Pflegekräften gleichzeitig wegen der schlechten Arbeitsbedingungen.[147]

Der fluchtartige Exodus aus den Pflegeberufen wird Pflexit[148] genannt. Hauptgründe sind Überlastung und unzumutbare Arbeitsbedingungen. Trotz jahrzehntelanger Berichterstattung über die Missstände hat sich die Lage auch 2022 nicht verbessert. Weiterhin funktioniert das System nur auf Kosten der chronisch überlasteten Mitarbeiterinnen und Mitarbeiter.[149] Daher ist der Pflexit nur konsequent.

113 „Jede vierte Pflegekraft will den Job wechseln. Laut einer Umfrage suchen viele Pflegekräfte wegen Überlastung und schlechter Bezahlung nach einer neuen Stelle. Vor allem jüngere wollen die Branche sogar ganz verlassen."[150]

114 Auch Ärztinnen und Ärzte leiden im Krankenhaus unter der hohen Arbeitsbelastung. Eine Umfrage unter 3.300 Krankenhausmedizinern ergab, dass sich 60 Prozent von ihnen zunehmend und 31 Prozent immer erschöpft fühlen. Ein Fünftel von ihnen plante eine berufliche Zukunft außerhalb des Krankenhauses.[151]

Immerhin steigen die Zahlen der Auszubildenden. 2019 haben 71.300 Menschen eine Ausbildung im Pflegebereich begonnen, 39 Prozent mehr als 2009. Gut die Hälfte davon lernt Altenpflege.[152] Sogar im ersten Corona-Jahr 2020 stieg die Zahl der Auszubildenden in Pflegeberufen.[153] Das klingt zu schön, um wahr zu sein. Tatsächlich gibt es einen Haken: 30 Prozent der Azubis brechen ihre Ausbildung wieder ab.[154] Andere junge Talente kündigen kurz nach dem Abschluss.

115 Eine der besten Nachwuchs-Pflegekräfte ihres Jahrgangs kündigte ihren Job kurz nach Beendigung ihrer Ausbildung.[155] Die dauerhafte Überlastung hat sie aus ihrem Traumjob gedrängt. Nachts ständig aufzuwachen und weinend von der Arbeit zu kommen, zeigte ihr, dass die Belastung zu hoch war.

Ein Kernproblem in der Pflege ist der unhaltbar hohe Personalschlüssel. 2019 zeigte eine Studie der Hans-Böckler-Stiftung, dass Deutschland im internationalen Vergleich schlecht wegkommt: Während sich in Deutschland eine Pflegekraft im Schnitt um 13 kranke Menschen kümmern muss, sind es in Großbritannien 8,6 und in den Niederlanden 6,9. Ein besserer Personalschlüssel würde die Zufriedenheit erhöhen, denn nur so können Pflegekräfte professionell arbeiten.

116 Im Herbst 2021 streikten Pflegekräfte der Berliner Charité mehrere Wochen lang. Eine streikende Pflegerin: „Wir streiken hier nicht, weil wir mehr Geld haben wollen, sondern weil wir nicht mehr können. Das deutsche Gesundheitssystem ist am Ende."[156]

Warum hat bisher niemand neue Spielregeln durchsetzen können? Der damalige Präsident der Bundesärztekammer, Frank Montgomery, sagte 2019: „Inzwischen versuchen alle durch eine Steigerung der Arbeitsbelastung mehr Arbeit aus ihren Mitarbeitern herauszuholen, um damit Geld zu sparen oder Gewinne einzufahren."[157] In dieser Sichtweise steigern sogar unbesetzte Stellen die Rendite. Die Leidtragenden sind alle, die in diesem System arbeiten.

> **GESUNDHEIT BRAUCHT RAUM UND ZEIT, GERADE AUCH BEI DEN MENSCHEN, DIE FÜR DIE GESUNDHEIT ANDERER ARBEITEN. WÜRDE GIER IM MANAGEMENT DER KRANKENHAUS-KONZERNE GESTRICHEN WERDEN, GÄBE ES GESÜNDERE PFLEGEKRÄFTE – UND GENUG NACHWUCHS.**

Immer mehr Krankenhäuser gehören zu internationalen Konzernen.[158] Internationale Finanzinvestoren haben auch Hunderte Augenarztpraxen in Deutschland gekauft.[159]

Dass Arbeit in der Pflege gemeinschaftlicher und handlungsfähiger geht, zeigt das folgende, bundesweit einmalige Modell:

117 An der Spremberger Krankenhausgesellschaft besitzen die Beschäftigten seit 1997 über einen Förderverein die Mehrheit von 51 Prozent. 49 Prozent gehören der Stadt.[160] Die Vereinsmitglieder achten auf Wirtschaftlichkeit, aber auch auf gute Arbeitsbedingungen. Der bundesweite Personalschlüssel wurde **ersetzt**. Nun werden sechs bis sieben Patientinnen und Patienten pro Pflegekraft betreut. Dies ermöglicht eine würdevolle Arbeit. In Spremberg gibt es auch keine Angst vor Umstrukturierung, denn alle Vereinsmitglieder entscheiden gemeinsam, wie sich die Strukturen der Krankenhausgesellschaft entwickeln sollen.

Gesunde Arbeit braucht Ruhephasen, das ist so klar wie simpel. Eine **vereinfachte** Regelung in Schweden zeigt, wie wirkungsvoll einfache, menschenfreundliche Veränderungen wirken.

118 Am Karolinska-Universitätskrankenhaus in Stockholm, am Universitätsklinikum Linköping sowie in schwedischen Reha-Kliniken und Pflegeheimen wurde das 3+3-Modell erprobt. Diese Formel bedeutet: drei Tage arbeiten, drei Tage frei.[161] Die Arbeitszeit wird durch diesen Rhythmus auf 85 Prozent **reduziert**, die Vergütung bleibt dieselbe. Ein weiterer Vorteil: Es herrscht Planungssicherheit. Pflegekräfte müssen nicht ständig einspringen, Erholung ist garantiert. Das schwedische Modell **vereinfacht** die Planung und **reduziert** Stress wirksam. Und was sagen die Controller? Weil die Kosten für Krankheitstage um über 40 Prozent gesunken sind, sind auch sie zufrieden. Zudem profitiert der Arbeitgeber davon, dass nur noch wenig Fluktuation herrscht. Teure Recruiting-Kosten können **reduziert** werden.

Es ist logisch: Beschäftigte mit klaren Zeiten der Erholung sind ausgeruhter, motivierter und fehlen seltener; sie haben weniger Rückenschmerzen und Herzbeschwerden.[162] Die zusätzliche Freizeit wird für gesundheitsförderndes Verhalten wie gesundes Kochen, Sport und regelmäßige Bewegung genutzt, die wiederum der Leistungsfähigkeit zugutekommt.

In welchen Branchen würdest du mit dem 3+3-Modell klassische Arbeitszeiten ersetzen? Welche Vorteile und Nachteile bringt das? Passt 3+3 zu deiner Branche?

119 2006 probierte der Unternehmer Jos de Blok in der ambulanten Pflege eine neue Organisationsform aus. Mit vier Mitarbeiterinnen und Mitarbeitern startete er Buurtzorg. Heute arbeiten 15.000 Pflegekräfte mit ihm, und seine Firma wurde mehrfach als bester Arbeitgeber in den Niederlanden ausgezeichnet. Buurtzorg kann messbare Erfolge vorweisen: Die Patientinnen und Patienten werden schneller gesund, die Pflegekräfte sind seltener krank. Die Kosten für Staat und Krankenkassen sind **reduziert** und Investitionen in Innovationen **gesteigert**. Die Kosten im Personalmarketing wurden sogar komplett **gestrichen**, denn gute Arbeitsbedingungen sprechen sich herum und ziehen an.

Wie ist das möglich? Jos de Blok hat das gängige Modell der festen, vom Management vorgegebenen Zeitpläne **infrage gestellt**. Er lässt die Pflegefachkräfte ihre eigenen Zeitpläne erstellen. Daraus folgt eine weitere Frage: Was macht dann das Management? Nichts! Also streicht Jos de Blok das Management komplett. Die 15.000 Pflegekräfte planen in kleinen regionalen Teams ihre Arbeit selbst. Das bietet ihnen Spielräume für spontane Entscheidungen und Anpassungen im Sinne der Patientinnen und Patienten. 50 Angestellte in der Verwaltung und eine selbst entwickelte Software unterstützen die Pflege-Teams und **vereinfachen** ihre Arbeit tatsächlich – statt wie in anderen Firmen oft für noch mehr Aufwand zu sorgen.

Überrascht? **Gestrichenes** Management **vereinfacht** die Organisation in der ambulanten Pflege. Funktioniert diese Änderung überall? Nein! Warum auch? Zu dieser Firma passt es.

Auch technische Weiterentwicklungen können die Belastung der Pflegekräfte mildern und Arbeit sowohl **vereinfachen** als auch die Ergebnisse verbessern.

120 Eine „intelligente" Matratze erkennt über Sensoren die Bewegungen des im Bett Liegenden. Eine App wertet die Daten aus und alarmiert die Pflegekräfte, wenn ein Patient zu lange auf einer Seite liegt und deshalb die Gefahr von Druckstellen droht. Gleichzeitig muss kein Mensch nachts unnötig geweckt werden, wenn die Daten zeigen, dass sich die Person bereits gedreht hat. Auch wenn Menschen unruhig schlafen oder das Bett verlassen, bleibt das mit Sensoren nicht unbemerkt.[163]

ATMEN MIT MOOS UND LASTENRÄDERN

Saubere Luft ist ein Grundbedürfnis. Doch weltweit sind 86 Prozent der Menschen ungesunden Konzentrationen von Feinstaub und Stickoxiden ausgesetzt. Dies hat 2019 zu 1,8 Millionen Todesfällen und knapp zwei Millionen Asthmaerkrankungen bei Kindern geführt.[164]

Manche Effekte schlechter Luft erkennt man erst auf den zweiten Blick. Schadstoffe in der Luft reizen beim Einatmen die Lungenschleimhaut. Sie schüttet Hormone aus, die unter anderem die Wirksamkeit von Insulin verringert. Dadurch steigt das Risiko, an Diabetes zu erkranken.[165] Da das nicht alle Menschen gleichermaßen betrifft, werden die Zusammenhänge **vertieft** erforscht.[166]

Zweifellos muss für bessere Gesundheit die Luftverschmutzung **reduziert** werden. Aber wie? Neben Maßnahmen, die die Produktion der Schadstoffe minimieren, gibt es auch kreative Möglichkeiten, bereits in der Luft befindliche Stoffe aus der Atmosphäre herauszufiltern.

121 Moose sind natürliche Feinstaubschlucker. Mit ihrer großen Oberfläche nehmen sie besonders viele Schadstoffe auf. Die Firma Green City Solutions hat Bio-Tech-Filter in Form von sogenannten CityTrees entwickelt, die der Luft im Umkreis von einem Meter mehr als 50 Prozent des Feinstaubs entziehen und so die Atemluft von bis zu 7.000 erwachsenen Menschen filtern.[167]

122 Vertikale Gärten liegen weltweit im Trend. Eine Fassadenbepflanzung senkt die lokale Lufttemperatur im Vergleich zu nicht begrünten Fassaden um 1,3 Grad.[168] Der grüne Wohnturm *Tao Zhu Yin Yuan* in Taipeh beherbergt in seiner Fassade einen Wald mit 23.000 Bäumen und anderen Pflanzen, die jährlich neben der Absorption von 130 Tonnen CO_2 auch Schadstoffe aus der Atemluft herausholen. Der farbenfrohe städtische Waldpark **steigert** die Luftqualität.[169]

Gesteigerte Luftqualität bedeutet **gesteigerte** Lebensqualität. Saubere Luft zu atmen, ist ein Grundbedürfnis – auch beim Arbeiten. Die Luftqualität kann aktiv verbessert werden, wenn Fahrräder zum Transport die Abgase von Autos **ersetzen**.

> 51 Prozent der innerstädtischen Lieferungen könnten per E-Lastenrad erledigt werden.[170]
> E-Lastenfahrräder sind bis zu 60 Prozent schneller am Ziel.[171]

Seit 2012 ist das Dienstrad dem Dienstauto steuerlich weitgehend gleichgestellt.¹⁷²
Bundesweit könnten 23 Prozent der Autofahrten im Handwerk durch E-Lastenräder ersetzt werden.¹⁷³ Es gibt eine Million Handwerksbetriebe.

123 „Die frische Luft tut gut, und ich komme entspannter an als vorher", sagt Malermeister Jürgen Vogelsang.¹⁷⁴ Zu 80 Prozent seiner Geschäftstermine fährt der Unternehmer aus Osnabrück mit seinem Elektro-Lastenrad. In 14 Monaten ist er bereits 5.000 Kilometer zu Kunden und Baustellen gefahren. Nur bei Schnee und Eis oder großen Entfernungen nimmt er das Auto.

Ist er damit eine Ausnahme? Noch sind es wenige Handwerksbetriebe, doch es werden immer mehr. In Stralsund und Berlin setzen Schornsteinfegerbetriebe auf Lastenräder. Die Arbeit geht schneller, denn sie verschwenden keine Zeit mit Parkplatzsuche.

124 Der Logistikdienstleister DB Schenker zielt auf komplett CO_2-neutrale Lieferketten. Im Wilhelmsburger Warenlager wird seit 2021 die Fracht auf elektrisch betriebene Lieferwagen geladen, die bis zu 4,8 Tonnen transportieren können. Kleinere Pakete liefern XXL-Lastenräder aus, die bis zu 500 Kilogramm laden können.¹⁷⁵ Auch MediaMarkt und Saturn testen E-Lastenräder zur Auslieferung von Waren.¹⁷⁶

125 Auch auf kommunaler Ebene werden Lastenräder eingesetzt. In Kornwestheim kommt die Stadtbücherei per Rad.¹⁷⁷

Die Beispiele zeigen, dass Lastenräder keine Spinnerei, sondern ein wichtiger Beitrag zu frischer, gesunder Luft sind. Außerdem **steigern** sie die Lebensqualität in Innenstädten, wenn Berufsverkehr und Staus **reduziert** werden.

✓ Welche Lieferungen kannst du dir auf Lastenrädern vorstellen? Welchen Handwerksbetrieben wirst du die Nutzung von Lastenrädern vorschlagen? Welche Berufsgruppen könnten noch profitieren?

Weltweit wird in eine veränderte Infrastruktur investiert. Parkplätze werden **gestrichen** und so mehr Platz für Fahrräder geschaffen. Kopenhagen ist als Fahrradstadt berühmt. Dass auch Paris in eine Stadt voller Fahrräder verwandelt wurde, hat mich überrascht.

126 In Paris werden 60.000 Parkplätze **gestrichen**.[178] Paris wird außerdem zu einer „Stadt der 15 Minuten", das bedeutet: In Paris kann an jedem Ort alles innerhalb von 15 Minuten erreicht werden – Supermarkt, Ärzte, Ämter, Schulen und Kindergärten. Mit diesem zentralen Wahlversprechen der Bürgermeisterin Anne Hidalgo wurde sie 2021 wiedergewählt.[179]

Menschen mögen menschenfreundliche Städte. Das Verkehrsmittel, das dabei eine zentrale Rolle spielt, ist das Fahrrad.

127 Eine niederländische Studie zeigt, dass Rad fahrende Arbeitnehmerinnen und Arbeitnehmer seltener krankheitsbedingt im Betrieb fehlen.[180]

! WER MIT DEM DIENSTFAHRRAD ZUR ARBEIT FÄHRT, TRÄGT AKTIV ZUM UMWELTSCHUTZ BEI UND FÖRDERT SEINE GESUNDHEIT.

128 „In der Kreuzberger Körtestraße hört man tagsüber wieder die Vögel zwitschern – dank der Poller, die den Autoverkehr an der Durchfahrt hindern. Seit der Sperrung können sich Menschen wieder ruhig unterhalten, der Autolärm ist verstummt."[181]

Steig aufs Rad! Teste Arbeitswege für dich und dein Wohlbefinden. Wo passt es? Wo passt es nicht? Kannst du eine Teilstrecke mit dem Rad fahren und mit einer Zugfahrt **kombinieren**? Kannst du mit Radfahren deine Gesundheit **steigern**?

TECHNOLOGIE, DIE GESUND MACHT

Werden wir 2030 gesünder sein als heute? Neue Technologien und Erfahrungen machen Hoffnung, dass die Gesundheit und damit die Lebensqualität vieler Menschen in Beruf und Freizeit **gesteigert** wird. Um neue Zutaten und Zusammenhänge zu erkennen, ist Forschung eine wichtige Arbeit. Daraus werden neue Therapien, Medikamente und technologische Hilfsmittel entwickelt, die das Leben verbessern. In Deutschland forschen rund 433.000 Menschen.[182]

129 2015 gelang Ärzten eine Sensation. Sie **ersetzten** 80 Prozent der Haut eines Jungen mit einer von Stammzellforschern gezüchteten Haut. Hassans eigene Haut war so empfindlich wie die Flügel eines Schmetterlings. Kleinste Verletzungen führten zu chronischen Blasen, Wunden, Infektionen und Tumoren. Oberarzt Dr. Tobias Rothoeft konnte 2022 berichten, dass die transplantierte Haut weiterhin stabil ist. „Mittlerweile konnten wir auch zeigen, dass die aus genetisch veränderten Stammzellen entstandene Haut die gleichen sensorischen Qualitäten hat wie normale, gesunde Haut."[183] Was für ein Meilenstein in forschender Arbeit!

130 Auch die erste erfolgreiche Gesichts- und Handtransplantation ist ein Quantensprung. Die komplexe, 23-stündige Operation wurde 2021 von einem 80-köpfigen OP-Team durchgeführt. Bei einem Autounfall hatte der Patient schwere Verbrennungen an 80 Prozent seines Körpers erlitten und mehrere Körperteile verloren.[184]

131 Exoskelette ermöglichen nicht nur Gelähmten das Gehen. In Form von einer Art Kraftanzug können sie auch beim Arbeiten am Fließband und im Lager buchstäblich unter die Arme greifen, sie **reduzieren** so körperliche Überlastung. Der niedersächsische Prothesenhersteller Ottobock arbeitet an dieser Anwendung.¹⁸⁵

Nimm eine neue Technologie, von der du kürzlich gehört hast. **Übertrage** sie ins Gesundheitswesen und verbessere damit ein Leben. **Entdecke** dann ein Land, in dem dieses Problem häufig zu sehen ist. Steigere den Nutzen der Lösung, indem du vor Ort Arbeitsplätze schaffst und dein Business mit lokalem Business kombinierst.

132 Für die meisten der 39 Millionen Menschen, die weltweit Prothesen und Orthesen bräuchten,¹⁸⁶ sind marktübliche Produkte unerschwinglich. In Kenia benötigen rund 300.000 Menschen eine Prothese, in Uganda 250.000.¹⁸⁷ Das Züricher Start-up Circleg **kombiniert** ihre Prothesen-Technologie mit recyceltem Plastik, das lokal gesammelt und recycelt wird. Das Sozialunternehmen Mr. Green Africa schafft vor Ort bezahlte Arbeit. Aus geschreddertem und gereinigtem Plastik wird Granulat hergestellt für die Prothesen von Circleg.¹⁸⁸

133 Viele Menschen leiden unter chronischen Schmerzen. Ein Hirn-Implantat könnte Schmerzen aufspüren und **reduzieren** und so den Menschen helfen, die bereits nicht mehr auf die Behandlung mit herkömmlichen Schmerzmitteln reagieren."¹⁸⁹

134 Weltweit werden im Internet Informationen über Krankheitssymptome und die Wirkung von Medikamenten berichtet. Das Bielefelder Start-up Semalytix anonymisiert die bisher unsortierten Daten und analysiert sie mit Hilfe von Künstlicher Intelligenz (KI).¹⁹⁰ Welche Medikamente helfen? Welche helfen nicht? Welche Nebenwirkungen gibt es? Welche Anwender fühlen sich verstanden? Und welche nicht?¹⁹¹

Bei welchen Krankheiten werden uns sortierte Datenmengen zukünftig bei der Heilung helfen? Bei welchem anderen Thema, das dich beschäftigt, bleiben viele Daten unsortiert? Zu welchem Thema wünschst du dir, dass bisher unsortierte Daten mit KI analysiert werden? Welchen Erkenntnisgewinn erwartest du davon?

Die Weltgesundheitsorganisation geht davon aus, dass sich die Zahl der Krebsfälle bis 2040 weltweit fast verdoppeln wird.[192] Die frühe Entdeckung ist entscheidend für eine Behandlung. Viele Firmen setzen dazu auf KI, die Krebszellen oft schneller und präziser identifizieren als Menschen. Mitte 2021 gab es in der Europäischen Union bereits 240 für medizinische Zwecke zugelassene KI-Algorithmen. Viele von ihnen helfen bei der Auswertung von Informationen, die durch bildgebende Verfahren in der Radiologie gewonnen wurden.[193]

135 Das Hamburger Start-up MindPeak[194] liefert ein System, das von bestimmten Krebsarten betroffenes Gewebe identifizieren kann. Damit die KI lernen kann, arbeitet das Unternehmen mit sieben Partnerlaboren zusammen. Der Zugriff auf über 20 Millionen Objektträger ist ein Datenschatz, der die KI immer besser werden lässt.[195]

136 Es muss nicht immer KI sein. Der Gynäkologe Frank Hoffmann und die von ihm gegründete Initiative „Discovering Hands" nutzen den ausgeprägten Tastsinn von blinden und sehbehinderten Frauen zur Brustkrebsvorsorge.[196] Nach einer neunmonatigen Ausbildung zur Medizinisch-Taktilen Untersucherin erspüren die Frauen Gewebeveränderungen mit einem Durchmesser von nur 5 bis 8 mm. Ärztinnen und Ärzte entdecken im Durchschnitt Knoten ab 10 bis 15 mm. „Discovering Hands" wächst heute als Social-Franchise-Unternehmen.

137 Ameisen erkennen Krebszellen am Geruch und könnten in Diagnostik-Laboren zur Früherkennung eingesetzt werden. Bisher werden dort Hunde eingesetzt. Deren Ausbildung dauert aber länger als die von Ameisen.[197]

138 Melittin im Bienengift kann die Vermehrung von Krebszellen hemmen. Auch künstlich im Labor hergestelltes Melittin besitzt krebshemmende Eigenschaft. Im Hummelgift ist Melittin hingegen nicht enthalten.[198]

Lernende KI, der menschliche Tastsinn, der Geruchssinn von Ameisen und das Gift von Bienen können Menschenleben retten. Feiern wir die Arbeit der Wissenschaft! Forschung und neue Technologien helfen uns auch, bessere Entscheidungen zu treffen. Es gibt so viele medizinische und technische Möglichkeiten, es wäre doch gelacht, wenn wir es nicht schaffen würden, ein gesundes Arbeitsumfeld zu schaffen!

139 Am Weizmann Institute of Science in Israel wurden 800 Personen eine Woche lang mit Messgeräten ausgestattet, die kontinuierlich deren Blutzuckerspiegel erfassten. Auf der Basis von fast 47.000 Mahlzeiten gab es Einblicke in individuelle Stoffwechsel der Probanden. Mit einer KI wurden Muster in den Daten **entdeckt**, die Vorhersagen ermöglichen, wie die Probanden auf bestimmte Ernährung reagieren werden. Befolgten die Gäste die Ratschläge der KI, war der Effekt vergleichbar mit Empfehlungen durch professionelle Ernährungsberater.[199]

 Wie findest du individuelle Tipps für deine Gesundheit, die mithilfe von KI analysiert wurden? Interessant? Würdest du dich von digitalen Geräten beraten lassen? Würdest du Tipps aus Berechnungen einer KI ausprobieren?

140 Lange Zeit galten Tierversuche in der Medizinforschung als normal. Die neuen Bedürfnisse im Tierschutz haben zu veränderten Spielregeln geführt. In vielen Fällen wurden Tierversuche bereits durch die Erprobung neuer Stoffe an Zellkulturen **ersetzt**. Neue Medikamente sollen zukünftig im „3D-Biodruck" an menschlichen Zellkulturen getestet werden. „Auf diese Weise können wir erstmalig das Wechselspiel zum Beispiel zwischen lebenden, menschlichen Leberzellen und den Zellen der umgebenden Blutgefäße in drei Dimensionen untersuchen."[200] Damit können Professor Dr. Jens Kurreck und sein Team an der Technischen Universität Berlin Tierversuche **streichen**. Sie forschen an Modellen menschlicher Organe, die aus dem 3D-Drucker stammen.[201]

Jede Gesellschaft braucht Spielregeln. Zum Beispiel die Spielregel, dass Gesundheit bei der Arbeit auf Platz eins steht. Ohne diese Spielregel ist die Gefahr groß, dass Arbeit krank macht. Dass wir 2030 gesünder leben und arbeiten werden als heute, liegt in unseren Händen. Wir können die medizinischen Entwicklungen nutzen und die Spielregeln beim Arbeiten ändern.

Im 4. Kapitel vertiefen wir Regeln und Gesetze. Es gibt sie in guter und in schlechter Version.

4. W.O.R.K. – DAS SPIEL MIT DEN SPIELREGELN

Regeln sind die Vorausaussetzung für Spaß beim Spielen. Ohne die Regeln gäbe es kein gemeinsames Spielen. Stell dir vor, die drei Freunde Max, Katie und Walter spielen Siedler von Catan. Plötzlich ruft Max „Schachmatt!" und meint, er habe gewonnen. Mit Regelbrechern zu spielen, macht keinen Spaß. Das bringt nur Konflikte, Streit und Wut mit sich.

141 In Deutschland spielen 5,6 Millionen Menschen regelmäßig Brettspiele, 33 Millionen Deutsche spielen ab und zu.[202] Das Spiel „Mensch ärgere dich nicht" ist über hundert Jahre alt, es wurde über 90 Millionen Mal verkauft.[203] Ein Erfolgsfaktor sind die einfachen Regeln.

142 Im vollbesetzten Berliner Olympiastadion jubeln 75.000 Menschen, wenn ein Tor fällt. Die Regeln sind eindeutig und geben einen festen Rahmen vor für den Wettstreit auf dem Spielfeld. Trotzdem verläuft jedes Spiel unterschiedlich, und auch jedes Tor wird auf seine ganz eigene Weise vorbereitet und geschossen. Das Siegtor zur Weltmeisterschaft 2014 von Mario Götze war einmalig. Kein Torschuss wird jemals identisch sein.

! KLARE REGELN GRENZEN EIN. DENNOCH GIBT ES PRO SPIEL MILLIARDEN MÖGLICHE SPIELZÜGE UND TORSCHÜSSE.

SOWOHL STRATEGIE ALS AUCH ZUFALL BRAUCHEN
GRENZEN BEIM SPIELEN.

> Welche Spiele und Regeln magst du? Hast du ein Lieblingsspiel? Welche Regeln bringen dir am meisten Spaß? Nach welchen Regeln lebst und arbeitest du? Welche Regeln willst du ändern? Welche Grenzen wirst du enger ziehen oder erweitern?

Nicht nur das Brettspiel, das wir mit Freunden spielen, auch unser gesamtes Leben funktioniert nach Spielregeln. Fahrpläne und Öffnungszeiten, Arbeitsverträge und Lohntarife – all dies sind Regeln, auf die sich Menschen verständigt haben. Spielregeln geben dem Verhalten einen Rahmen, ermöglichen unser Zusammenleben und sind die Basis der Wirtschaft. Alle Prozesse und Produkte funktionieren nach Regeln. Wer die Regeln verstanden hat, kann mitspielen.

> ZUSAMMENLEBEN UND ARBEITEN, FIRMEN UND GESELLSCHAFT BASIEREN AUF SPIELREGELN, DIE VON VIELEN MENSCHEN AKZEPTIERT WERDEN.

143 Die Uhrzeit ist eine weltweit geltende Spielregel. Dank der festgelegten Zeitzonen weiß man in der ganzen Welt, wie spät es ist. Das **vereinfacht** Verabredungen, Reisen und Lieferungen.

144 Auch Gesetze sind Spielregeln. Das Grundgesetz der Bundesrepublik Deutschland legt fest, dass die Menschenwürde aller Menschen unantastbar ist. Das war 1949 ein Meilenstein in der deutschen Geschichte. Auch Spielverderber müssen die Menschenwürde achten.

145 Das Recht auf Asyl in den Genfer Flüchtlingskonventionen ist eine historische Errungenschaft. Deutschland hat das Recht auf Asyl sogar im Grundgesetz in Artikel 16a verankert: „Politisch Verfolgte genießen Asylrecht." Damit hat das Asylrecht Verfassungsrang und ist ein individuelles und einklagbares Grundrecht. Es ist eine Reaktion auf die politische Verfolgung während der Zeit des Nationalsozialismus.[204] Im Juli 2019 sollte der blinde Mheddin Saho abgeschoben werden. Von der Polizei wurde er in ein Linienflugzeug gebracht. Dort rief er: „Helft mir, ich soll abgeschoben werden!" Die anderen Passagiere sahen, dass Spielregeln verletzt wurden. Sie verständigten den Piloten, der sich weigerte, abzufliegen. Saho erhielt Kirchenasyl in Deutschland, und nach sechs Monaten startete ein reguläres Asylverfahren.[205]

! SPIELREGELN ERSETZEN DAS RECHT DES STÄRKEREN. JEDER MENSCH KANN ASYL BEANTRAGEN.

146 Ampeln ersetzen das Recht des Stärkeren. Die Farben rot, gelb und grün regeln, wer vorankommt. Durch ihre Einfachheit und Klarheit wirken auch Stopp- und Vorfahrtsschilder.

147 Wenn jemand die Spielregeln nicht kennt, beginnt das Chaos. Mein Schwiegervater trampte 1961 als Student in den Südosten Spaniens. Eine spanische Familie, die bisher keine Touristen kannte, lud ihn und seinen Freund ein zum Sonnenbaden auf ihrer Terrasse direkt am Mittelmeer. Zur Mittagszeit sagte die Familie ihren Gästen, dass sie nun essen würden, ob sie denn mitessen wollten. Für jeden Spanier wäre dies das klare Signal gewesen, aufzustehen und zu gehen. Doch die beiden Deutschen kannten die Spielregeln nicht. Sie nahmen die Einladung ernst und sagten dankend zu: „Ja, gerne bleiben wir zum Essen." Die Aufregung im Haus war groß, denn es gab gar nicht genug Essen für Gäste. Also wurden die Kinder durch die Hintertür ins Dorf geschickt, um mehr Gemüse und Obst zu kaufen. Mein Schwiegervater und sein Freund wunderten sich, warum das Essen erst eine Stunde später serviert wurde.

Aufzustehen und zu gehen, wenn eine Familie essen will, war dort ein ungeschriebenes Gesetz. Eine Gewohnheit, die nur Einheimische kannten.

Gewohnheiten regeln das Zusammenleben. Routinen helfen, in vielen Situationen nicht mehr nachdenken zu müssen. Das spart Zeit und Energie. Auch das einmal gelernte Zubinden von Schuhen hilft im Alltag. Niemand hätte Lust, es jeden Morgen neu zu lernen. Dieses routinierte Können ist gut. Ohne hilfreiche Routinen und Gewohnheiten könnten wir nicht leben. Selbst wenn wir über dumme Angewohnheiten lästern, geben sie uns doch Sicherheit und Zeitersparnis.

SPIELREGELN UND ROUTINEN SPAREN ENERGIE. SIE ERMÖGLICHEN REIBUNGSLOSE ABLÄUFE.

Bei Routinen weiß man, was man hat. Sie bieten Sicherheit und Geborgenheit. So macht man das. Das ist anerkannt. Gesellschaftlich verbreitete Gewohnheiten schweißen auch zusammen, das nennen wir Tradition. Eigentlich ist es merkwürdig, einen toten Baum ins Haus zu stellen, aber geschmückt zu Weihnachten wird er für Millionen Menschen zum Mittelpunkt von Familientreffen, Weihnachtsmusik, leckerem Gebäck und hellen Kerzen.

148 Ich mag meine morgendliche Routine, Kaffeebohnen selbst mit der Handmühle zu mahlen. Der Duft des Kaffees ist ein routinierter Genuss. Auch meiner Frau kann ich damit jeden Morgen eine Freude machen.

Welche Routinen verbessern dein Leben? Welche Routinen geben dir Schutz? Welche findest du gut? Warum findest du sie gut? Welche Wirkung haben sie? Welche Routinen willst du **steigern**? Welche Tradition liebst du, welche wirst du **streichen**?

In Komfortzonen fühlen wir uns sicher. Sie bieten Gesundheit, Zufriedenheit, Entspannung und stabilisieren das Leben. Wir brauchen weitere Komfortzonen wie Vertrauen, Wertschätzung, Freiräume beim Arbeiten, wohlwollenden Humor im Team, Sicherheit auf Straßen und einen ruhigen Platz zum Schlafen. Wir können unsere Komfortzonen ruhig mal loben.

GEBEN WIR DEN GESUNDEN KOMFORTZONEN MEHR WERTSCHÄTZUNG. GENIESSEN WIR DEN STATUS QUO, WENN ER UNS GUTTUT.

Die Vorteile und Freuden im Status quo können zu Nachteilen werden, wenn wir uns zu gemütlich einrichten. Veränderte Realitäten werden dann ausgeblendet, und wir leben – scheinbar sicher – in den Errungenschaften und Gewohnheiten der Vergangenheit. Deshalb wird die Komfortzone häufig als Feind der Veränderung bezeichnet. In ihr vergessen wir, Altes zu **streichen** und wieder aufzubrechen.

VON GUTEN REGELN UND GUTEN REGELBRÜCHEN

Jeder gute Status quo ist irgendwann einmal überholt und wird durch Neues ersetzt. Auch wenn man meint, das beste Spiel etabliert zu haben, steht die Veränderung schon in den Startlöchern. So wichtig wie das Loben und Feiern der Komfortzonen ist auch der routinierte Aufbruch aus ihnen. Mit „es bedarf keiner Verbesserung" haben sich schon viele Pioniere geirrt.

149 Carl Benz und Gottlieb Daimler würden sich wundern, wie viele Autos es heute auf der Welt gibt. „Es werden höchstens 5.000 Fahrzeuge gebaut werden. Denn es gibt nicht mehr Chauffeure, um sie zu steuern", sagte Gottlieb Daimler um 1895. Und Carl Benz glaubte 1921: „Das Auto ist jetzt vollkommen. Es bedarf keiner Verbesserung mehr." [206] Mit den Entwicklungen der letzten hundert Jahre haben sie mit Sicherheit nicht gerechnet.

Regeln sind ein gemeinsamer Nenner, auf den sich Menschen geeinigt haben. Sie basieren auf ehemaligen Fragestellungen und vergangenen Debatten. Im Lauf der Zeit verlieren fast alle Regeln ihren Sinn. Dann binden sie Energie und verschwenden Ressourcen. Die Mauern sinnlos gewordener Regeln und Routinen schützen nicht dauerhaft, sondern sie engen immer mehr ein.

Dann ist es Zeit für einen Regelbruch: Spielregeln werden **gestrichen** und **ersetzt**.

 Waschen ist Handarbeit, das war einmal eine unumstößliche Regel – bis sie **gebrochen** wurde. Stell dir vor, wie stark die Waschmaschine das Waschen der Wäsche **vereinfacht** hat. Welche anderen Tätigkeiten, die jeder Mensch braucht, könnte eine Maschine so stark **vereinfachen**? Welche deiner Tätigkeiten sollte eine Maschine übernehmen? Wie sähe diese Maschine aus? Welche Regel musst du dazu brechen?

150 Vor 200 Jahren war es die Regel, Kinder in Kamine klettern zu lassen, damit sie diese von innen säuberten – nur sie waren klein und schmal genug. Diese lebensgefährliche und gesundheitsschädigende Arbeit verbot das britische Parlament 1834. Kinder unter 14 Jahren zu beschäftigen, wurde per Gesetz **gestrichen**. Viele Hausbesitzer argumentierten dagegen, ihr Eigentum sei in Gefahr, wenn die Kamine nicht mehr von Kindern gesäubert würden.[207] Ein Gesetz musste Kinderarbeit als alte Komfortzone **streichen**, sonst hätte sich nichts geändert.

151 Kostenloser Personennahverkehr ist ein **Regelbruch**. Im französischen Aubagne ist seit Mai 2009 das Busfahren kostenlos, in Luxemburg seit 2020. In Tallinn ist der Nahverkehr seit 2013 für Einheimische kostenlos, Touristen müssen zahlen. Seit 2018 muss man in ganz Estland auch für überregionale Fahrten keine Tickets mehr kaufen. In Manchester fahren drei Buslinien gratis durch die Innenstadt. Mit dem Monheim-Pass können die 44.000 Einwohner gratis Busse nutzen. In Tübingen, Ulm und Neu-Ulm ist der Nahverkehr samstags kostenfrei.[208]

Manche Menschen sind gegen diese Entwicklungen. „Wer soll das bezahlen?", ist einerseits eine berechtigte Frage, andererseits ein beliebtes Totschlagargument gegen jede Verbesserung.

152 Als 1957 der erste Supermarkt in Köln eröffnete, mussten die Kunden nicht mehr warten, bis „Tante Emma" das Gewünschte aus dem Regal holte. Selbst mit dem Einkaufskorb durch die Gänge gehen zu dürfen, wurde als großer Fortschritt gewertet. Jetzt ist es Zeit für einen neuen **Regelbruch**: Lange Schlangen an Supermarktkassen nerven, aber wie kann man sie **streichen**? In einem Testmarkt in Köln packt man seine Einkäufe ein und geht, ohne an der Kasse anzustehen. Das Bezahlen funktioniert mit Kameras, die die Produkte erkennen und anonymisiert pro Person speichern. Die Rechnung kommt per App.[209] In Japan testet die Supermarktkette 7-Eleven kontaktloses Scannen und Bezahlen per Hologramm.[210]

153 Die 40-Stunden-Arbeitswoche war einmal ein großer Fortschritt. Inzwischen hat man erkannt, dass in vielen Berufen die Produktivität durch die **Reduzierung** der Arbeitszeit **steigt**. In einigen Branchen ist sie mit 25 bis 30 Stunden am höchsten. Im Unternehmen Tandemploy arbeiten alle unterschiedlich. Im 30-köpfigen Team gibt es diverse Modelle: 12-mal eine 4-Tage-Woche, 3 Jobsharing-Tandems, 4 interdisziplinäre Projektteams, 5 Freelancer.[211]

Regelbrüche begegnen dir im Alltag – du stolperst drüber auch dort, wo du sie nicht erwartest.

154 Denkmale stehen immer an einem bestimmten Ort. Gunter Demnig hat diese Spielregel **gestrichen**. Seine Stolpersteine erinnern an Menschen, die während der Diktatur der Nationalsozialisten 1933 bis 1945 in Europa verfolgt wurden. Auf jedem Stolpersteinen stehen Name, Geburtstag und Todestag der Verfolgten sowie der Ort des Todes – meist ist das ein Konzentrationslager. Demnig hat seine Idee bisher an 75.000 Orten in 25 Ländern Europas umgesetzt. Er **steigert** die Sichtbarkeit des Gedenkens. In Hamburg wurden 6.000 Stolpersteine in Bürgersteige eingelassen, in Berlin sind es 8.500. „Ein Mensch ist erst vergessen, wenn sein Name vergessen ist", zitiert Demnig aus dem Talmud. Die Stolpersteine lassen Millionen Menschen täglich innehalten und denken: Nie wieder Krieg und Diktatur!

✓ Nimm dein Lieblingsspiel, **brich eine Regel** und **ersetze** sie. Wie funktioniert das veränderte Spiel? **Streiche** oder **steigere** eine Regel bei deinem Lieblingssport. Wirst du Mitspielerinnen und Mitspieler finden? **Brich Regeln** regelmäßig als Übung.

155 Seit 1985 feierte ich als West-Berliner regelmäßig Partys in Ost-Berlin. Für meine Freunde in West-Berlin war das undenkbar, denn: „In Ost-Berlin ist doch alles grau!" Wer so redete, wurde von mir zur nächsten Party nach Ost-Berlin eingeladen, und viele nahmen die Einladung an. Es kam immer dieselbe Reaktion: „Die sind ja so wie wir! Hören dieselbe Musik, reden über dieselben Themen. Das hätte ich nie für möglich gehalten!" Wie hatte ich über die Mauer hinweg diese Ost-Berliner Freunde getroffen? Vier Jahre vor dem Mauerfall klingelte nachts das Telefon: „Hallo. Wir rufen dich aus Ost-Berlin an. Sorry, dass es so spät ist. Wir haben so lange an der Telefonzelle gewartet. Wir sind Fans von Howard Jones, so wie du. Wir haben dich im Radio gehört. Kommst du uns besuchen?" Monate zuvor hatte ich im West-Berliner Radio dazu aufgerufen, einen Berliner Howard-Jones-Fanclub zu gründen. Dass Fans aus Ost-Berlin anrufen würden, war jenseits meiner Vorstellungskraft gewesen. Spontan sagte ich: „Ja, ich komme." So traf ich 1985 Alex, Heike, Howard, Roger, Steffen und Tobias in Ost-Berlin zur ersten Party. Auch wenn es nicht erlaubt war, sich unangemeldet in großen Gruppen zu treffen, kamen regelmäßig 30 bis 50 Gäste – sogar aus Teltow, Kleinmachnow, Paris und den USA. Auf einer der vielen Partys färbten sich Howard aus Ost-Berlin und ich knallrote Farbe ins Haar. Um Mitternacht bei der Ausreise brüllte mich ein Grenzbeamter an: „Beim nächsten Mal reisen Sie so aus, wie Sie eingereist sind." Dann riss er alle liebevoll verpackten Geschenke unserer Freunde auf. Diese Willkür und die Ohnmacht waren der krasse Gegensatz zur Freude und Nähe unserer Partys. Kaum waren wir zurück in West-Berlin heulte ich wie nie zuvor. Niemals würden unsere Freunde uns besuchen können. Das stand für mich fest.

Am 01. Januar 1989 fuhren Freunde und ich direkt von der Silvesterparty in West-Berlin zur Neujahrsparty nach Ost-Berlin. Meine Haare waren wieder unauffällig kurz und braun. Am Grenzübergang S-Bahnhof Friedrichstraße reisten wir alle ein – fast alle. Mir wurde die Einreise verweigert. Ich hatte für diesen Tag ein gültiges Visum. Doch jeder Grenzbeamte konnte willkürlich die Einreise verweigern. Alle West-Berliner Freunde waren bereits in Ost-Berlin. Es gab keine Möglichkeit, sie zu erreichen. Smartphones gab es nicht, und drüben hatten die Freunde zuhause keine Telefone. Sie machten sich sicher große Sorgen um mich. Ein halbes Jahr zuvor hatten Freunde aus Ost-Berlin 24 Stunden in Untersuchungshaft gesessen, nachdem sie mich zum Grenzübergang begleitet und Friedenslieder gesungen hatten. Der Schreck saß noch tief. Ich wollte unbedingt meinen Freunden sagen, dass alles okay war. Ich war sauer und starrte das ungültige Visum an. Dann schaute ich noch mal hin: Anders als sonst, wenn ich nicht einreisen durfte, fehlte der dicke Stempel „Einreise verweigert". Mein Tagesvisum war frisch – wie unbenutzt. Ich wagte den undenkbaren Gedanken: Ich könnte an einem anderen Grenzübergang einreisen. Die Idee überraschte und schockierte mich. War ich lebensmüde? Ich hatte noch nie dasselbe Tagesvisum zwei Mal benutzt, und ich kannte niemanden, der das schon mal versucht hatte. Ich war mir sicher, dass an allen Grenzübergängen bekannt war, dass ich heute nicht einreisen durfte. Doch die Idee war zu laut: Versuch es! Ich fuhr zur Oberbaumbrücke. Mitten auf der Brücke war die Grenze. Ganz allein lief ich über die Spree, zitternd vor Kälte und vor Angst. Der Grenzbeamte schaute auf mein Visum und auf meinen Pass. Dann schaute er mich direkt an. Jetzt platzt die Bombe, dachte ich. Er wird mich anbrüllen, was mir einfiele, ob ich ihn für dumm verkaufen wolle, und mich festnehmen. Der Mund des Grenzbeamten öffnete sich wie in Zeitlupe, und er sagte: „Jetzt wünschen wir uns erst mal ein frohes neues Jahr." Dabei lächelte er freundlich und gab mir den Stempel zur Einreise nach Ost-Berlin. 313 Tage nach diesem Tag fiel die Mauer.

Welchen undenkbaren Gedanken hattest du schon mal? Wie hast du dich entschieden? Machen oder nicht machen? Mit welchen Konsequenzen? Welche deiner Regelbrüche magst du? Welche nicht? Welche haben dein Leben geprägt?

AUFBRUCH ZU NEUEN GESETZEN UND FREIHEIT

„Da weiß man, was man hat!" Dieser Spruch gilt nicht für Regelbrüche. Was dabei herauskommt, ist völlig offen. Daher sind sie anfangs immer unbeliebt. Mir fällt keine einzige Veränderung durch Regelbruch ein, die sofort auf uneingeschränkte Begeisterung stieß. Jeder, der sich gegen eine geplante Veränderung stellt, ist erst mal auf der sicheren Seite.

Sogar dann, wenn es in der Komfortzone immer ungemütlicher wird, ist der Wunsch groß, alles beim Alten zu belassen. Der Energieaufwand, alte Regeln durch neue zu ersetzen, scheint zu groß zu sein. Gewohnte Tätigkeiten fallen uns leichter. Das Neue stellen wir hinten an.

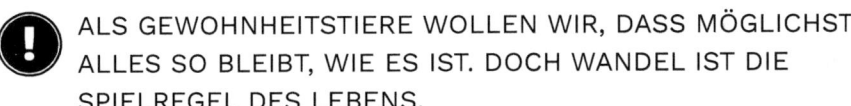 ALS GEWOHNHEITSTIERE WOLLEN WIR, DASS MÖGLICHST ALLES SO BLEIBT, WIE ES IST. DOCH WANDEL IST DIE SPIELREGEL DES LEBENS.

156 Es gab eine Zeit, in der war ein eigenes Auto eine Befreiung. Die gewonnene Freiheit war so groß, dass viele Menschen auch finanzielle Opfer auf sich nahmen, um sich ein Auto leisten zu können. Heute stehen Erwerbstätige im Schnitt 40 Stunden pro Jahr im Stau auf dem Weg zur Arbeit.[212] 60 Prozent der Deutschen pendeln länger zur Arbeit als früher.

Wir reden uns die Situation schön, so schlimm sei der Stau gar nicht, zwar lästig, aber halt unvermeidbar. Die Routine suggeriert, es ginge nicht anders, anstatt Spielregeln zu verändern.

Obwohl uns die Situation nervt, fahren wir weiter in der Rushhour mit dem Auto zur Arbeit und produzieren den Stau.

Obwohl wir wissen, dass Treibstoffe gesundheitsschädlich sind und krebserregendes Benzol enthalten, kippen wir Benzin und Diesel in Fahrzeuge und atmen Abgase ein statt frischer Luft.

Obwohl die Fahrt mit dem Fahrrad gesünder und ökologischer wäre, fahren viele Menschen sogar kurze Wege mit dem Auto.

Der Status quo ist ein Gaukler. Immer wieder fallen wir auf seine Taschenspielertricks und Täuschungen herein. Der Satz „So macht man das!" täuscht Korrektheit und Stabilität vor. Doch wenn sich der Grund für die Spielregel verändert hat, dann ist die So-macht-man-das-Tradition hohl und das alte Argument nur noch ein leerer Reliquienschrein.

157 Verbände des Einzelhandels gehen traditionell auf die Barrikaden, wenn der Autoverkehr in ihrer Stadt eingeschränkt werden soll. Im Mittelpunkt der Stadtgestaltung stehen Autos und Parkplätze. Shopping wird für Menschen geplant, die im Auto kommen. Erneuerung wird ausgebremst. Als die Stadt Madrid 2019 mit autofreien Einkaufsstraßen experimentierte, kam Überraschendes heraus: Der Umsatz wurde in den Straßen mit eingeschränktem Autoverkehr im Vergleich zum Vorjahr um fast 10 Prozent **gesteigert**.[213]

158 91 Prozent der Umsätze am Kottbusser Damm und an der Hermannstraße in Berlin zahlen Menschen, die zu Fuß, mit dem Rad, in Bussen und mit der Bahn mobil waren. Nur sieben Prozent der Kundinnen und Kunden kamen mit dem Auto zum Einkaufen.[214]

159 Seit 2020 ist die Berliner Friedrichstraße auf 500 Metern autofrei. Seitdem sind deutlich mehr Menschen auf dieser Straße unterwegs als vor dem Verkehrsversuch. Die längere Verweildauer von Menschen zeigt die **gesteigerte** Attraktivität. Das Experiment wird 2022 weitergeführt und vielleicht dauerhaft eingeführt.[216]

Diese neuen Erkenntnisse betreffen nicht nur Hauptstädte wie Berlin und Madrid.

160 Zu ähnlichen Ergebnissen kamen Studien 2019 in den Innenstädten von Offenbach, Gera, Erfurt, Weimar und Leipzig.[217] Bereits 2016 wurden in Bern und Bristol **gesteigerte** Umsätze durch veränderte Mobilität gemessen. Bei einer Verdopplung des Radverkehrs auf 25 Prozent würde sich für den Einzelhandel ein Umsatzplus von 8,7 Milliarden Euro ergeben.[218]

Es gab mal eine Zeit, da galt das Auto als ein Umsatzgarant. Gäste sollten unbedingt bis vor das Geschäft fahren können. Das gilt offensichtlich nicht mehr überall. Zumindest für viele Städte kann diese Regel **infrage gestellt** werden. Der Glaubenssatz, Autoverkehr sei die Voraussetzung für Einkaufen, ist wie eine Uhr, die stehen geblieben ist.

> **!** JEDER **REGELBRUCH** IST EIN WIDERSPRUCH ZUM STATUS QUO UND DAMIT EINE STÖRUNG DER BISHERIGEN DENKGEWOHNHEITEN. NUR WENN WIR BEREIT SIND, STABILITÄT ZU STÖREN, WERDEN WIR VERALTETE ROUTINEN VERLASSEN.

Bis man sich von einem schlechten Status quo trennt, braucht es häufig viel Zeit. Widerstände müssen überwunden und neue Spielregeln eingeübt werden.

161 Das Gesetz vom 1. Januar 1976 zur Anschnallpflicht im Auto rettet Leben. Doch selbst mit vielen liebevollen Ermahnungen meiner Mutter dauerte es, bis der Gurt auch für meinen Vater eine neue Gewohnheit war.

162 Als ich studierte, war das Rauchen in Hörsälen bereits verboten. In Restaurants und Kneipen war es hingegen noch üblich. Dann kam der nächste Schritt: Seit dem 1. Januar 2008 darf auch in Gaststätten, Kneipen und Restaurants nicht mehr geraucht werden. Eine Regel, um die jahrelang heftig gestritten wurde. Besonders die Gastronomie wehrte sich. Ihr Argument war, dass dann niemand mehr käme. Heute will kaum einer die verqualmten Bars und Cafés zurück.

163 Barcelona macht alle Strände ab Juli 2022 zu rauchfreien Zonen. Die Testläufe an einigen Stränden waren erfolgreich, die Initiative ist bei den Sonnenbadenden sehr gut angekommen.[219] Auch weitere Strände in Spanien wollen die neue Spielregel einführen.

164 Neuseeland geht noch einen Schritt weiter. Der Smokefree 2025 Action Plan soll 2023 in Kraft treten. „Wir wollen sicherstellen, dass junge Leute nie mit dem Rauchen anfangen, also machen wir es strafbar, rauchbare Tabakprodukte an Jugendliche zu verkaufen", sagt Ayesha Verrall, die stellvertretende Gesundheitsministerin.[220]

Gute, menschenfreundliche Gesetze gestalten Komfortzonen für gutes Leben und Gesundheit.

Welche gesetzlichen Regelungen findest du gut? Welche Regeln schützen dein Leben? Von welchen Gesetzen und neuen Spielregeln **träumst** du? Welche Gesetze würdest du **steigern**? Welche Gesetze aus anderen Ländern würdest du **übertragen**? Welche Regeln würdest du **streichen**?

Gerichte setzen Gesetze durch, wenn einzelne Personen oder ganze Gruppen die Spielregeln missachten. Richterinnen und Richter tragen in ihren Jobs eine große Verantwortung, ihre Arbeit kann Menschen guttun und sie ermutigen oder entmutigen.

165 Am 29. April 2021 trifft das Bundesverfassungsgericht eine historische Entscheidung. Das oberste deutsche Gericht sieht die Freiheit junger Menschen unverhältnismäßig belastet, deshalb wird das Klimaschutzgesetz von 2019 zum Teil als verfassungswidrig abgelehnt: „Die zum Teil noch sehr jungen Beschwerdeführenden sind durch die angegriffenen Bestimmungen in ihren Freiheitsrechten verletzt. Die Vorschriften verschieben hohe Emissionsminderungslasten unumkehrbar auf Zeiträume nach 2030. Dass Treibhausgasemissionen gemindert werden müssen, folgt auch aus dem Grundgesetz."[221] Damit **steigert** das Bundesverfassungsgericht die Rechte der jüngeren Generationen.

166 Im Mai 2021 fällt in Australien ein ähnliches Urteil: Die Regierung muss junge Menschen vor Klimaschäden schützen und diesen Schutz bei Entscheidungen berücksichtigen. „Das Gesetz erkennt jetzt an, dass die Umweltministerin in einer besonderen Position ist, absehbaren Schaden von jungen Menschen abzuwenden. Ich fühle mich ermutigt durch diese Entscheidung", sagt Ava Princi. Sie ist eine der acht Jugendlichen, die vor dem Bundesgericht in Melbourne geklagt hatten.[222]

167 Anfang 2022 nimmt Italien den Schutz von Umwelt, Biodiversität und Ökosystemen in die Verfassung auf – auch im Interesse kommender Generationen.[223]

168 Grönland **streicht** die Suche nach Erdöl vor seinen Küsten. Das Öl bleibt im Boden. Würde es gefördert, wären die Auswirkungen auf die Umwelt zu groß. Andere Wirtschaftssektoren werden gestärkt, erklärte Rohstoffministerin Naaja H. Nathanielsen.[224] Grönlands Regierung nennt den Stopp einen natürlichen Schritt, sie nimmt die Klimakrise ernst.[225]

169 In Großbritannien gehen jährlich 28.000 bis 36.000 Todesfälle auf schlechte Luftqualität zurück.[226] Das ist eine anonyme, unpersönliche Zahl. Doch 2020 hat die britische Justiz erstmals die Verantwortung in einem speziellen Fall benannt: In einem historischen Urteil wurde die Londoner

Luftverschmutzung als Ursache für den Tod der neunjährigen Ella Adoo-Kissi-Debrah eindeutig benannt.²²⁷

> **!** ZWISCHEN 2015 UND 2021 WURDEN WELTWEIT 1.006 KLAGEN MIT BEZUG ZUM KLIMASCHUTZ EINGEREICHT, AUCH GEGEN REGIERUNGEN. DIE ZAHL WAR IN DIESEN SECHS JAHREN HÖHER ALS IN ACHTZEHN JAHREN ZUVOR.

170 Gerichte ändern weitere Spielregeln und entwickeln neue Rechtspersönlichkeiten. In Kolumbien und Neuseeland können nun auch Flüsse ihre Rechte geltend machen.²²⁸ Dass Tiere mit Wirbelsäulen sich ihrer Gefühle bewusst sind, hat Großbritannien im Mai 2021 anerkannt. Das neue Gesetz setzt die Strafen für Tierquälerei auf bis zu fünf Jahre Haft hoch.²²⁹

> **!** KLIMASCHUTZ WIRD NEU BEWERTET ALS FREIHEITSRECHT VON MENSCHEN. AUCH DIE RECHTE VON TIEREN UND FLÜSSEN WERDEN GESTÄRKT.

Indem Gerichte unser Bedürfnis nach Atmen, frischer Luft, Gesundheit und Leben in Freiheit von Umweltkatastrophen anerkennen, bekommt ihre Arbeit eine neue Dimension. Klimaschutz ist menschenfreundlich, denn nicht das Klima, sondern wir Menschen brauchen Schutz. Was fehlt, ist häufig die konsequente Umsetzung. Die Strukturen dienen noch dem alten Spiel.

171 Der Denver International Airport verdient mehr Geld mit Autos als mit Flugzeugen. 2019 kamen 108 Millionen US-Dollar aus Gebühren der Fluggesellschaften und 284 Millionen US-Dollar aus Parkgebühren und Autovermietung zusammen, das ist mehr als das Zweieinhalbfache der Einnahmen aus dem Flugverkehr.²³⁰ Der Flughafen hat also wenig Interesse an anderen Mobilitätsformen als dem Auto.

Um Strukturen zu verändern, brauchen wir Gesetze, die mit neuen Spielregeln eine öffentliche und umweltfreundliche Mobilität fördern. Lassen wir die neuen Spiele beginnen! Gerichte werden auch klären, ob der sogenannte Ökozid, also die massive Zerstörung von natürlichen globalen Gemeingütern wie Luft, Böden und Biodiversität, zukünftig strafrechtlich verfolgbar sein wird. Vor Gericht kämen dann verantwortliche Menschen und Firmen wie Exxon.

172 Exxon hat das Spiel der Desinformation perfektioniert. Seit 1982 wusste Exxon um den Zusammenhang von CO_2-Emissionen und der Erderwärmung, behauptete aber das Gegenteil. „Der US-Konzern Exxon hat die Öffentlichkeit über Jahre in die Irre geführt, indem er gezielt Zweifel am Klimawandel und am Einfluss von CO_2 auf die globale Temperatur schürte. 2015 deckten Journalisten in einer für den Pulitzerpreis nominierten Arbeit auf, dass der Ölriese schon seit Jahrzehnten wusste, dass sein Geschäftsmodell zu Lasten des globalen Klimas geht. Sowohl beim Temperaturanstieg als auch beim CO_2-Anstieg lagen die Exxon-Forscher ziemlich richtig." [231] Exxon hätte 40 Jahre lang die Klimaforschung unterstützen können, stattdessen wurde gezielt gelogen: „Gewonnen haben wir, sobald der Durchschnittsmensch Zweifel an der Klimaforschung hegt." [232] Das Lügen geht auch 2021 weiter: „Der Exxon-Lobbyist Keith McCoy berichtete freimütig von den Desinformationsaktivitäten, die sein Unternehmen nach wie vor betreibe. Natürlich habe man ‚aggressiv die Wissenschaft bekämpft' und ‚Schattengruppen' unterstützt, die den menschengemachten Klimawandel leugneten." [233]

173 NGOs wollen durchsetzen, dass der Ökozid als internationales Strafdelikt anerkannt wird. Nach dem Genozid könnte auch die mutwillige Naturzerstörung als Straftatbestand festgeschrieben werden.[234] Eine Kommission hat eine Definition erarbeitet, nach der der Gerichtshof künftig schwere Umweltverbrechen ahnden könnte.[235]

! INTERESSEN GESTALTEN SPIELREGELN.
NEUE GESETZE SCHAFFEN NEUE KOMFORTZONEN.

WANDEL UND ETABLIERUNG SPIELEN PING-PONG

Was denn nun? Zuerst werden Komfortzonen, verlässliche Gewohnheit und stabile Strukturen gelobt. Und dann soll die So-macht-man-das-Tradition über Bord geworfen werden für neue Spielregeln und Erneuerung. Welches Spiel spielen wir?

Wir brauchen beides. Gute Arbeit braucht eine verlässliche Struktur, in der sich Potenziale entfalten können. Doch nichts ist für immer gut. Alles Passende wird irgendwann einmal unpassend. Dann braucht es Veränderung. Veränderung folgt auf Auslöser, die den stabilen Zustand stören und eine krisenhafte Situation hervorrufen. Veränderung bedeutet, dass wir eine Entwicklung anstoßen und in Bewegung kommen. Da Menschen und Firmen keine dauerhafte Instabilität ertragen, schafft wirksame Veränderung immer eine neue Stabilität, bessere Gewohnheiten und gesündere Komfortzonen. Jede Veränderung strebt zur Routine.

 „Alle Systeme versuchen, stabile Zustände zu erreichen. Alle Systeme bilden Ordnungsmuster", sagt Professor Peter Kruse.[236] Veränderung ist eine krisenhafte Situation zwischen einem alten System und einem neuen System. Das Ziel ist das stabile Funktionieren auf einer Ordnungsebene. Würde alles fließen, wäre das ein psychotischer Zustand, so Professor Kruse.

Veränderung ist Weiterentwicklung. Gesundes Wachstum endet in einer veränderten und stabilen Struktur. Endloses Wachstum ist eine höchst gefährliche und instabile Angelegenheit – Krebszellen zum Beispiel verhalten sich so. Was reibungslos läuft, hat eine feste Struktur mit klaren Spielregeln.

> **DAS LOB DES STATUS QUO STEHT NICHT IM WIDERSPRUCH ZUM LOB DES WANDELS. JEDE VERÄNDERUNG MACHT UNS REIFER, ERFAHRENER UND AUCH RESILIENTER. REBELLISCHE IDEEN WERDEN ZU ETABLIERTEN GEWOHNHEITEN.**

175 Als du das erste Mal Netflix genutzt hast, war Netflix bereits volljährig! 1997 wurde der Online-Streamingdienst gegründet. Anfangs bestand das Geschäftsmodell darin, DVDs zu verschicken, so wie der scheinbar übermächtige Konkurrent Blockbuster. 2010 war Blockbuster pleite, denn kaum jemand schaute noch DVDs. Anders als Blockbuster hatte Netflix mit dem Streaming ein zweites Standbein aufgebaut. Netflix **änderte** die Spielregeln. Entertainment – wann, wo und was man will. Der Konkurrent war nicht mehr Blockbuster, sondern das Fernsehen. Es folgten weitere **Regelbrüche**: Netflix produziert eigene Serien und Filme. Damit gewinnt Netflix regelmäßig Oscar-Preise, und 2021 gelang ein Emmy-Rekord.[237]

Erfolg braucht Zeit. Netflix war bereits profitabel, als das zweite Standbein Streamingdienst entwickelt wurde. Um etwas bewegen zu können, brauchen wir Stabilität und Ressourcen. Nur mit ihnen als Basis können Angebote, Prozesse und Strukturen neu entwickelt, umgesetzt und etabliert werden. Hinter jeder umgesetzten Idee stecken Menschen, die bereits viel Arbeit, Zeit und Geld investiert haben, bevor das Ergebnis sichtbar wird.

> **DEN AUFWAND SEHEN WIR NIE.**
> **DAS ERGEBNIS EINER NEU ETABLIERTEN WIRKUNG ZÄHLT.**

176 Im August 1248 wurde der Grundstein des Kölner Doms gelegt. Als das Geld knapp wurde, gab es einen Baustopp, der rund 300 Jahre dauerte. Nach 632 Jahren wurde der Dom im Oktober 1880 feierlich eröffnet. Heute besuchen ihn jährlich sechs Millionen Gäste.[238]

177 Die **Entdeckung** von Mikroben als Krankheitserreger war ein Meilenstein in der Wissenschaft. Doch erst die Etablierung von fließendem Wasser und von Impfungen gegen Masern, Polio, Typhus, Windpocken hat unsere Lebenserwartung so weit **gesteigert**, wie es niemand für möglich gehalten hätte. Im 19. Jahrhundert starben in Deutschland 50 Prozent der Kinder unter fünf Jahren, ab 1870 waren es noch 25 Prozent. Zum Glück ist die Zahl auf unter 0,4 Prozent gesunken.[239]

Meilensteine in der Medizin fußen immer auf Bildung und Forschung. Neue Spielregeln werden entdeckt, etabliert und dann in berufsbegleitender Weiterbildung verbreitet. Jahrzehntelang wurde Weiterbildung ganztags in externen Gebäuden organisiert. Diese Spielregel **bricht** Festo.

178 In der Technologiefabrik Festo geht der Zeitraum zwischen Ausprobieren und Etablieren gegen null: Lernen wird in den Arbeitsalltag integriert. In der 220 m² großen Lernfabrik ist die moderne Lernkultur von Festo unmittelbar Teil der Abläufe. Training-on-the-job und Training-near-the-job verschmelzen zu einer didaktischen Einheit.²⁴⁰ Damit reagiert Festo auf das Tempo der Veränderung in der Arbeitswelt. Auf Vorrat zu lernen ist nicht schnell und flexibel genug. Lernen direkt am konkreten Problem ist bei Festo viel sinnvoller.

Es ist ein immerwährender Kreislauf:

1. Etablierte Spielregeln bestimmen den Status quo.
2. Veraltete Regeln erzeugen ungewollte Nebenwirkungen und schädliche Zustände.
3. Der Bedarf nach Veränderung lässt Ideen aufblühen.
4. Es entstehen neue Spielregeln.
5. Gegen vielfältige Widerstände werden die neuen Spielregeln etabliert.
6. Gehe zurück zu 1.

 JEDER WANDEL BRINGT NEUE KOMFORTZONEN HERVOR. DIESE FÜHREN NACH GUTEN ZEITEN WIEDER ZU KRISEN, DIE NACH VERÄNDERUNGEN RUFEN.

Den Wandel zu begrüßen und voranzutreiben, lässt sich trainieren. Auch die Etablierung neuer Spielregeln ist Übungssache. Beides gewinnt an Bedeutung in unserer Arbeits- und Lebenswelt. Eine der größten Herausforderungen ist dabei, dass nichts vollkommen und perfekt ist. Alles hat gute Seiten und schlechte Seiten. Es gibt gute Regeln und schlechte Regeln.

179 Am 11. Mai 2022 feiert die TV-Serie „Gute Zeiten, schlechte Zeiten" ihr 30-jähriges Jubiläum. In über 7.400 Folgen von GZSZ geht es um Glück und Krisen, Liebe und Schmerz, Wandel und Anpassungsfähigkeit. Das ist Leben.

> GRSR – Gute Regeln brauchen wir für das Zusammenleben und den Spaß beim Spielen; schlechte Regeln hingegen grenzen aus und verletzen.
>
> GGSG – Gesetze können Leben schützen und Menschen bedrohen.
>
> GVSV – Veränderungen machen manche Menschen glücklich, andere leiden unter ihnen.
>
> GGSG – Gewohnheiten sparen Zeit und Energie, sie können aber auch unflexibel und krank machen.
>
> GISI – Ideen bringen uns voran, retten Leben und machen Spaß, andere Ideen wie Abgase, Luftverschmutzung und Landminen töten Menschen.
>
> GZSZ – Zusammenhalt macht uns stark, doch auch Diebesbanden halten zusammen.
>
> GTST – Technologien in der Medizin steigern häufig die Lebensqualität von Menschen, doch Technologien können auch Schaden zufügen und missbraucht werden.
>
> GMSM – Mauern können den Garten gegen Wildschweine schützen, und sie stehen deiner Vorstellungskraft im Weg, neue Welten zu entdecken.

GWSW – Wohlstand ist angenehm im Leben, aber wenn Reichtum ungleich verteilt ist, kann er anderen Menschen die Lebensgrundlage stehlen.

Nichts ist nur gut, nichts ist immer schlecht. Wir brauchen die Fähigkeit, zu unterscheiden zwischen guten und schlechten Regeln, Ideen, Technologien und Veränderungen.

W.O.R.K. hilft dabei, eine Struktur in den chaotischen Vorgang der Veränderung zu bringen.

W.O.R.K. – IDEEN-BABYS VERÄNDERN DIE WELT

Der ständige Tanz von Wandel und Etablierung findet auch im Arbeitsleben statt. Ob Start-up oder Konzern – alle müssen regelmäßig Wandel meistern. Die Dynamik einer Entwicklung startet immer im aktuellen Status quo, also im laufenden Spiel und im bestehenden Geschäft. Ein Wandel endet mit der Etablierung neuer Spielregeln und Angebote – oder verpufft wirkungslos. Zwischen dem aktuellen und dem neuen Angebot findet die Entwicklung statt.

Ich nenne den Ablauf der Entwicklung W.O.R.K. – zusammengesetzt aus Welt – Optionen – Resonanz – Key Faktoren. Vier Schritte tragen je eine spezifische Leistung zur Entwicklung bei:

> **W steht für Welt, in der wir leben.** Die Welt wird beherrscht vom Status quo mit etablierten Angeboten, Routinen und Strukturen. Auch unsere Wünsche, Bedürfnisse, Werte und Erwartungen sind in der Welt zuhause. Dort laufen die Arbeitsprozesse auf hohem Leistungslevel in eingespielten Teams. Die Wertschöpfung, Umsätze und Gewinne werden

Ich nenne den Ablauf der
Entwicklung W.O.R.K.

WELT
OPTIONEN
RESONANZ
KEY FAKTOREN

4. W.O.R.K. – DAS SPIEL MIT DEN SPIELREGELN

in ihr generiert. Die Welt ist auch voller Konflikte, Unterschiede, Probleme und ungewollter Nebenwirkungen der herrschenden Spielregeln. Die Welt steckt voller Aufforderung, Altes zu **streichen** und mit neuen Ideen, Strukturen und Produkten zu **ersetzen**. Doch die Beharrungskräfte des Bekannten sind sehr groß.

O steht für überraschende Optionen: In dieser grenzenlos offenen Phase werden viele Optionen gesammelt und neue Möglichkeiten gesehen. Wildes **Infragestellen** öffnet den Blick für außergewöhnliche **Entdeckungen**. Die Vorstellungskraft baut Türen und Fenster in Mauern des Etablierten und verleiht Flügel. Neue Entwicklungen werden **geträumt** und **vertieft**. Grenzen werden mutig überschritten und Orte betreten, die keiner kennt. Weitere Überraschungen bringen **Umdrehen** und **Streichen**. Zutaten aus der bekannten Welt werden neu **kombiniert** zu Ideen-Babys mit spannenden Talenten. Ob irgendwas davon funktioniert, weiß noch keiner. Darum geht es in O gar nicht.

R steht für Resonanz. In Experimenten mit mehreren Feedbackschleifen wird getestet und erlebt, welche Ideen gewünschte Effekte erzielen. Erleben Externe einen neuen Nutzen in Pilotprojekten? Greifen Kundinnen und Kunden bei den neuen Prototypen zu? Wird ein neuer Ablauf von Mitarbeiterinnen und Mitarbeitern angenommen? Diese Phase bietet den Raum für wilde Experimente und die Zeit zum Reifen. Ideen werden weiter **reduziert, umgedreht** und neu **kombiniert**. Die meisten Ideen werden **gestrichen**, weil die Resonanz anders ausfällt als gedacht. Fehler zu machen, bedeutet, günstig Erfahrungen mit Möglichkeiten zu sammeln. Erst wenn klar ist, bei welcher Option mit welcher neuen Wirkung alle mitspielen wollen, ist die R-Phase erfolgreich.

K steht für Key Faktoren: Nun zählt der Fokus. Die neuen Key-Faktoren in veränderten Spielregeln, Angeboten, Gesetzen und Routinen werden eindeutig definiert, trainiert und kommuniziert. Der neue Schlüssel schließt das Tor zum neuen Nutzen auf. Mithilfe von Fans und Kooperationspartnern wird das Spiel populär gemacht. Das Ziel ist die Etablierung in der Welt, doch alle Zugänge werden von hohen Burgen der etablierten Platzhirsche bewacht. **Vereinfacht** das neue Spiel alte Strukturen? Ist es für die Gäste attraktiver, günstiger oder leckerer? Dann wird zugegriffen und mitgespielt.

Das Ziel ist erreicht, wenn ein neues Spiel mit neuen Regeln in der Welt etabliert wurde. Ohne diese Verankerung verpuffen Experimente und Veränderungen. Die W.O.R.K.-Phasen sind klar voneinander getrennt und bauen aufeinander auf. Wichtig ist die Klarheit aller Beteiligten darüber, in welcher W.O.R.K.-Phase ein Projekt steckt. Werden noch talentierte Ideen-Babys gesammelt oder bereits Experimente durchgeführt und die Resonanz zur Wirkung geprüft? Wird das neue Spiel rebellisch und kämpferisch trainiert oder ist die neue Routine schon in der Welt etabliert?

 IM W.O.R.K.-MODELL STEHT W FÜR DEN AKTUELLEN STATUS QUO IN DER WELT. IN DEN DREI PHASEN O, R UND K WIRD ENTWICKELT, BEVOR DAS NEUE IN DER WELT ETABLIERT WIRD.

Gute Arbeit braucht klare Strukturen in der Welt. Menschen wollen sich auf Abläufe und faire Regeln verlassen können. Aber um handlungsfähig, fair und attraktiv zu bleiben, müssen sich Firmen, Vereine und die Gesellschaft weiterentwickeln. Dazu wird die Welt zeitweise verlassen, um mit O.R.K. den Wandel zu trainieren. Er beginnt mitten im aktuellen Zustand der Welt mit Wünschen, Bedürfnissen, Konflikten, Ärger und Fragen als Anstoß. Neue Antworten, Entdeckungen und Spielregeln aus O.R.K. werden die neuen klaren Strukturen in der Welt.

Erstelle eine Liste mit Veränderungen, die wirksam und bekannt geworden sind. In eine zweite Liste schreibst du Ideen, Experimente, Start-ups und Angebote, die sich nicht durchgesetzt haben. Was verbindet die wirksamen Veränderungen? Was teilen die unwirksamen, unbekannten und verschollenen Ideen?

W.O.R.K. bietet eine Struktur, die dafür sorgt, dass neue Arbeit und veränderte Angebote in die Welt kommen, sichtbar werden und Wirkung entfalten. Gemeinsam sind die vier Phasen von W.O.R.K. unschlagbar:

> Vier Qualitäten, die sich bedingen und perfekt ergänzen.
> Vier Charaktere mit diversen Rollen im W.O.R.K.-Team.
> Vier Räume, deren Unterschiedlichkeit den Erfolg bringt.
> Vier Leistungen, die verändern, was und wie wir arbeiten.

Die Entwicklungen bringen neue Angebote, Regeln, Gesetze und Produkte in die Welt mit guten Wirkungen und – meistens erst viel später – auch ungewollten Nebenwirkungen. Neues schenkt uns gute Zeiten und schlechte Zeiten. Es gibt keine perfekte Veränderung und keinen finalen Status quo. Entwicklung hört nie auf, und die nächste W.O.R.K.-Runde startet. Unsere Arbeit, Firmen und die Gesellschaft sind nie fertig entwickelt, sondern immer in Bewegung.

Alles geht gesünder, großzügiger, ökologischer, einfacher, glücklicher, sicherer, vielfältiger, empathischer, würdevoller, leckerer, gelassener, umweltfreundlicher, gerechter, kreativer, freier, spielerischer, beteiligter, kollaborativer, vertrauter, wertschätzender, vernetzter, inklusiver, bunter, konfliktfähiger, engagierter, handlungsfähiger, regionaler, unterhaltsamer, entspannter, zufriedener, fröhlicher, achtsamer, interessanter, gemeinschaftlicher, humorvoller, liebevoller, sinnvoller und wunderschöner!

EXPERIMENTE MIT RESONANZ – WABRIMIDA?

Deine Ideen führen dich an unbekannte Orte. Du siehst dort etwas zum ersten Mal. An den unbekannten Orten bist du allein mit deinen Ideen. Nur du hast deine Vorstellungskraft. Andere sehen andere Ideen. Selbst in einem Team sehen alle Beteiligten unterschiedliche Orte und Ideen. Deine Geistesblitze erleuchten und befeuern dich. Und wenn du anderen Menschen von deinen Ideen-Babys erzählst, schütteln sie ungläubig mit dem Kopf. Sie können dir nicht folgen, denn sie sehen sie nicht. Ihre Vorstellungskraft ist woanders unterwegs.

> **„GEHT NICHT" BEDEUTET OFT: DIE IDEE WURDE GAR NICHT VERSTANDEN. DOCH DIE BLÖSSE WILL SICH NIEMAND GEBEN. STATT „ERKLÄR MIR BITTE MEHR" KOMMT DER KLASSIKER „GEHT NICHT."**

Viele Ideen werden nie erwachsen, weil sie nie die Chance bekamen, anderen zu zeigen, was in ihnen steckt. Deshalb sind Erlebnisse mit deinen Ideen so wichtig. Beim Experimentieren zeigst du deine Ideen, und die Talente werden sichtbar. Andere Menschen können dir dann von ihrem Erlebnis mit deinen Ideen berichten. Das Einholen von Resonanz ist besonders wichtig, denn entscheidend ist nicht, was du über deine Ideen denkst, sondern wie andere Menschen reagieren und dass es ihnen schmeckt. Nur durch das Ausprobieren werden Ideen-Babys groß.

 Als meine Tochter Rahel vier Jahre alt war, liebte sie das Mixen von Zutaten in unserer Küche. Wenn sie uns fragte: „Darf ich Experimente machen?" wollten wir ihren Spieltrieb fördern. Gleichzeitig wussten wir, dass viele ihrer Experimente nicht schmeckten. Also sagten wir: „Ja, du kannst experimentieren. Einzige Regel: Was du mixt, isst du auch auf." Mit dieser Regel erreichten wir, dass sie fröhlich und frei Dinge ausprobierte – aber mit immer kleineren Mengen. Sie merkte schnell, dass nicht alles schmeckte. Unsere Spielregel eröffnete ihr die Freiheit, mit Spaß zu experimentieren, ohne dass Lebensmittel verschwendet wurden.

 EXPERIMENTE GEBEN RAUM FÜR SPANNENDE BEOBACHTUNGEN BEI ÜBERSCHAUBAREN KOSTEN.

Jede Organisation kann Räume zum Experimentieren öffnen. Es braucht meistens nur wenig Ressourcen, um Ideen erlebbar zu machen. Kostengünstig werden die Talente der Idee geprüft. Entscheidend ist, den ersten Schritt zu gehen und einfach mal auszuprobieren. Experimente geben dir die Möglichkeit, dein Ideen-Baby besser kennenzulernen und anderen Menschen deine Idee schmackhaft zu machen. Lass sie von deiner Idee probieren! Schmeckt's? Läuft deinen Gästen das Wasser im Mund zusammen? Oder stimmt der **Mix** noch nicht?

> schmeckt gar nicht
> schmeckt eher nicht
> schmeckt Einem
> schmeckt Vielen
> schmeckt!

Schmeckt deine Idee, wollen Menschen mehr davon. Sie sind deine ersten Fans und Verbündeten auf deiner Expedition. Sie wollen wissen, wie es weitergeht. Die Resonanz der Menschen zum Experiment ist der Prüfstein für deine Ideen. Ist die Wirkung wie gewollt, mach weiter. Endet der Testlauf anders als geplant, **kombiniere** neue Zutaten, bis der Cocktail schmeckt. Schleife die Idee, bis die Resonanz passt. Es klappt so lange nicht, bis es klappt.

> klappt gar nicht
> klappt eher nicht
> klappt ein Mal
> klappt häufig
> klappt!

Beim Experimentieren wird mit einfachen Mitteln so lange getestet, bis es funktioniert. Dann ist die Resonanz auf dein Ideen-Baby so, dass die gewünschte Wirkung entfaltet wird. Der Prozess des Experimentierens mit Testläufen und Prototypen steht unter dem Zeichen einer einzigen Frage:

WaBriMiDa? Was bringt mir das?

Die Kundinnen und Kunden fragen WaBriMiDa? Sie erwarten eine Antwort von dir! Erleben sie, dass der Nutzen zu ihrem Bedürfnis **gesteigert** wurde? Erleben sie Freude und Befriedigung?

DEINE IDEEN SIND NICHT FÜR DICH, SONDERN IMMER FÜR ANDERE MENSCHEN. ERFOLG HAST DU, WENN DEINE IDEE ANDERE MENSCHEN GLÜCKLICH MACHT.

Natürlich wirst du dich bei der Umsetzung auch selbst WaBriMiDa? fragen. Was bringt mir das, wenn ich die Idee verfolge? Wird das neue Angebot die Stammkundschaft begeistern oder neue Kundenkreise eröffnen? Werden Krankheiten effektiver geheilt? Werden neue Umsatzquellen oder Arbeitsplätze geschaffen? Wieviel Erfolg oder Anerkennung bringt mir das neue Spiel? Das sind wichtige Fragen. Doch sie führen nur zum Erfolg, wenn du primär das WaBriMiDa? der Gäste klar und überzeugend beantwortest. Erleben sie keinen Nutzen, der den Status quo verschönert, verbessert oder vereinfacht, warum sollten sie bei dir mitspielen?

181 Ein Experiment in Australien sollte den Effekt von gesunder Nahrung zeigen, wenn sie ärztlich verschrieben wird. Ärzte durften statt Pillen gesunde Lebensmittel verschreiben. Die Studie zeigte, dass die Idee funktionierte. Die Patientinnen und Patienten ernährten sich viel gesünder, wenn Obst und Gemüse Teil einer offiziellen medizinischen Behandlung war.[241]

182 In Kanada kann der Aufenthalt in der Natur ärztlich verschrieben werden. Das wurde 2022 **gesteigert**, indem kanadische Arztpraxen sogar Jahreskarten für alle Nationalparks des Landes auf Rezept ausstellen können. Menschen gehen nun häufiger an die frische Luft, statt Medikamente gegen Kopfschmerzen, Rückenprobleme und Müdigkeit zu nehmen.[242]

Mit Testläufen lernst du deine Idee immer besser kennen. Welche Talente entwickelt dein Ideen-Kind? Spielt es besser Saxofon als Klavier? Schmeckt der neue Cocktail scharf viel besser als süß? Je mehr Erkenntnisse du über die Idee sammelst, desto besser wird die Umsetzung. In der Testphase ist es noch günstig, **Fehler zu machen**. Fehler bei Experimenten bedeutet, dass die Wirkung anders ausfällt als von dir gedacht. Noch kannst du mit veränderten Mixturen spielen, Zutaten **streichen** und sie durch andere Zutaten **ersetzen**.

 Nimm eine deiner Ideen. Zeichne, baue oder backe deinen Prototypen. Starte ein Pilotprojekt. Lade Menschen zum Testen ein. Nimm die Resonanz und schleife damit deine Idee. Mach Experimente, bis die Gäste das WaBriMiDa? überzeugt.

NICHT RATEN, FRAGEN!

Bisher lebte die Idee in deiner Vorstellungskraft. Indem du andere Menschen fragst, bringt dir deren Resonanz weitere Zutaten. Ist die Idee zu kompliziert? Oder freuen sich Menschen beim Testen? Wollen sie die neue Maschine oder das Möbelstück sofort mitnehmen? Fragen sie, wo es Nachschub deiner einmaligen Teemischung gibt? Wollen sie dein Buch sofort kaufen?

183 Über das Cover zu diesem Buch haben 153 Menschen abgestimmt, Familie, Freunde und viele Leserinnen und Leser meiner anderen Bücher. Es gab fünf unterschiedliche Entwürfe. Welcher kommt an? Nicht raten, fragen! Das Cover, das du siehst, hat haushoch gewonnen.

Das bedeutet nicht, dass das Cover mit den meisten Stimmen allen gefällt. Das gibt es nicht. Resonanz ist immer divers. Mit den Reaktionen kannst du weiterarbeiten. Nie war es einfacher als heute, über Messenger Apps, Social Media und Business-Netzwerke andere Menschen nach der Wirkung von Ideen zu fragen.

> **❗ FRAGEN LADEN ZUM MITSPIELEN EIN. DU BEKOMMST SOFORT RESONANZ ZUR WIRKUNG. DU SIEHST UND HÖRST, OB DEINE IDEE SO ANKOMMT, WIE DU ES DIR GEDACHT HAST.**

184 Bei der Logo-Entwicklung für das Projekt *JobJackpot* befragten wir zehn Kunden zu den ersten Entwürfen. Ihre Resonanz floss in neue Entwürfe ein. Dazu befragten wir zwanzig andere Personen. Über die finalen acht Logo-Entwürfe stimmten rund dreihundert Freunde, Kunden und Kooperationspartner ab. Sechs Entwürfe erhielten kaum Stimmen. Dafür bekamen Logo Nummer 3 und Nummer 8 gleich viele Stimmen. Da sie unterschiedlich waren, wussten wir zuerst keinen Rat. Dann hat die Designerin die Talente von Nummer 3 mit den Stärken von Nummer 8 vereint.²⁴³ Auf diesen Clou stieß uns die Resonanz mit zwei Gewinnern.

Nicht raten, fragen! Die Meinung Externer ist in jeder Entwicklung wichtig, denn die Liebe zu unseren Ideen-Babys kann uns betriebsblind machen. Wird die Idee wie beabsichtigt genutzt oder ganz anders? Wenn Testpersonen, die nicht in die Idee verliebt sind, vom Cocktail probieren, gibt es immer spannende, unerwartete Resonanz. Mit den Erkenntnissen wird die Idee weiterentwickelt.

> **❗ KEINE UMSETZUNG IST AUF ANHIEB PERFEKT, DESHALB WIRD MÖGLICHST LANGE GÜNSTIG GETESTET.**

Das folgende Beispiel zeigt, dass das Experimentieren mehrere Monate dauern und mehrfach zu überraschenden Erkenntnissen führen kann. Die weiterführenden Impulse kamen vom Machen, Zeigen und Fragen, statt im stillen Kämmerlein zu raten.

185 Auf dem gemeinsamen Weg zu einem Kunden im Frühjahr 2004 traf meinen Kollegen Björn Benz ein Geistesblitz. Warum gibt es keine Fruchtgummis in Form der Berliner Sehenswürdigkeiten? Brandenburger Tor und Reichstag in bunten Farben für Touristen! Das Baby war geboren. In diesem Moment. Innerhalb einer Sekunde. Ich war sofort begeistert. Zügig überprüften wir, ob es solche Berliner Fruchtgummis bereits gab. Nein! Wir waren die Ersten. Wir tauften unser Baby „Sweet Souvenir". Mit einem leckeren Prototyp wollten wir erste Kunden gewinnen. Wir mixten Gelatine und essbare Farben. Leider sahen die Ergebnisse abschreckend aus. Dann zeichnete unsere Kollegin Kathinka Alexandrow die Fruchtgummis so lecker, dass uns schon beim Ansehen das Wasser im Mund zusammenlief. Wir fanden Firmen, die Fruchtgummis für Externe wie uns produzieren. Im nächsten Schritt investierten wir rund 1.000 Euro für die Druck-Formen, in denen die Fruchtgummis professionell gegossen werden. Wir bestellten zwei Kilogramm echter Fruchtgummis nach unseren Zeichnungen. Schon hatten wir Björns Idee umgesetzt. Das Baby konnte laufen. Die Fruchtgummis wogen jeweils nur zwei bis drei Gramm, doch man konnte die Siegessäule, den Reichstag, die Gedächtniskirche und das Brandenburger Tor eindeutig erkennen. Das Baby war nun ein Kind, reif für die Vorschule.

Wer braucht Berliner Sehenswürdigkeiten als Fruchtgummis? Unsere Idee: Berliner Hotels legen jedem Gast ein 15-Gramm-Tütchen zur Begrüßung auf das Kopfkissen. Also verpackten wir unsere zwei Kilogramm in kleine Tütchen mit schönen Aufklebern. Diese schickten wir an Berliner Hotels und baten um einen Termin vor Ort. Bei diesen Gesprächen hörten wir immer dasselbe: „Sieht richtig gut aus. Schmeckt fruchtig gut. Es ist innovativ und wäre für Gäste wirklich etwas Besonderes. Warum gibt es das nicht längst?" Wir waren sehr stolz auf die positive Resonanz. Dann kam immer die nächste Frage: „Was kosten Ihre Fruchtgummis?" Auf den von uns genannten Preis hörten wir immer dieselbe Antwort: „Das ist teurer als Haribo."

Zurück im Büro kalkulierten wir neu. Ab einer Bestellung über fünf Tonnen konnten wir unsere Give-aways günstiger an Berliner Hotels verkaufen als die Haribo-Tütchen kosteten. Wir waren begeistert, der Durchbruch schien zum Greifen nah. Der einzige Einwand der Hoteliers war gelöst. Beim erneuten Besuch bei den Hoteliers waren wir siegessicher. Tatsächlich fiel der entscheidende Satz: „Ein toller Preis, günstiger als Haribo!" Es fehlten nur noch Unterschriften auf den Bestellzetteln, die wir mit im Gepäck hatten. Da sich Fruchtgummis ein ganzes Jahr halten, hätten die Hotels auf Vorrat bestellen können. Fünf Tonnen waren so gut wie verkauft.

Umso härter traf uns die nächste Antwort der Hoteliers: „Wir nehmen trotzdem Haribo." Wie konnte das sein? Die Begründung überraschte uns: „Haribo kennt man weltweit. Bei Haribo sind wir auf der sicheren Seite." Wir waren wie vom Blitz getroffen. Alles passte. Sogar der Preis. Doch wir hatten ein wichtiges Bedürfnis übersehen: Sicherheit. Ohne Referenzen im Souvenirmarkt waren wir bei den Hotels aus dem Rennen. Das Baby lief – aber leider gegen die Wand. Zum Glück hatten wir keine fünf Tonnen für die Berliner Hotels vorproduziert!

Nicht raten, fragen! Wir verkauften dann doch noch mehrere Tonnen unserer Fruchtgummis. Nicht Hotels waren unsere Kunden, sondern die Marketingagentur der Stadt Berlin verteilte unsere Sweet Souvenirs weltweit auf Messen, wo sich Berlin als Investitionsstandort präsentierte.

NICHT RATEN, FRAGEN!
DAS GILT, BIS DER ERSTE KUNDE UNTERSCHRIEBEN HAT.

Der größte Engpass für das Zugreifen beim Neuen und beim Wandel von Gewohnheiten ist der Alltag der Menschen. Neues passt nicht mehr hinein. Alles ist bereits überfüllt, und Menschen sind zu 100 Prozent ausgelastet. Auch wenn 300 Menschen vor dir sitzen, muss dir keiner zuhören. Menschen denken an die Einkaufsliste, den nächsten Geburtstag oder den letzten Sex. Der Alltag und das bereits Bestehende, Erfolgreiche und Gewohnte stehen immer im Weg. Wie überwindest du die Burgmauern und Wachen? Wie gewinnst du die Aufmerksamkeit der Gäste, die bereits im Festsaal der Burg feiern und sich prächtig amüsieren?

Warum sollte dir ein Mensch seine Zeit schenken?
Mit welchem neuen Service gewinnst du Menschen?
Welcher Schlüssel passt zum Burgtor der Aufmerksamkeit?
Wer hört dir zu? Wer probiert deine Idee im überfüllten Alltag und warum?

Der Kern des Erfolgs ist immer eine klare Antwort auf WaBriMiDa. Erleben Menschen, was ihnen das Neue bringt, dann hat die Idee eine Chance. Warum sollte jemand zum Neuen greifen, wenn es nicht anders, besser, lustiger, einfacher oder schöner als das Alte ist?

DAS NEUE MUSS ÜBERZEUGENDER SEIN
ALS DIE LAUFENDE PARTY.

WaBriMiDa? Menschen ziehen mit am neuen Strang, wenn du ihre Arbeit **vereinfachst**, wenn das Budget **reduziert** wird, wenn Sorgen **gestrichen** werden, wenn Wertschätzung **gesteigert** wird, wenn es schmeckt, lecker riecht und sich wundervoll anfühlt. Die Haptik, das Anfassen und das besondere Erlebnis sind ein Schlüssel zum Erfolg. Die Inszenierung deiner Idee ist der Dreh- und Angelpunkt. Wir sind Sinneswesen. Was wir nicht sehen, schmecken, riechen, hören und fühlen, das gibt es für uns nicht. Schokolade ohne Kakao schmeckt. Wow! Du wirst mit Reden niemanden von deinen Ideen überzeugen. Erst die Probefahrt, die Party oder der Biss in die Schokolade überzeugen. Erlebnisse **verzaubern**.

EXPERIMENTE, PROTOTYPEN, PILOTPROJEKTE UND
ERLEBNISSE SIND SICHTBAR, GREIFBAR, SPÜRBAR, HÖRBAR
UND ERLEBBAR. MIT IHNEN FÜTTERST DU DIE SINNE
VON MENSCHEN.

186 In der Dämmerung sind wir aufgebrochen, um mit den ersten Sonnenstrahlen den South Kaibab Trail hinabzusteigen. Vor uns liegt der Grand Canyon. Majestätisch. Weit. Wunderschön in seiner großen Vielfalt an Farben. Wir laufen in tiefrotem Staub, auf weißen und grauen Wegen. Auf einer Seite stehen mächtige Felsen in großer Farbenpracht, auf der anderen Seite bestaunen wir den weiten Blick bis zum Nordrand über Tausende Schluchten. Es ist absolut still um uns herum. Nur wenige Menschen sind zu Fuß im Canyon unterwegs. Eine Reisegruppe auf Eseln überholt uns. Vorbei am Skeleton Point. Nach drei Stunden sehen wir den Colorado River in der Tiefe, ein weiterer magischer Moment. Auf Zickzack-Serpentinen geht es weiter hinab. Nach 1.350 Höhenmetern sind wir im Tal. Ohrenbetäubend klingt der Colorado River, als wir ihn auf einer schmalen Brücke überqueren. In brütender Hitze laufen wir auf Sandstrand am reißenden Fluss entlang. Was für eine Explosion der Sinne. Gestein in hunderten Farben, unendliche Weite, Stille und dann wieder tosende Wasserstrudel. Einmalig!

Über den Bright Angels Trail laufen wir an kleinen Bächen und grünen Oasen vorbei. Das Laub der Bäume wirkt unfassbar saftig und wunderschön hellgrün vor der staubigen Kulisse. Die letzten drei Stunden winden sich die Serpentinen an einer steilen Felswand entlang. Am Südrand des Canyons wieder angekommen, durchströmt uns absolute Erschöpfung und unfassbare Begeisterung. Dies ist der schönste Ort der Welt für mich. Viermal habe ich diese Wanderung gemacht. Und immer aufs Neue habe ich gestaunt über die unfassbare Schönheit. Einmal, als wir noch nach Sonnenuntergang unterwegs waren, leuchtete uns der Mond auf den letzten Kilometern. Eine Sinnesexplosion vom Sonnenaufgang bis zum Mondschein.

 Was bringt dich zum Staunen? Was sind deine besonderen Momente? Wann durchströmt dich pure Freude? Was schenkt dir eine Explosion der Sinne?

DER DREIFACHE SERVICE

Wandel führt zu Wandel. Überzeugt uns ein neuer Nutzen, kann er schnell zur etablieren Gewohnheit werden. Dazu gehört zum Beispiel die Erfahrung, im Home-Office zu arbeiten.

187 „Ich habe meinen letzten Job gekündigt, weil mir mein Arbeitgeber kein Homeoffice genehmigt hat, obwohl ich jeden Tag fast drei Stunden in öffentlichen Verkehrsmitteln unterwegs war. Seither fahre ich 15 Minuten mit dem Rad zur Arbeit und habe definitiv mehr Schlaf!",[244] lautet ein Kommentar 2021 auf Xing. Er stammt von einer Frau, die nun täglich 150 Minuten Fahrzeit spart. Das sind zwölf Stunden gesparte Zeit pro Woche. Ihr ehemaliger Arbeitgeber hat nicht verstanden, dass er ihr Diener ist und nicht umgekehrt.

188 Das Good News Magazin fragte im März 2021: Wo würdest du am liebsten arbeiten? Im Büro? Im Homeoffice? In einem Mix aus beidem? 10.316 Antworten zeigen einen klaren Gewinner: 75 Prozent wählten den Mix aus Büro und Homeoffice. 15 Prozent stimmten für das Homeoffice, und abgeschlagen auf Platz 3 landete das Büro.[245] Nur 10 Prozent wollen komplett zurück zum Status quo, der vor Corona normal war.

Das sollte Unternehmen zu denken geben, sonst verlassen noch mehr Menschen ihre Firma.

189 „Ich arbeite zu 90% im Homeoffice. Ich könnte mir keine bessere Arbeitsweise vorstellen. Mein Leben ist dadurch entschleunigt, flexibel und familienkompatibel. Ich kann arbeiten und in Ruhe ein selbst gekochtes Essen für die Familie zaubern", kommentierte 2021 eine Leserin auf Xing. „Mir fehlt der Arbeitsweg – quasi das Check-in und Check-out in den Berufsalltag. Im Dauer-Homeoffice fehlt es mir an der nötigen Distanz zu meinem Privatleben", schrieb eine andere Leserin 2021 auf LinkedIn.

Es gibt keine Lösung, die für alle passt. Wer allerdings erlebt hat, wie gut es tut, eine Stunde später aufzustehen, wird darauf nicht mehr verzichten wollen. Können Unternehmen ihre Mitarbeiterinnen und Mitarbeiter für Änderungen gewinnen oder stoßen sie sie vor den Kopf? Unternehmen können vorschreiben, wie es läuft, oder sie lassen Menschen selbst wählen. Die Vielfalt der Wünsche an Arbeitsorte, Tools, Medien, Teamarbeit, Aufgabenstellungen und Strukturen wird stark wachsen. Arbeitgeber, die zurück zum alten Status quo wollen, sollten wissen: Es gibt zu ihnen 3,37 Millionen Alternativen.

Wie sieht deine Vision eines zukünftigen Arbeitsortes aus? Welche Arbeitsorte passen zu dir? Wie und wo stellst du dir Zusammenarbeit vor? Wie sieht dein perfekter Mix aus? Welche Unternehmen bieten den für dich besten Mix an?

Wie werden Kultur und Gemeinschaft geschaffen? Wie können diverse Orte des Arbeitens gestaltet werden? Nennen wir das Ergebnis noch Büro? Kann jeder Ort als Treffpunkt dienen? Was hält eine Organisation zusammen? Längst wird dazu vielseitig experimentiert mit flexiblen Arbeitsplätzen, neuen Führungsmodellen und mehr Autonomie. Wer das erlebt, will selten zurück zum alten Modell. Was anzieht, gewinnt Menschen. „Büros sind nicht einfach nur Arbeitsplätze, sondern werden zu Begegnungsorten: Workshops, Meetups, sogar private Partys finden in den Locations statt." [246]

UNTERNEHMEN MÜSSEN WABRIMIDA BEANTWORTEN, DENN DIE MENSCHEN, DIE SIE FÜR SICH GEWINNEN WOLLEN, VERGLEICHEN DIE ANGEBOTE MEHRERER ANBIETER.

Das ist und bleibt eine Herausforderung. Wie bekommt man die Brücke zwischen den Wünschen und Bedürfnissen der Menschen und dem Erfolg der Unternehmen hin?

Klassische Arbeit ist ein dreifacher Service.

1. Organisationen, Firmen und Vereine verfolgen einen Zweck. Für das Erfüllen des Zwecks wollen sie Angestellte und Freelancer zum Mitarbeiten gewinnen. Dazu bieten sie Services an. Dazu gehören Arbeitszeiten, Lohn, Produktionsmittel und Aufgaben, die den Qualifikationen entsprechen. Auch die Unternehmenskultur und Benefits wie Urlaubstage, Dienstrad, Sportgutscheine, Mittagessen und vieles andere gehören dazu. Wenn das WaBriMiDa überzeugt, unterschreiben Menschen den Arbeitsvertrag.

2. Angestellte und Freelancer bringen als ihren Beitrag zum Erfolg des Unternehmens die erlernten Fähigkeiten, Kompetenzen und Erfahrungen ein. Damit leisten sie ihren Service für die Firma. Ihre Produktivität beantwortet das WaBriMiDa des Arbeitgebers und schafft ein Angebot, das die Dritten im Bunde nutzen können.

3. Gemeinsam erfüllen Firmen und Beschäftigte mit Angeboten die Bedürfnisse von Kundinnen und Kunden. In den Worten der Bäckerei Kolls: Die Gäste erleben eine Antwort auf ihr WaBriMiDa. Nur wenn der Service überzeugt und Gäste gewinnt, bleiben 1. und 2. im Spiel.

Natürlich spielen auch Lieferanten, Kooperationspartner, Medien und Familienangehörige eine Rolle, doch im Kern spielt dieses Trio zusammen: Arbeitgeber, Beschäftigte und Gäste.

 DREI PARTEIEN BRAUCHEN SICH GEGENSEITIG BEI DER ARBEIT. ERFOLG GIBT ES NUR ZU DRITT.

In welcher Position in dem Dreiergespann Gäste + Angestellte + Unternehmen/Arbeitgeber arbeitest du? Wie erlebst du den Service der anderen Parteien für dich? Wirkt dein Trio gut zusammen? Wie wirst du die gemeinsame Leistung steigern?

Im 5. Kapitel tauchen wir ein in unsere Bedürfnisse nach wärmender Energie und leckerer Nahrung.

5. ARBEIT AM GESELLSCHAFTLICHEN WANDEL

Arbeit ist nie abstrakt. Der dreifache Service der Arbeit dient unseren menschlichen Bedürfnissen wie Gesundheit, Glück, Essen, Trinken und Wärme. Wenn unsere Arbeit nicht die Lebensqualität von Menschen unterstützt und **steigert**, sollte sie besser nicht getan werden. Stimmst du dieser Spielregel zu? Oder wofür arbeitest du?

 BEDÜRFNISSE MENSCHENFREUNDLICH ZU ERFÜLLEN, IST ZWECK UNSERER ARBEIT.

Menschen sind das einzige Lebewesen, das überall auf der Erde wohnen und arbeiten kann, denn wir haben gelernt, Wärme und Kühlung zu erzeugen. Das ist eine fantastische Leistung menschlicher Arbeit wie auch die Gestaltung und Herstellung von Spielplätzen und Gärten, Wohnungen und Büros, Brot und Gemüse, Betten und Matratzen, Elektrizität und Strom.

Strom kommt aus der Steckdose, daran haben wir uns gewöhnt. An dieser scheinbaren Normalität arbeiten viele Menschen. Ohne ihre Arbeit würde kein Strom fließen.

190 2020 waren in Deutschland rund 131.000 Personen in der Elektrizitätsversorgung beschäftigt.[247] Im Bereich regenerativer Energien arbeiten 338.000 Beschäftigte über alle Tätigkeiten verteilt.[248] 2019 haben weltweit rund 11,5 Millionen Menschen im Bereich der erneuerbaren Energien gearbeitet.[249] Eine Prognose spricht von 35 Millionen Jobs 2050.[250]

Die Versorgung der Menschen mit Elektrizität war ein Meilenstein in der Geschichte. Doch die guten Ideen und Spielregeln bekamen schlechte Nebenwirkungen. Unser Hunger nach Energie beutet die Mitwelt aus. Die ursprünglich gute Arbeit, Strom für Menschen zur Verfügung zu stellen, zerstört nun unsere Lebensgrundlagen. Das ist kein Schicksal, wir tun es, und wir können es ändern. Wenn wir die negativen Entwicklungen unserer Arbeit durch erneuerte, mitweltfreundlichere Arbeit **ersetzen**, kommt weiterhin Strom aus der Steckdose – ohne die Erde zu überfordern.

Wenn du in Garzweiler im Riesenbagger sitzt und im Tagebau Braunkohle abbaust, dann bist du kein schlechter Mensch. Auch du sorgst dafür, dass das Bedürfnis der Menschen nach Energie erfüllt wird. Wichtig ist, dass du möglichst der letzte deines Berufs sein wirst. Doch für diesen Wandel bist nicht du zuständig, sondern das ist die Arbeit von Politik und Gesellschaft. Arbeit an der Energiewende muss die höchste Priorität bekommen, denn die Klimakatastrophe ist eine Gefahr für alle Menschen weltweit. Wissenschaftlerinnen und Wissenschaftler weisen seit Jahrzehnten auf unumkehrbare Kipppunkte hin, die das Klima und Leben auf der Erde dauerhaft und mit katastrophalen Folgen verändern werden. Für welches Spiel entscheiden wir uns? Welche neuen Spielregeln etablieren wir? Die aktuelle Energiegewinnung geht besser. Wir wissen sogar, wie es geht.

191 Der elektrische Muldenkipper Lynx ist das größte Elektrofahrzeug der Welt. Der eDumper wiegt 58 Tonnen und fährt emmissionsfrei in einem Schweizer Steinbruch. Dort transportiert er 65 Tonnen Kalk- und Mergelgestein pro Fahrt.[251] Sein Akku wiegt 4,5 Tonnen. Dessen Rekuperation erzeugt mehr Strom, als er beim Fahren verbraucht. Bis zu 200 Kilowattstunden kann er täglich produzieren.[252]

Machen wir mit unserer Arbeit das Leben grüner, recycelbarer, regionaler, leckerer, gerechter, vielfältiger, ökologischer und wunderschöner! Dazu brauchen wir mehr als nur Schönheitsreparaturen. Einen systemischen Wandel fordert der IPCC-Bericht im April 2022.[253]

Weitere Baustellen für kommende Arbeit sind unsere Lebensgrundlagen. Die Biodiversität ist in Gefahr, viele Böden sind ausgelaugt und Massentierhaltung sorgt für Tierqualen und Nitrat im Grundwasser. Berliner Stadtbäume sind zu 50 Prozent krank durch Trockenheit. Pestizide und Mikroplastik vergiften unsere Körper. Gas- und Ölverbrauch treiben CO_2-Emissionen und Temperaturen in die Höhe. Krebs ist eine immer häufigere Todesursache, Hungersnöte wachsen bei steigender Lebensmittelverschwendung. Diese Liste ließe sich noch weiterführen.

All diese Entwicklungen arbeiten gegen Gesundheit als Ziel Nummer eins im Leben. Damit Arbeit der menschlichen und mitweltlichen Gesundheit dient, werden wir einige Spielregeln **streichen** und andere **steigern**, wir werden schädliche Energiequellen **reduzieren** und mit regenerativen Energien **ersetzen**. Wir schaffen Alternativen zur Massentierhaltung. Wir lernen, die Böden wertzuschätzen und uns mit gesundem Essen zu **verzaubern**.

Bevor wir mit der Arbeit an der Energiewende starten, zwei Fragen, deren Lösung du ein paar Seiten weiter in diesem Kapitel findest:

Um wie viel Prozent ist der Preis für Solarenergie zwischen 2009 und 2019 gesunken?   %

Wie viel Prozent der weltweit neuen Kraftwerke 2020 und deren Energieproduktion basieren auf erneuerbaren Energien?   %

DER WIND TREIBT UNS VORAN

Windkraft lag 2021 auf Platz eins im deutschen Strommix.[254] Braunkohle, Kernenergie, Gas, Solar, Steinkohle, Biomasse und Wasserkraft folgten auf den weiteren Plätzen. So weit sind wir bereits gekommen! Ist das nicht fantastisch? Diese Arbeit kann weiter **gesteigert** werden.

192 Offshore-Windräder mit 230 Meter langen Rotorblättern können pro Umdrehung 25 kWh erzeugen. Pro Umdrehung wird ein Haushalt für zwei bis drei Tage mit Strom versorgt.

Um wirkungsvoller mit der menschenfreundlichen Energiewende voranzukommen, müssen wir die Arbeit von Lobbys verstehen. Um ihre Interessen durchzusetzen, spielen sie ihr Spiel nach ihren Regeln. Sie bringen Geschichten in Umlauf, die sich leicht weitererzählen lassen und schwer überprüfbar sind. Auch das ist leider Arbeit. Lügen zu verbreiten, ist ein Handwerk.

193 Angeblich stört Infraschall die Bewohner in der Nähe von Windrädern. Doch es ist wie mit dem Eisengehalt im Spinat: Der angeblich so hohe Wert ist ein Rechenfehler.[255] Es wurde zudem nie untersucht, in welcher Entfernung vom Windrad Infraschallwellen von Menschen überhaupt noch wahrgenommen werden können.[256] Dass trotzdem viele Medien seit zehn Jahren die falschen Zahlen immer wieder aufgreifen, ist einer der Gründe dafür, dass der Ausbau von Windrädern in Deutschland stockt. 2021 war sogar eines der schlechtesten Jahre seit der Jahrtausendwende.[257]

194 Ein weiteres Scheinargument gegen Windräder ist der Vogelschutz. Es wird behauptet, dass Windräder viele Vögel töten würden. Schauen wir uns die Zahlen an: Unangefochtener Erzfeind der Vögel sind Katzen. Sie sind laut einer US-Studie für rund 70 Prozent der getöteten Vögel verantwortlich. Der zweitgrößte Feind der Vögel ist die Fensterscheibe. Laut Schätzungen des BUND sterben in Europa jährlich 90 Millionen Vögel an Glasfassaden und

Fenstern, davon mindestens 18 Millionen in Deutschland.²⁵⁸ Windkraftanlagen schlagen mit satten 0,007 Prozent aller getöteten Vögel zu Buche.²⁵⁹

195 Auch gefährdete Vogelarten wie der Rotmilan haben von Windkraftanlagen kaum etwas zu befürchten. Über GPS-Sender werden die Flugbewegungen vieler Rotmilane in Deutschland nachvollzogen. Die größte Gefahr für den Greifvogel ist nicht das Windrad, sondern Gift. Rotmilane sterben, wenn sie tote Ratten oder Mäuse fressen, die kurz zuvor Giftköder gefressen haben. Es folgen Straßenverkehr, illegaler Abschuss, Stromschläge und Züge. Die Windkraft steht auf dem siebten Platz der Todesursachen. Niemand kommt auf die Idee, den Auto- oder Zugverkehr zu verbieten, weil einige Rotmilane mit ihnen kollidieren.²⁶⁰ Bist du überrascht?

> **LOBBYS NUTZEN GUT ERZÄHLTE FAKE NEWS GEGEN WANDEL. WER BEHAUPTUNGEN UND ANNAHMEN HINTERFRAGT, ERLEBT OFT ÜBERRASCHUNGEN.**

Trotzdem – es gibt Fälle, in denen Vögel durch Windkraftanlagen umkommen. Hier hilft gute Arbeit.

196 Experimente mit schwarzen Windräderflügeln zeigen, dass dies die Sichtbarkeit für Vögel **steigert**. Mit diesem Trick wurde die bereits geringe Zahl getöteter Vögel noch einmal um 70 Prozent **reduziert**.²⁶¹

197 Warum nicht Windkraft ohne Windräder gewinnen? Eine spanische Entwicklung setzt auf freistehende Stelen, die Strom durch Schwingungen erzeugen.²⁶² Kitekraft setzt auf Drohnen, die mit Mini-Turbinen Energie produzieren.²⁶³ Der Windcatcher ist eine 300 Meter hohe Windenergieanlage auf dem Meer, die 80.000 Haushalte mit Strom versorgen könnte.²⁶⁴ Windenergie könnte auch nebenbei vom Autoverkehr erzeugt werden, denn auch vorbeifahrende Fahrzeuge machen Wind.²⁶⁵

WIRD DAS DOMINANTE BILD DER RIESIGEN FLÜGEL IM KOPF **GESTRICHEN**, IST DIE SICHT FREI FÜR GANZ ANDERE TECHNOLOGIEN.

Stellst du Annahmen und Behauptungen infrage?
Bleibst du offen für neue Erkenntnisse?
Welches Wissen hast du zuletzt gestrichen und ersetzt?

PHOTOVOLTAIK – DAS VOLLE PROGRAMM

Die Erfolge unserer Arbeit auf dem Gebiet der Solarenergie sind besonders beeindruckend. Die Speichertechnologien entwickeln sich rasant und auch die Vielfalt der Anwendungen, die Sonnenenergie einfangen und nutzbar machen, ist fantastisch. Mit der Veränderung der Spielregeln bei der Energiegewinnung verändern sich automatisch auch weitere Spielregeln.

198 In den USA versorgt sich eine Schule im Bundesstaat Arkansas komplett selbst mit Solarenergie und verkauft den überschüssigen Strom. Mit dem Gewinn werden die Gehälter der Lehrerinnen und Lehrer erhöht. Die Solarenergie **steigert** ihr Jahresgehalt von umgerechnet 38.000 Euro um bis zu 12.600 Euro.[266]

Wie kann dieser Effekt **gesteigert** werden? Potenzial liegt nicht nur bei Schulen, sondern auch bei Krankenhäusern, Seniorenheimen, Kitas und vielen öffentlichen Einrichtungen mehr. Sie alle könnten Gewinne aus dem Verkauf der Solarenergie an die Pflegekräfte, Erzieherinnen und Erzieher ausschütten.

Welche weiteren Branchen verfügen über große Gebäude, die mit Solarenergie Gewinne erzielen und den Beschäftigten höhere Löhne zahlen könnten?

5. ARBEIT AM GESELLSCHAFTLICHEN WANDEL

199 In China wurden mit 60 Gigawatt Leistung allein 2021 so viele Photovoltaik-Anlagen in Betrieb genommen, wie in jenem Jahr in Deutschland insgesamt installiert waren. 2022 könnte dieser Rekord in China mit weiteren 90 Gigawatt noch deutlich übertroffen werden. Auch im Export ist China groß: 2021 wurden Module mit einer Leistung von mehr als 100 Gigawatt an andere Länder ausgeliefert, der Großteil davon nach Europa.[267]

Der Status quo ist: Sonnenenergie wird über feste Panels aufgenommen und in Strom umgewandelt. Sie werden auf Dächern, an Fassaden oder frei auf riesigen Flächen installiert. Das ist fantastisch! Aber gibt es nicht noch viel mehr Möglichkeiten?

200 Es gibt bereits hauchdünne, biegsame Folien, die Sonnenenergie in Strom umwandeln. Das Problem war bisher, dass ihr Wirkungsgrad nicht sehr hoch war. Ein US-Forschungsteam konnte die Effektivität deutlich steigern.[268]

201 Was wäre, wenn jeder Mensch Solarmodule wie Frischhaltefolie über sein Dach ausrollen könnte? Bereits 1997 elektrisierte Frithjof Bergmann, Vordenker von *New Work*, mich mit dieser Frage im vollen Hörsaal auf einer Tagung in Jena. 25 Jahre später gibt es eine Solar-Folie, wie Frithjof sie beschrieben hat. Eine neue Mikro-Rillen-Technologie aus Großbritannien schafft eine neue Art des leichten, günstigen und flexiblen Solar-Belags.[269]

202 Solarzellen müssen nicht immer auf Silizium basieren. Sogenannte organische Solarzellen wandeln Sonnenlicht über Kohlenwasserstoff-Verbindungen in Strom um. Sie werden immer konkurrenzfähiger. Sie sind lichtdurchlässig, biegsam, dünn und viel leichter als Silizium-Zellen. Eine Tasche kann so den Laptop laden, Solarzellen werden in Gebäude und Fenster integriert.[270]

203 Auch bei den Energiespeichern können organische Stoffe den Status quo **ersetzen**. Zum Beispiel kann das leicht herzustellende Vanillin die sonst verwendeten Schwermetalle und seltenen Erden **ersetzen**. Stefan Spirk von der TU Graz und sein Team veredeln Vanillin ohne den Einsatz giftiger und teurer Metallkatalysatoren in ein Material, das in Flow-Batterien eingesetzt werden kann. Der Prozess funktioniert bei Raumtemperatur und kann mit gewöhnlichen Haushaltschemikalien umgesetzt werden.[271]

Nun zur Auflösung der ersten Frage am Anfang dieses Kapitels. Zwischen 2009 bis 2019 **reduzierte** sich der Preis für Solarenergie um 89 Prozent.[272] Und er wird weiter sinken. Was hast du getippt? Nie zuvor ist der Preis einer Energie-Quelle so stark gefallen. Solarstrom wird die billigste Energie,[273] er ist ungefährlicher als Atomstrom und sauberer als Kohle. Wir können die teuren Stromquellen wie Atomkraft und Kohle bald vollends **streichen**.

Die Lösung der zweiten Frage: 82 Prozent der Stromquellen, die 2020 weltweit neu ans Stromnetz angeschlossen wurden, sind erneuerbare Energien.[274] 82 Prozent! Hast du das mitbekommen? Wir sind mitten im Wandel!

204 In Belgien wurden die letzten Kohlekraftwerke 2016 abgeschaltet, in Österreich und Schweden 2020, in Portugal 2021.[275]

205 „Solarenergie wird der König der Elektrizität",[276] prognostiziert die International Energy Agency im World Energy Outlook 2020. Ich **ersetze** die Worte mit: Solarenergie wird die Königin der Stromerzeugung.

Willst du noch mehr auf den Geschmack kommen und dich **verzaubern** lassen von der Königin?

> 1954 wurde die erste Silizium-Solarzelle gebaut, sie hatte einen Wirkungsgrad von nur sechs Prozent.[277] Dank neuer Technologien und Materialien liegt der Weltrekord heute bei einem Wirkungsgrad von 25,54 Prozent. Das australische

Start-up erhielt vom Institut für Solarenergieforschung Hameln diese Zertifizierung.[278]

Primergy Solar baut für 1,2 Milliarden US-Dollar einen der größten Solar-Batterie-Parks der USA.[279]

Der größte schwimmende Solarpark der Welt wird in Indonesien gebaut. Die Photovoltaikanlage auf dem Duriangkang-Stausee wird eine Leistung von 2,2 Gigawatt haben und sich über eine Fläche von 1.600 Hektar erstrecken.[280]

Ein Solarpark liefert künftig Strom für 1,04 US-Cent pro Kilowattstunde. Das ist Weltrekord.[281]

Das 2022 noch im Bau befindliche 400-Megawatt-Windenergieprojekt Doumat Al Janda in Saudi-Arabien wird 600.000 Menschen mit günstigem und sauberem Strom versorgen.[282]

In Europa hat die Stromerzeugung aus erneuerbaren Energien im ersten Quartal 2020 mit 40 Prozent den ersten Platz errungen vor allen anderen Stromquellen.[283]

Die Technologieentwicklungen in der Photovoltaik haben dazu geführt, dass sie in Deutschland die im Mittel kostengünstigste Technologie zur Energiegewinnung ist.[284]

3D-gedruckte Solarzellen laden Kopfhörer und andere kleine technische Geräte.[285]

Die Entwicklung hat längst Fahrt aufgenommen, und wir stehen mit unserer Arbeit noch ganz am Anfang. Solarenergie bekommt das volle Programm: weltweite Forschung und Entwicklung führt zu schnellen Technologie-

Sprüngen und neuen Materialien. Solarenergie wird weitere Preissenkungen erleben, und die Aufmerksamkeit auf allen Bällen, Galas und roten Teppichen ist ihr sicher, denn sie wird die Königin der Energiegewinnung!

Wie sieht es mit dem hohen Platzverbrauch der Solarpanels aus? Da Solarenergie weltweit massiv ausgebaut wird, werden Orte gesucht, an denen sie platzsparend eingesetzt werden können.

206 Etwa 200.000 Quadratkilometer beträgt die Fläche der Dächer aller Gebäude auf der Erde. Ein internationales Forscherteam zum Thema Photovoltaik berichtet, dass allein mit Aufdach-PV-Anlagen der gesamte globale Strombedarf gedeckt werden könnte.[286]

207 Konstanz war 2019 die erste Stadt in Deutschland, die den kommunalen Klimanotstand ausgerufen hat. Seitdem ist dort die Installation von PV-Anlagen auf Neubauten Pflicht. Andere Städte zogen nach. In NRW war Bonn 2021 die erste Stadt, die eine Solarpflicht für Neubauten vorschrieb.[287]

208 Balkonbrüstungen mit integriertem Solarglas machen Solarpaneele zum Bestandteil des Gebäudes.[288]

209 In Europa bieten die Firmen autarq aus Prenzlau[289] und Roofit Solar aus Tallinn[290] Solardachziegel an. Auch mit Teslas Solar Roof können sich Dachziegel mit dem von ihnen produzierten Strom amortisieren.[291]

210 In Wien entsteht ein Pflanzenparadies auf einem Dach. Ein Glasdach spendet dem Park Schatten und produziert Energie.[292]

Die Nutzung von Dächern und Balkonen kann **gesteigert** werden. Welche Möglichkeiten zur Installation von PV-Paneelen gibt es noch?

211 Das Flächenpotenzial für Photovoltaik an Fassaden ist doppelt so groß wie das auf Dächern.[293]

212 Warum nicht große Parkplätze mit Solarpaneelen überdachen? Die Autos wären vor Wetter geschützt und würden im Sommer nicht so heiß werden.

213 Eine weitere doppelte Nutzung von Flächen ermöglichen Agri-Photovoltaik-Systeme. Auf Ackerflächen können zugleich Strom und Nahrungsmittel produziert werden.[294]

214 Mit Beteiligungsrechten der Kommunen wollen das Bundesministerium für Wirtschaft und Klimaschutz und das Bundesministerium für Ernährung und Landwirtschaft den Ausbau und die Akzeptanz der Freiflächen-Photovoltaik voranbringen.[295]

Der **erhöhte Nutzen** kann weiter **gesteigert** werden, wenn mehrere Bedürfnisse – Wasser und Energie – **kombiniert** werden.

215 Über Wasserstraßen gebaute Solarmodule sparen Platz und vermindern die Verdunstung von Wasser. Das unter Wasserknappheit leidende Kalifornien könnte 6.400 Kanal-Kilometer mit Solarpaneelen überdachen. Neben der Steigerung der Energieerzeugung würden so 238 Milliarden Liter Wasser gespart.[296] In Gujarat in Indien sind bereits seit 2014 mehrere Kanäle mit Schatten spendenden Solarmodulen überdacht.[297] Die Leistung von Solarmodulen wird durch den kühlenden Effekt des Wassers **gesteigert**.[298] Und in trockenen Küstenregionen könnten Solaranlagen sogar Regen bringen.[299]

216 In der Schweiz plant das Unternehmen Energypier, einen 1,6 km langen Autobahn-Abschnitt mit 40.000 Solarpanels zu überdachen und mit Windturbinen zu versehen. Mit dieser Anlage würden ungefähr 50 Gigawattstunden Strom pro Jahr produziert und 12.500 Haushalte versorgt.[300]

217 Auch in Deutschland gibt es ein Pilotprojekt mit einem Solardach über einer Autobahn.[301] Rein rechnerisch könnten die 13.000 Kilometer deutscher Autobahnen bei Überdachung mit Solarpaneelen rund ein Viertel des gesamten Stromverbrauchs aller deutschen Privathaushalte decken mit 28,8 Terawattstunden.[302]

218 Solaranlagen könnten grundsätzlich auch neben Straßen installiert werden. Diese Lösung nimmt Baden-Württemberg 2022 in den Fokus.[303]

219 Das Solar-Start-up Enpal wird zum ersten Einhorn der Erneuerbaren-Branche. Denn einige renommierte Investoren glauben langfristig an das Geschäftsmodell, das auf der Vermietung von Solarpanelen beruht.[304]

! SOLARENERGIE **REDUZIERT** ENERGIEKOSTEN, UND AN DER ENERGIEWENDE MITZUARBEITEN, WIRD **VEREINFACHT**.

So stark wie der Preis der Solarenergie gesunken ist, wurde auch der Preis von Auto-Batterien **reduziert**. Dies ist wichtig für die e-Mobilität.

220 Eine Tesla-Batterie kostet heute etwa 13.600 US-Dollar. 1991 hätte diese Batterie noch 564.000 US-Dollar gekostet. Der Preis von Lithium-Ionen-Batterien ist seit 1991 um 97 Prozent gesunken.[305]

Der nächste logische Schritt beginnt mit der Frage: Sind Autobatterien nur zum Fahren da? Können nicht alle elektrischen Geräte untereinander verbunden werden und wechselseitig Strom nehmen und geben? Alle Elektro-Autos könnten ein Teil des Stromnetzes werden.

221 Mittelfristig wollen Tesla und Octopus Energy Powerwalls zu sogenannten virtuellen Kraftwerken zusammenschließen. Wird der Strom knapp, darf Tesla einen Teil des Stroms aus den Powerwalls ins öffentliche Netz einspeisen. Die Kunden werden an den Einnahmen beteiligt.[306]

222 In Japan versorgen die Elektroautos von Mitsubishi bereits erfolgreich die Haushalte mit Strom für Waschmaschinen, Trockner und Kühlschränke.[307]

Die Batterie-Technologien entwickeln sich rasant weiter. Hersteller wollen Kobalt aus ihren Batterien komplett **streichen**. Kobaltfreie Batterien sind ein Schlüsselelement für die Arbeit in der Elektromobilität. Bereits die Hälfte aller Tesla-Batterien wird ohne Kobalt und Nickel hergestellt.[308] Nicht nur Vanillin **ersetzt** Schwermetalle und seltene Erden. Die nächste Generation von Energiespeichern steht in den Startlöchern. Forschungsinstitute melden permanent neue Materialien zum Patent an, die für mehr Reichweite, Sicherheit, schnelles Laden und Leistungsfähigkeit sorgen werden.[309]

223 An der Universität Bremen wird an wässrigen Zink-Ionen-Batterien gearbeitet, bei denen jegliche Explosions- und Brandgefahr ausgeschlossen ist.[310]

224 Eine Schwefel-Kristall-Batterie könnte im Hinblick auf Nachhaltigkeit, Preis und Nutzbarkeit in mobilen Anwendungen eine Revolution auslösen. Ab 2025 soll sie in Großserie hergestellt werden.[311]

225 Der chinesische Batterie-Spezialist CATL hat für 2023 eine neue Zellchemie angekündigt. Sie kommt nicht nur ohne Kobalt und Nickel, sondern auch ohne Lithium aus. Die Daten geben Anlass zu Hoffnung: 80 Prozent Akkuladung in 15 Minuten. 90 Prozent Kapazität bei minus 20 Grad Celsius.[312] CATL baut auch in Deutschland eine Fabrik im Erfurter Kreuz in Thüringen. 2022 soll die Produktion der neuen Batteriezellen beginnen.[313]

226 Der Ingenieur Rachid Yazami will mit einer neuen Schnellladetechnologie ein Fahrzeug in nur zehn Minuten laden. „Wie schnell eine Batterie lädt, bemisst sich nach ihrer Belastbarkeit beim Ladevorgang. Man muss die Batterie glücklich machen", sagt er.[314]

227 Ein Cleantech-Start-up will das Aufladen von E-Autos durch den Einsatz von Schwungradspeichern auf Ultraschnell-Geschwindigkeit bringen.[315] Die Vision ist es, dass das Aufladen eines E-Autos genauso lange dauert wie das Auftanken mit Benzin.[316]

Welche dieser Entwicklungen verzaubern dich?
Welche Art der Energiegewinnung, Flächennutzung und Speichertechnologie würdest du **steigern**?
Wo wirst du Solarpaneele installieren?

Weniger als ein Prozent aller weltweit hergestellten Batterien stammen aus Europa, mehr als 90 Prozent kommen aus Asien.[317] Chinas Tempo beim Ausbau der Kapazitäten, um Europa mit Wafern, Batterien und Solarzellen zu beliefern, ist atemberaubend. Europa ist Chinas größter Exportmarkt.[318] Doch immer mehr Fabriken zur Batterieproduktion werden in der EU eröffnet. Viel Arbeit liegt vor uns, um in der Energiegewinnung selbständig zu werden. Auch deshalb werden erneuerbare Energien mittel- und langfristig Jobmotoren bleiben.

Die Menge an ausgedienten Solarmodulen wird dabei immer größer. Wachsendes Potenzial steckt im Recycling benutzter Batterien.

228 Forscherinnen und Forscher vom Fraunhofer-Institut haben ein Verfahren entwickelt, um das Halbleitermaterial Silizium zu recyceln.[319]

229 2021 wurde die erste industrielle Großanlage für Batteriebau eröffnet, die 96 Prozent der Inhaltsstoffe recycelt. Wo wurde sie gebaut? China? Indien? Malaysia? Nein, sie steht in Hilchenbach, im Siegerland.[320]

230 In Schweden schafft es die Firma Northvolt, eine Lithium-Ionen-Batteriezelle sogar zu 100 Prozent aus recycelten Metallen zu bauen.[321]

231 In Mali und im Tschad bauen Aida und Torsten Schreiber mit 110 Mitarbeiterinnen und Mitarbeitern eine dezentrale Energieversorgung auf.³²² Ihr neustes Projekt ist der Einsatz von 2nd-Life-Speichern. Gebrauchte Batterien aus Elektroautos kommen in afrikanischen Dörfern zum Einsatz, die keinen Zugang zum Stromnetz haben.³²³

Holz und Kohle zu verbrennen, hat den Höhepunkt überschritten. Windenergie und die neugekrönte Königin Solar setzen völlig neue Maßstäbe. Solarenergie **reduziert** die Energiekosten, neue Batterietechnologien **erhöhen** die Verfügbarkeit der Sonnenenergie. Beide **reduzieren** die Umweltschäden. Energiegewinnung wird immer dezentraler. Jedes Haus und jedes Fahrzeug kann zum Energiespeicher werden. Die Entwicklungen auf dem Gebiet der Batterie-Technologie sind rasant. Es werden immer neue Rekorde aufgestellt für die Mobilität und Teilhabe der Zukunft. Der Status quo wird verlassen, Märkte werden **umgedreht**.

232 Mittelgroße Betriebe sind nicht im Fokus der großen Batterieproduzenten. Im Vergleich zu den Milliardenaufträgen der Autohersteller sind Aufträge aus dem Mittelstand für nur 100.000 Zellen zu klein. Die Lücke schließt Customcells in Itzehoe. Mit flexiblen Fertigungskonzepten werden Lithium-Ionen-Batteriezellen für den Mittelstand produziert.³²⁴

Jede Lücke wird geschlossen. Menschen, Häuser, Fabriken, Städte und Kommunen werden zu ihren eigenen Stromherstellern. Dieser Trend ist schon konkret sichtbar. Energie wird lokal erzeugt und nachbarschaftlich geteilt. Dabei werden möglichst viele Bürgerinnen und Bürger beteiligt, sie können auch finanziell profitieren.

ÖKOLOGISCHE ARBEIT IST KOLLABORATIV UND EIN GEMEINSAMER LERNPROZESS.

ENERGIE-AUTONOMIE STATT ABHÄNGIGKEIT

Ein weiterer Mega-Trend: Alle Geräte, die Strom erzeugen und verbrauchen, werden untereinander vernetzt. Alles, was mit Strom betrieben wird, von der Waschmaschine bis zur VR-Brille, wird sich selbst laden und Energie teilen. Schon heute kann das aufgeladene E-Auto in der Garage die Spülmaschine in der Küche mit Strom versorgen. Die Nutzung von Solarenergie wird so stark **vereinfacht** sein, dass jeder Mensch Solarmodule im Supermarkt kaufen kann.

(233) Mit Stecker-Solargeräten kann jeder Laie auf seinem Balkon sofort Sonnenstrom erzeugen. Die Verbraucherzentrale gibt Tipps für „Solarstrom vom Balkon".[325]

Die Energiewirtschaft wird umgebaut, sie geht weg von wenigen großen Energieversorgern hin zu vielen kleinen Einheiten und Anbietern. Die Steuerung der Stromnetze wird flexibler werden, die Gesetze zur Einspeisung einfacher. Digitale Technologien ermöglichen den Systemwechsel, dazu gehören Blockchain-Projekte und CO_2-Datenplattformen für Kommunen.

(234) Die süddeutsche Gemeinde Wildpoldsried produziert regenerativ und nachhaltig 800 Prozent mehr Energie, als sie selbst verbraucht. „Wir haben verstanden, dass wir einander brauchen", sagt Renate Deniffel. 2.600 Einwohner haben im Schnitt 14.000 Euro in Windkraft, Sonnenenergie und Biogas investiert. Insgesamt kamen 37 Millionen Euro privat zusammen, um Firmen zu gründen, die an den Energieprojekten beteiligt sind. Alle Investorinnen und Investoren können sich über Gewinnbeteiligungen freuen. Und weil die Gemeinde durch die Gewerbesteuer profitiert, kann sie andere Bauvorhaben finanzieren, zum Beispiel ein neues Dorfgemeinschaftshaus. Zweimal bekam das Allgäuer Dorf den European Energy Award in Gold – mit der höchsten Punktzahl unter 1.500 europäischen Kommunen.[326]

Eine dezentrale Versorgung ist nicht neu. Früher wurden Wasser- und Windmühlen genutzt. Mit dem Aufkommen der zentralen Großkraftwerke mit mehreren Netzebenen, die von der Höchstspannung bis zu den Verteilnetzen reichen, konnten die dezentralen Anlagen nicht erfolgreich konkurrieren. Sie wurden zwischen 1920 und 1970 außer Betrieb genommen.[327] Mit neuen Technologien bekommen Städte, Dörfer und Kommunen ihre Energie-Autonomie zurück.

235 Der Dokumentarfilm *We the Power* zeigt die Kraft der Bürgerenergie. Der 40-minütige Film stellt Leuchtturmprojekte und Aktivistinnen und Aktivisten in ganz Europa vor.

> **DIE ZUKUNFT DER ENERGIEWIRTSCHAFT IST DEZENTRAL. JEDES GERÄT KANN DURCH EINGEBAUTE ENERGIEERZEUGER UND SPEICHER ENERGIEAUTARK WERDEN. AUS ZENTRALEN MONOPOLEN WERDEN LOKALE STRUKTUREN MIT MILLIONEN ERZEUGERN ERNEUERBARER ENERGIEN.**

✓ Welche Argumente sprechen gegen die Nutzung von Wind- und Solarenergie? Siehst du Haken bei der Nutzung dieser Energiequellen? Sammle Vor- und Nachteile.
Vergleiche deine Liste mit der öffentlichen Debatte. Welche Lobbys und Interessensgruppen sind besonders laut?
Was kann den Ausbau der Erneuerbaren Energien stoppen? Welche Argumente können ihn voranbringen?

WO KOMMT UNSER ESSEN HER?

Auch unsere Nahrung ist Energie. Welche Energie nehmen wir zu uns? Mir gefällt das Wort Lebensmittel, denn Essen ist ein Mittel zum Leben. Allerdings verdient nicht alles, das wir essen, diesen Namen. Die Frage lautet:

Welche Nahrung ist ein echtes Lebensmittel, welches nicht? Welches Essen kann **gestrichen** werden, um Platz zu schaffen für **erhöhten Nutzen**?

Die heutige Fülle an Essen bietet uns eine unüberschaubare Vielfalt an Zutaten und leckerem Geschmack. Auch dies trägt dazu bei, dass unsere Lebenserwartung immer weiter steigt. Das können wir als gute Leistung vieler fleißiger Landwirtinnen und Landwirte anerkennen.

(236) Wir können uns den Hunger und das Elend früherer Generationen nicht mehr vorstellen. Millionen Menschen flohen aus Deutschland vor Hunger und Armut in andere Länder. In den USA machen Deutsche mit sieben Millionen Migranten und Migrantinnen die größte Gruppe europäischer Einwanderer aus.[328]

(237) Im Podcast mit Tilo Jung sagt Robert Habeck 2021 sinngemäß, dass die Erfolge der letzten Jahrzehnte in der Landwirtschaft politisch gewollt waren. Alle Menschen in Deutschland sollten satt werden, Essen sollte günstig und bezahlbar bleiben. Das wurde erreicht! Die ungewollten, negativen Nebenwirkungen gelte es nun zu lösen.[329]

Auch in der Landwirtschaft gilt: gute Entwicklung, schlechte Entwicklung. Das politische Ziel einer möglichst günstigen Ernährung wurde in Deutschland erreicht. Doch es gibt viele schlechte Nebenwirkungen. Um nur einige zu nennen:

> unfassbare Zustände in der Massentierhaltung
> und in den Schlachthöfen,
>
> überdüngte Äcker, die eine zu hohe Nitratbelastung
> des Grundwassers verursachen,
>
> Pestizide und Herbizide, die die Umwelt vergiften und zu
> einer drastischen Abnahme der Biodiversität führen,

Verlust von wertvollem Humus, dem wichtigsten Teil des Ackerbodens,[330]

Bodenerosion bis zum Verlust der landwirtschaftlichen Nutzbarkeit,[331]

massenhafte Verschwendung von Lebensmitteln.

Wandel führt zu Wandel, denn kein Spiel ist vollkommen. Vieles ist gut in der Landwirtschaft. Das behalten wir. Die schlechten Nebenwirkungen verändern wir. Nicht jeder von uns ist ein Landwirt. Doch jeder kann mit seinem Konsumverhalten den Wandel in der Landwirtschaft unterstützen. Und gleichzeitig seiner Gesundheit etwas Gutes tun.

Welches Thema aus dem Bereich Landwirtschaft und Lebensmittelproduktion bewegt dich? Was findest du gut, was stört dich? Formuliere konstruktive Kritik, indem du Alternativen und Verbesserungen benennst.

238 Es gibt immer mehr große landwirtschaftliche Betriebe. Die Zahl aller Betriebe ist seit 1975 von 904.700 auf 265.900 im Jahr 2021 gesunken,[332] während die Flächen in landwirtschaftlicher Nutzung gleich groß geblieben sind.[333] Dafür ist die Größe der Betriebe gestiegen. Die durchschnittliche Flächenausstattung pro Betrieb wurde um 10 Hektar größer.[334] 2021 waren in der deutschen Landwirtschaft, Forstwirtschaft und Fischerei rund 560.000 Erwerbstätige beschäftigt[335] – sie arbeiten für unsere Ernährung.

239 Ende 2019 gab es in Deutschland 34.110 ökologisch wirtschaftende Betriebe. Dies entspricht 12,9 Prozent der Betriebe.[336] Von der Trockenheit im Sommer jenes Jahres waren Öko-Betriebe weniger betroffen als die konventionelle Landwirtschaft. Ökologische Betriebe konnten sogar etwas höhere Ernten als 2018 einfahren. Das durchschnittliche Einkommen der Öko-Betriebe übertraf damit das Einkommen der konventionellen Kolleginnen und Kollegen um 33 Prozent. Ökologische Betriebe sind resilienter.³³⁷

Auch soziale Veränderungen braucht die Lebensmittelproduktion. Neue Genossenschaften teilen das Risiko, das landwirtschaftliche Betriebe bisher alleine tragen, indem die Mitglieder einbezogen werden. Alle Mitglieder der sogenannten Solawis wissen, wo ihr Essen herkommt.

 396 Solidarische Landwirtschaften – Solawis – gibt es in Deutschland im April 2022.³³⁸ Alle Mitglieder zahlen einen festen monatlichen Betrag, und geliefert wird das, was gerade wächst und gereift ist. Die Mengen variieren je nach Jahreszeit und Witterung. Manchmal wird sehr viel Gemüse geliefert, mal weniger. Von der Ernte nimmt sich jedes Mitglied gleich viel. Alle Pflanzen wachsen regional, lange umweltschädigende Transportwege sind **gestrichen**. Da das Gemüse keinen Stückpreis hat, haben die Landwirtinnen und Landwirte eine **gesteigerte** Planungssicherheit. Die Mitglieder zahlen feste Beiträge. Das Risiko einer schlechten Ernte trägt solidarisch die ganze Gemeinschaft. „Die Lebensmittel verlieren ihren Preis und erhalten so ihren Wert zurück",³³⁹ sagt Wolfgang Stränz vom Buschberghof.

 Das Münchner Kartoffelkombinat beliefert 1.800 Haushalte mit frischem Gemüse und Obst. Der monatliche Beitrag: 75 Euro.³⁴⁰

Geh zu einem Wochenmarkt in deiner Nähe. Kaufe regional angebautes Gemüse, das zur Jahreszeit passt. Suche eine Solawi in deiner Nähe und vertiefe dich in die Art der Gemeinschaft. Ist das Angebot für dich interessant? Wo wird das Gemüse verteilt? Ist es für dich gut erreichbar? Wünscht diese Solawi eine Mitarbeit? Ist das für dich leistbar? Wenn alles passt, werde Mitglied.

Kleine Betriebe sind nicht immer gut. Und große Betriebe sind nicht immer schlecht. Ökologisch wirtschaftende Betriebe sind nicht immer gut. Und konventionell arbeitende Betriebe nicht immer schlecht. Wir müssen genau hinschauen und entscheiden: Was wollen wir? Was wollen wir nicht? Wie können wir Landwirtinnen und Landwirte, die gesundes Essen – auf welche Art auch immer – erzeugen, unterstützen? Denn dies ist es ja, was wir wollen: neben einer gesunden Umwelt auch gesundes Essen. Dazu werden auch neue Wege **entdeckt**.

(242) Die Regenerative Landwirtschaft **kombiniert** Landwirtschaft und Forstwirtschaft zu Agroforst-Systemen, um der Klimakrise durch Bodenaufbau entgegenzuwirken. Baumreihen auf Äckern helfen gegen Erosion und Dürre, denn die langen Baumwurzeln holen Wasser aus tieferen Bodenschichten und geben es an die Atmosphäre ab.[341]

Viele Lebensmittel-Angebote sind umwelt- und damit auch menschenfeindlich. Gutes Essen, schlechtes Essen. Aber auch unsere Ess-Gewohnheiten spielen eine große Rolle. Die Folgen von schlechtem Essen sind unter anderem Diabetes und Herz-Kreislauf-Krankheiten. Deutschland hat mehr als genug Essen. Aber wie schlecht die Qualität ist, hat mich überrascht.

(243) Von 47 Maßnahmen, die der *Food Environment Policy Index* für gesunde Ernährung auflistet, wurde in Deutschland keine einzige umgesetzt.[342] Deutschland wird eine mangelhafte Ernährungspolitik bescheinigt.[343] Empfohlen wird zum Beispiel kostenloses, gesundes Essen in Kindergärten und Schulen und eine Steuer auf zuckerhaltige Softdrinks.

Zucker ist nicht nur in den meisten Getränken, sondern in fast allen Fertiggerichten enthalten. Im Fruchtjoghurt, Müsli, Senf, Ketchup, in Smoothies, Brot und sogar in Babynahrung. „Bei einer Untersuchung von 8.000 Babyprodukten sei festgestellt worden, dass in ungefähr der Hälfte der Produkte mehr als 30 Prozent der enthaltenen Kalorien aus Zucker bestanden."[344] Ist Zucker wertvoll für unsere Zellen und Organe? Oder macht er süchtig und krank?

244 Die Sandwiches der Fast-Food-Kette Subway enthalten fünfmal mehr Zucker als das irische Gesetz erlaubt. 2020 entschied Irlands Oberster Gerichtshof, dass Subway-Sandwiches aufgrund ihres hohen Zuckeranteils steuerrechtlich keine Grundnahrungsmittel sind.[345]

245 Laut Diabetes-Atlas der *International Diabetes Federation* haben 15,3 Prozent der Erwachsenen in Deutschland Diabetes – ein Anstieg um 25 Prozent gegenüber 2017. Diese Zahl bedeutet: Etwa 9,5 Millionen Erwachsene sind an Diabetes erkrankt.[346]

246 Der französische Dokumentarfilm „Dick, dicker, fettes Geld" von 2020 berichtet über irreführende Werbung, die auf Kinder abzielt. Über zuckerhaltige Getränke, die so süchtig machen können wie harte Drogen. Über Regierungen, die den Junkfood-Konzernen gegenüber beide Augen zudrücken. Und über Lobbyarbeit an der Grenze zur Illegalität.[347]

Das Handwerk der Vertretung eigener Interessen wird nicht nur von Kohle- und Atom-Lobbys beherrscht. Für die Zuckerindustrie setzen sich in Berlin und Brüssel hunderte Lobbyisten ein.

247 Günter Tissen ist der oberste deutsche Zuckerlobbyist. Er ist Hauptgeschäftsführer des Vereins der Zuckerindustrie und der Wirtschaftlichen Vereinigung Zucker und weiß, wie Spielregeln gemacht und Gesetze effektiv verhindert werden. Denn über 14 Jahre lang hatte Tissen im Bundesernährungsministerium gearbeitet. Bevor er Cheflobbyist wurde, war er Regierungsdirektor.[348]

248 Auf Südzucker könnten Schadenersatzzahlungen in beachtlicher Millionenhöhe zukommen. 2014 hatte das Bundeskartellamt ein Zuckerkartell aufgedeckt, in das auch die Wettbewerber Nordzucker und Pfeifer & Langen verstrickt waren.[349]

Manche Unternehmen tun skrupellos alles, was Umsatz bringt und nicht verboten ist. Deshalb sind gute Gesetze und neue Spielregeln so wichtig, denn sie können Menschen schützen.

249 Chile hat 2016 ein strenges Gesetz zur Lebensmittelkennzeichnung und Lebensmittelwerbung erlassen. Es schränkt auch Werbung ein, die sich an Kinder richtet. Aufgrund der vorgeschriebenen großen Warnhinweise auf den Flaschen mit zuckerreichen Getränken brach deren Umsatz um fast 25 Prozent ein.[350]

Wie essen und trinken wir, wenn Gesundheit Priorität Nummer eins ist? „Hast du schon aufgegessen?", fragte ich eine Freundin. „Nein, aufgenossen!", antwortete sie. Aufgenossen ist genial **kombiniert**. Essen mit Genuss steigert das sinnliche Erleben der Lebensmittel. Genuss kann im hektischen Alltag schwerfallen – ein weiteres Argument für kürzere Arbeitszeiten.

Was hast du heute gegessen? Hast du es genossen? Oder hast du es hinuntergeschlungen? **Steigere** den Genuss. Zu welchen Zeiten und Gelegenheiten kannst du genießen? **Steigere** diese Zeiten. Wie wirst du den Anteil an Zucker **reduzieren**? Was kochst du zukünftig selbst ohne industrielle Zusatzstoffe?

Welche Nährstoffe bieten wir unserem Körper an zur Erneuerung unserer Hautzellen, unserer Organe und unseres Bluts? Können wir ihn besser unterstützen in seiner alltäglichen Arbeit? Was tut ihm gut? Lassen wir unsere Zellen genießen? Wird der **Nutzen erhöht** für unseren Körper, dann **steigern** wir auch unsere Gesundheit.

250 Jeder Körper reagiert anders auf Nahrung. Jede Darmflora und jeder Stoffwechsel sind einzigartig. Mikrobiom-Analysen können in Zukunft dazu dienen, die perfekte Ernährung individuell zusammenzustellen.[351] Auch Körperbau, Stoffwechsel, Chronotyp, Schlafrhythmus, Arbeitsbelastung, Tätigkeiten und Freizeitaktivitäten können berücksichtigt werden. Um all diese Faktoren aufeinander abzustimmen und individualisierte Ernährungspläne anzubieten, nutzen Ernährungsspezialisten die Unterstützung durch Künstliche Intelligenz.[352]

Gesundes, wertvolles Essen zu genießen, stärkt neben unseren Körpern auch die Umwelt.

251 Das Klimaschutz-Potenzial von Kantinen und Restaurants ist enorm. Bisher wurde es wenig beachtet.[353] Auch VW setzt auf mehr vegane Gerichte in den Kantinen.[354]

Die Qualität der Ernährung **steigert** Lebensqualität also dreifach:

> Sofort beim Genießen,
> durch die Unterstützung unserer Gesundheit,
> durch die Unterstützung der Gesundheit der Erde.

Ist das eine lohnende Arbeit für dich?

CLEAN MEAT UND FLIEGENDE EIWEISSBOMBEN

Im jetzigen Ausmaß erfordert unser Fleischverzehr Weideflächen und Ackerflächen für Viehfutter in einem Ausmaß, das die Belastungsgrenze der Erde überschreitet. Gleichzeitig wäre genug Essen für alle Menschen vorhanden, wenn die Lebensmittel direkt für Menschen angebaut würden und nicht für Tiere.

252 Laut einer Studie des UN-Umweltprogramms beansprucht die Tierhaltung 78 Prozent der landwirtschaftlichen Nutzfläche weltweit. Natürliche Lebensräume werden zerstört.[355]

Vielleicht schauen uns unsere Enkel in dreißig Jahren völlig fassungslos an, wenn sie Bilder von Massentierhaltung sehen. Sie könnten uns fragen, wie wir das Leid der armen Tiere ertragen haben. Vielleicht gibt es dann kein Fleisch mehr von geschlachteten Tieren zu kaufen. Möglich wäre es, immer mehr Menschen arbeiten an Alternativen. Insekten sind eine proteinreiche Nahrung. Als Eiweißbomben werden sie einen Teil der zukünftigen Ernährung prägen.

253 Kai Hempel züchtet südlich von Leipzig Fliegenlarven als Nahrung für Aquakulturen. Die Larven werden mit landwirtschaftlichen Abfällen gefüttert und sind Nahrung für Fische und Krebse, die von Menschen verspeist werden.[356]

254 In der Schweiz baut die Bühler Group eine Fabrik zur Fliegenzucht. Verwendet wird die Schwarze Soldatenfliege, die mit Grünabfall gefüttert wird.[357]

255 Mehlwürmer liefern Menschen beim Verzehr leckere Proteine, Vitamine und Mineralien. Das Schweizer Start-up BOXFarm baut Überseecontainer zu Farmen um, in denen Mehlwürmer als Fleischersatz gezüchtet werden – umweltfreundlich und ressourcenschonend. Solaranlagen, die auf dem Containerdach installiert sind, liefern die Energie.[358]

Würdest du Insekten essen? Bist du bereits ein Fan davon? Oder bevorzugst du andere Alternativen zum Fleisch geschlachteter Tiere? Was wäre, wenn für Burger oder Steaks keine Tiere mehr sterben müssten? Für Forscher ist das keine Utopie. Sie züchten Fleisch im Labor.

256 Fleisch ohne Tierleid kann industriell im 3D-Drucker gedruckt werden.[359] Das israelische Unternehmens MeaTech 3D nimmt Stammzellen einer Kuh und arbeitet sie in Bio-Tinten ein. Die ausgedruckten Schichten reifen in einem Inkubator. Dort differenzieren sich Fett- und Muskelzellen aus. Das erste im Labor gezüchtete Steak wog 110 Gramm.[360]

! **FLEISCH AUS DEM 3D-DRUCKER SCHMECKT WIE FLEISCH – OHNE TIERLEID. 95 PROZENT DER UMWELTBELASTUNG WERDEN GESTRICHEN.**[361] **DAS BISS-GEFÜHL WIRD WEITER GESTEIGERT.**

257 Firmen wie Beyond Meat, Redefine Meat und Impossible Foods setzen auf Alternativ-Fleisch auf pflanzlicher Basis. McDonald's bietet in Kooperation mit Beyond Meat Pflanzen-Burger an.[362] In Berliner Restaurants gibt es pflanzenbasierte Steaks und Würste von Redefine Meat im Angebot.[363]

258 Mit Likemeat produzierte Timo Recker seit 2013 vegane Hähnchen und Gyros aus Soja und Weizen. Jetzt baut er in Singapur die nächste Marke Tindle auf. Seiner Familie gehört ein konventioneller Fleischbetrieb. Doch Recker ist sich sicher: „Unsere Kinder werden in Zukunft ohnehin nicht viel Fleisch essen."[364]

259 Das Schweizer Start-up Planted Foods produziert veganes *Pulled Pork* aus Erbsen und Hafer. 2021 sammelte die Firma 19 Millionen Schweizer Franken ein, um international expandieren zu können.[365]

260 Das Wiener Start-up Revo Foods entwickelt Räucherlachs auf Pflanzenbasis aus dem 3D-Drucker.[366]

✓ Welchen dieser neuen Fleischgenüsse wirst du diese Woche probieren? Auf welchen Genuss freust du dich? Was wirst du deinen Kindern und Enkeln antworten, wenn sie fragen, warum wir Massentierhaltung und Massentierleid zugelassen haben?

Häufig wird von Gegnern und Skeptikern argumentiert, gedrucktes Fleisch und pflanzliche Fleisch-Ersatzstoffe seien zu teuer. Ich habe bereits berichtet, wie die Kosten der Solarenergie in nur zehn Jahren um 89 Prozent gesunken sind. Eine ähnliche Entwicklung ist auch für Fleischalternativen zu erwarten. Dann wären sowohl veganes Fleisch als auch gedruckte Fleischzellen günstiger als das heutige Fleisch aus Massentierhaltung.

> **❗ DIE FRAGE IST NICHT, OB SICH FLEISCHALTERNATIVEN AUF DEM MARKT DURCHSETZEN WERDEN. DIE FRAGE IST, OB GEDRUCKTE FLEISCHZELLEN ODER VEGANE HÄHNCHEN UND PULLED PORK AUF SOJABASIS DAS RENNEN MACHEN WERDEN.**

Vegane Ernährung schützt nicht nur Tiere, sie ist auch ökologisch sinnvoll und wird deshalb immer beliebter.

261 2020 war in Deutschland das Jahr mit dem niedrigsten Pro-Kopf-Verzehr von Fleisch seit Beginn der Erhebung der Daten im Jahr 1989.[367] Eine Mehrheit der jüngeren Generation lehnt die Fleischindustrie in ihrer derzeitigen Form ab.[368]

262 Wer vegan lebt, spart zwei Tonnen CO_2 pro Jahr, der CO_2-Fußabdruck sinkt um 73 Prozent, rechnet Govolunteer vor.[369]

263 Im Libanon wurde das erste vegane Krankenhaus der Welt eröffnet.[370] Und in Lenzen an der Elbe lädt das größte vegane Hotel in Deutschland ein.[371] Der Burggarten umfasst fünf Hektar, und die denkmalgeschützte Burg liegt an einem UNESCO-Biosphärenreservat.

Fleischersatz, Kantinen, Krankenhäuser und Hotels – alles geht vegan. Zudem arbeiten immer mehr etablierte Firmen und Start-ups an Alternativen zur Kuhmilch. Milchalternativen erobern den Markt, weil sie schmecken, ohne Milchkühe zu quälen, und weil die Umwelt geschont wird.

264 Blue Farm aus Berlin bietet Hafermilch-Pulver zum Selbstmischen mit Wasser. Der glutenfreie Milchersatz wird zudem mit **reduziertem**

Verpackungsmaterial **kombiniert**. Jede Packung Blue Farm **reduziert** den Müll um bis zu acht Milchkartons.³⁷²

265 Die Firma vly aus Berlin **ersetzt** Milch mit Erbsen, und The Hempany aus Stuttgart bietet leckere Milck aus Hanfsamen.³⁷³ Achtung: Deren eigener Wort-Mix Milck wurde in erster Instanz gerichtlich verboten. Die Wettbewerbszentrale hatte dagegen geklagt.³⁷⁴ Klagen sind ein etabliertes Mittel etablierter Branchen, um sich Wettbewerber vom Leib zu halten. Es bleibt spannend, denn The Hempany geht in Berufung.³⁷⁵

266 Wer weiterhin Milch trinken will, kann sich glückliche Kühe suchen. In klassischen Milchbetrieben werden die Kälber sofort von ihren Müttern getrennt. Die Kälber trinken Kunstmilch aus Nuckeleimern, und Menschen bekommen die Milch der Mutterkühe. Diese Trennung **streichen** sechs Bioland- und Demeter-Bauernhöfe in Schleswig-Holstein. Sie lassen die Kälber für mindestens drei Monate bei ihren Müttern.³⁷⁶

! AUCH BEI DER ERNÄHRUNG LOHNT ES SICH,
DEN STATUS QUO **INFRAGE** ZU **STELLEN**.
WIR BRAUCHEN NOCH VIEL MEHR ARBEIT AN NEUEN
FORMEN DER ERNÄHRUNG UND DES GENUSSES.

RETTUNGSANKER
BIODIVERSITÄT

Der aktuelle Klimawandel ist eine außergewöhnliche Belastungsprobe für alle Ökosysteme und für jedes Individuum. Im Lauf der Evolution haben sich Menschen immer wieder angepasst. Doch jetzt ist die Herausforderung besonders groß, denn die Veränderungen passieren sehr schnell. Wie viele Menschen, Ökosysteme, Tier- und Pflanzenarten den aktuellen Wandel überleben werden, ist offen. Mehr Ernteausfälle, Überschwemmungen, Dürren, Hitzetote und Brände sind reale Veränderungen, die wir heute schon beobachten. Was werden wir tun? Verändern wir mutig unsere Art zu leben? Oder stecken wir den Kopf in den Sand?

 ANPASSUNG IST ARBEIT UND WIRKT NIE ÜBER NACHT. SIND WIR SCHNELL UND AKTIV GENUG?

Ohne die Artenvielfalt werden Menschen nicht überleben. Retten wir die Artenvielfalt, retten wir uns selbst.

267 „Wir müssen die Biodiversitätskrise genauso entschieden bekämpfen wie die Klimakrise", sagt Bundesumweltministerin Steffi Lemke.[377]

Zum Glück gibt es auch positive Nachrichten. Die folgenden Beispiele erzählen von Projekten, die dem Erhalt der Artenvielfalt dienen. Sie werden von Menschen initiiert und mit Durchhaltevermögen in jahrelangem Einsatz verfolgt.

268 Vor 50 Jahren gab es nur noch etwa 440 Buckelwale. Weil sie seit 1966 unter weltweitem Artenschutz stehen, gibt es wieder 80.000 Buckelwale.[378]

269 Wenn sich Walbestände erholen, wirkt das positiv im ganzen Ökosystem. Ihre Fäkalien füttern die Fische und düngen die Pflanzen im Meer.[379] Gärtner der Meere werden Wale deshalb auch genannt.[380]

270 In Nepal ist der Nashorn-Bestand um 16 Prozent gewachsen. Das ist die gute Nachricht. Die schlechte Nachricht: Insgesamt gibt es nur noch auf 752 von ihnen. Ihr Lebensraum, die Wälder und Auen Nepals, wurde immer kleiner.[381]

271 Marco Scheel züchtet das Schwarze Schaf mit seinem Unternehmen Nordwolle Rügen, um die vom Aussterben bedrohte Schafrasse zu retten.[382]

272 Die Zahl der Honigbienen wurde wieder **gesteigert**. *Urban Imkering* auf begrünten, blühenden Dächern trägt dazu bei, dass 1,6 Millionen Bienenvölker in der Schweiz, Österreich und Deutschland leben.[383] Städtischer Honig ist vielfältig und sauber. Ein Start- und Landeplatz für Honigbienen ist das Dach des Briefzentrums in Zürich-Mülligen. Dort beherbergt die Schweizer Post acht Bienenvölker.

Allein die Honigbiene zu retten, ist allerdings zu wenig. Biodiversität bedeutet, die Vielfalt der 30.000 Arten von Wildbienen zu schützen. Wildbienen bestäuben Blüten und dienen als Nahrung für andere Tierarten. Doch viele Wildbienenarten finden immer weniger Nahrung und Schutzräume. Erforderlich sind dafür mehr Freiräume mitten in der Landwirtschaft, das **Reduzieren** von Pestiziden und **Steigern** von Blumenwiesen.Trockenrasenflächen sind besonders artenreich und bieten vielen Bienenarten Nahrung. Was sich nach vertrockneter Wiese anhört, kann es in der Artenvielfalt mit tropischen Regenwäldern aufnehmen.[384]

273 Trockene Grasfluren, Dünen und Heiden sind typisch für Brandenburg. Die dort lebenden Pflanzen und Tiere sind Spezialisten für Trockenheit und Wärme.[385] Bis 2026 sollen in diesem Bundesland wertvolle Trockenrasenflächen wiederhergestellt werden.

Besonders schützenswerte Biotope sind auch Moore, denn sie sind natürliche CO_2-Speicher.

274 Global gesehen sind Moore unter allen Ökosystemen die wichtigsten Kohlenstoffspeicher. Sie speichern doppelt so viel Kohlenstoff wie Wälder.[386]

275 Bis zu 99 Prozent aller Moore in Deutschland wurden trockengelegt.[387] Werden Moore entwässert, setzen sie CO_2 frei, statt es zu speichern. Jahrzehnte- bis jahrhundertelang stoßen sie große Mengen an Treibhausgasen aus.[388]

276 Die schottische Regierung bietet Landbesitzern Zuschüsse an, wenn sie die Entwässerungsgräben in Mooren wieder zuschütten. Bis 2030 sollen 250.000 Hektar Moorlandschaft restauriert werden. Werden die Gräben blockiert, fließt das Regenwasser nicht mehr ab und erhöht den Grundwasserspiegel. Die Erosion wird gestoppt, und innerhalb von zwei Jahren kehren typische Pflanzen wie Moose zurück. Innerhalb von fünf bis fünfzehn Jahren sind die Moore dann wieder voll funktionsfähig.[389]

277 Die Wiedervernässung von 60 Prozent der heute trockengelegten Moore ist nötig, damit die Klimaziele erreicht werden können.

278 Die EU strebt einen gesetzlichen Schutz von 30 Prozent der Landfläche und 30 Prozent der Meeresgebiete an. Dazu gehören auch ökologische Korridore für ein transeuropäisches Naturschutznetz.[390]

Biodiversität braucht besonders die Vielfalt der Böden. Die mikrobielle Vielfalt der Böden ist die Grundlage für die Gesundheit der Pflanzen – und damit auch für unsere Gesundheit.

279 Ein Teelöffel gesunder Erde enthält mehr Bakterien, Pilze und andere Mikroben als es Menschen auf der Erde gibt.[391]

Was weißt du über den Boden? Schreib alles auf, was dir einfällt. Stell 44 Fragen. **Vertiefe** dich in das Ökosystem, das uns trägt und ernährt. Sammle zehn Fakten, die dich verzaubern. Wie **steigerst** du dein Verhältnis zur Lebensgrundlage als einen Verbündeten?

Der Boden scheint immer da zu sein. Ist das so? Überall auf der Welt stehen Böden unter großem Druck.

    Böden werden asphaltiert und versiegelt.
    Böden werden ausgelaugt, überdüngt, vergiftet.

Böden werden mit Monokulturen bepflanzt und so verarmt. Sie werden mit Müll und Plastik überschüttet.

280 Die Erhöhung des Humusgehalts aller landwirtschaftlichen Flächen Deutschlands um nur ein Prozent würde 920 Millionen Tonnen CO_2 aus der Atmosphäre binden. Dies entspricht in etwa dem jährlichen CO_2-Ausstoß Deutschlands.[392]

281 Die Produktion von industriell hergestellten Chemikalien wurde seit 2000 verdoppelt auf 2,3 Milliarden Tonnen und wird sich bis 2030 weiter verdoppeln. Diese Stoffe oder ihre Abbauprodukte landen unweigerlich irgendwann im Meer – oder im Boden.

! WENN WIR DIE BIODIVERSITÄT IM BODEN NICHT PFLEGEN UND SCHÜTZEN, GEHT DIE FRUCHTBARKEIT VERLOREN.

282 Jeden Tag nimmt die Siedlungs- und Verkehrsfläche in Deutschland um 60 Hektar zu – das entspricht einer Größe von rund hundert Fußballfeldern. Noch einmal: jeden Tag![393]

Lange Zeit haben wir nicht viel über die Vielfalt der Böden und ihren einzigartigen Beitrag zum Leben gewusst. Dies hat sich geändert. Doch immer noch haben wir viel Arbeit vor uns, unsere Erkenntnisse über den Reichtum der Böden zu **vertiefen**, die Entwässerung von Mooren und die Versiegelung der Böden **umzudrehen** und gesunde Landwirtschaft zu **steigern**.

283 Neue bahnbrechende **Entdeckungen** stehen im ersten globalen Atlas der Biodiversität des Bodens.[394] **Vertieft** wird darin die Rolle der Biodiversität im Boden für die Gesundheit der Ökosysteme, ihre Fruchtbarkeit und das ökologische Gedächtnis der Ökosysteme.

! BÖDEN SIND BUCHSTÄBLICH UNSERE LEBENSGRUNDLAGE. OHNE BÖDEN SIND WIR NICHTS.

Eine weitere zentrale Rolle zum Leben spielen Wälder und deren Renaturierung.

284 Ruandas Wälder waren von 1960 bis 2000 stark geschrumpft. Der Bürgerkrieg von 1994 trug dazu bei, dass ganze Landstriche abgeholzt wurden. Heute sieht man die großen Erfolge der neuen Methoden, die bei der Aufforstung angewendet wurden. Mithilfe der Agroforstwirtschaft wurden Weideflächen und der Anbau von Feldfrüchten in die Wälder integriert. Landwirtschaft wurde diversifiziert, die Bodenqualität sowie der Zugang zu Wasser verbessert. Heute profitieren Menschen von mehr Nahrungssicherheit. Das Land ist wieder grüner und fruchtbarer. 30 Prozent der Flächen Ruandas sind bewaldet.[395]

285 Die gemeinnützige Organisation Justdiggit braucht nur Schaufeln, um in bestimmten Dürregebieten die Wüstenbildung aufzuhalten.[396] In gegrabenen Löchern sammelt sich Regenwasser, statt unkontrolliert abzulaufen. So kommt Vegetation zurück und setzt einen positiven Kreislauf in Gang. Ist eine Vegetationsdecke vorhanden, kühlt sie die Erde und bildet Humus. Dort wird mehr Wasser gespeichert, und mehr Vegetation kann sich ansiedeln.

286 Die ETH Zürich und das Imperial College London führen große Feldversuche durch zur Wiederherstellung von Tropenwäldern.[397] 16.000 Bäume wurden 2020 gepflanzt, um den Prozess der Renaturierung besser zu verstehen.

Wie viele Baumarten fallen dir ein? Mehr als Kastanie, Eiche, Buche, Tanne und Obstbäume?

287 Die weltweite Zahl aller Baumarten wird auf 73.300 geschätzt.[398] 64.100 Baumarten sind bereits in Datenbanken registriert. 9.200 Baumarten wachsen in so abgelegenen Gebieten, dass sie noch nie besichtigt wurden.[399] Diese unentdeckten Baumarten konnten mit virtuellen Wald-

Begehungen, Laserscanning mit Drohnen und per Satellit gezählt werden. Fast ein Drittel aller 73.300 Baumarten sind selten und räumlich sehr begrenzt verbreitet.[400]

288 Etwa 43 Prozent aller Baumarten der Erde kommen in Südamerika vor, gefolgt von Eurasien mit 22 Prozent, Afrika mit 16 Prozent, Nordamerika mit 15 Prozent und Ozeanien mit 11 Prozent.[401]

289 In Deutschland füllen nur elf Baumarten ganze 90 Prozent der Waldflächen – häufig sind es menschengemachte Monokulturen. Weitere 40 Baumarten stehen in 10 Prozent der Wälder.[402]

290 Das Aufräumen zu **streichen**, kann resiliente Wälder schaffen und die Biodiversität steigern.[403] Wenn tote Bäume liegen bleiben, können sich Wälder viel schneller erholen und nachwachsen. Im Holz ist sehr viel Energie für die Renaturierung gespeichert. In Experimenten wurde das tote Holz liegengelassen. Am Anfang kommt der Borkenkäfer, doch er greift nur kranke und sterbende Bäume an. Die Geschwindigkeit der Erholung von Wäldern, die nicht aufgeräumt wurden, hat Fachleute überrascht. Totes Holz ist Energie für neuen Wald.[404]

291 Der Hainich, ein bewaldeter Höhenzug in Thüringen, ist mit 5.000 Hektar die größte Laubwaldfläche in Deutschland, die nicht bewirtschaftet wird. Das Gebiet ist arten- und totholzreich, die Böden voller Nährstoffe.[405]

! ZUM LEBEN BRAUCHEN WIR VIELFALT IN DEN BÖDEN, MOOREN UND WÄLDERN, IN DER LUFT UND AUF DEN FELDERN. ES GIBT VIEL ZU TUN.

292 Grüne Berufe haben Zukunft. Mehr Umsatz, mehr Betriebe, mehr Mitarbeiterinnen und Mitarbeiter, weniger Insolvenzen – so lässt sich das Jahr 2020 aus Sicht des Garten- und Landschaftsbaus in Deutschland zusammenfassen. Der Gesamtumsatz dieser Branche wurde in jenem Jahr um fast eine halbe Milliarde Euro auf 9,38 Milliarden Euro gesteigert.[406]

An welchen Teich würdest du dich gerne setzen? An einen Teich mit nur einer einzigen Algenart, die keine Konkurrenten hat und deshalb die gesamte Fläche mit grünem Schleim überzieht? Oder an einen Teich mit Fröschen, Wasserkäfern, Binsen, Seerosen, Fischen, Libellen, Krebsen, Brennnesseln, Stockenten, Molchen und vielen hundert Arten mehr?

Wir brauchen gesunde Nahrung und eine gesunde Umwelt. Monokulturen in der etablierten Form haben sich als der falsche Weg erwiesen. Zur Biodiversität gehört nicht nur die Vielfalt der Tier- und Pflanzenarten, sondern auch die Vielfalt diverser Biotope mit gesunden Böden.

Im 6. Kapitel tauchen wir tiefer ein in die menschliche Vielfalt und in das reiche Potenzial von Konflikten, das die Arbeit in Teams verbessern kann.

6. DIVERSITÄT ALS ZUTAT FÜR REICHE TEAMS

Artikel 1 im Grundgesetz der Bundesrepublik Deutschland lautet: „Die Würde des Menschen ist unantastbar." Nimmst du das ernst, und füllst du das Grundgesetz mit Leben? Bist du tief in deinem Herzen aufrichtig davon überzeugt, dass alle Menschen gleich sind in ihrer Würde? Glaubst du an dieses Menschenbild und handelst so, oder ist es eher ein Lippenbekenntnis?

Unser Menschenbild prägt unsere Arbeit. Lieben oder hassen wir die Würde aller und damit auch Unterschiede? Begrüßen wir Diversität, und sind echte Unterschiede willkommen?

GLEICH PERFEKT IM ANDERSSEIN

Alle Menschen sind ein diverser Mix aus den verschiedensten Zutaten. All diese Bestandteile des Lebens machen uns aus: Arbeit, Ausbildung, Bedürfnisse, Bewegungsdrang, Bildung, Charakter, Darmflora, Durchhaltevermögen, Ehrgeiz, Eltern, emotionale Intelligenz, Empathie, Erfahrungen, Erinnerungen, Erwartungen, Fähigkeiten, Familie, Faulheit, Fleiß, Freude und Freunde, Gaben, Geburtsort, Gedanken, Geduld, Gehirn, Gefühle,

Gemeinschaft, Gene, Gerechtigkeitssinn, Geruch, Geschichte und Geschichten, Geschmack, Geschwister, Gespür, Gesundheit, Glaube, Glück, Haltung, Hass, Haut, Heimweh, Herkunft, Hobbys, Hörvermögen, Hüftschwung, Immunsystem, Intelligenzquotient, Interessen, Kinder, Kompetenzen, Krankheiten, Kultur, Lachen, Lachfalten, Lehrerinnen und Lehrer, Leid, Leitsätze, Lernbereitschaft, Liebe, Lieblingsfilme, Lieblingsmusik, Menschenbild, Meinungen, Namen, Narben, Naturverbundenheit, Persönlichkeit, Qualifikationen, Reisepläne, Resilienz, Riechvermögen, Risikobereitschaft, Schmerz, Schönheit, Sehvermögen, Selbstwert, Spaß, Spielregeln, Sportlichkeit, Sprachen, Stimme, Stoffwechsel, Talente, Tatendrang, Tiefe, Tod, Toleranz, Trainings, Unfälle, Urahnen, Vertrauen, Vorbilder, Vorurteile, Werte, Wünsche, Zellen und noch viel mehr.

> **!** **DEINE KOMBINATION AUS ALL DIESEN FAKTOREN HAT KEIN ANDERER MENSCH AUF DER WELT. DEINE ART, DIE WELT ZU ERLEBEN, UND DIE MELODIE DEINES LEBENS SIND EINZIGARTIG.**

So verschieden und einzigartig wir alle sind, gibt es auch Grundlegendes, was wir Menschen miteinander teilen. Wir alle wurden geboren, und wir werden alle sterben. Wir sind am Leben, und in unserer Menschenwürde sind wir gleich. Wir suchen Gemeinschaft mit Freunden, Familie, Nachbarn und Gleichgesinnten. Wir wollen glücklich sein, Anerkennung und Wertschätzung erleben. Weitere universelle Grundbedürfnisse sind sauberes Trinkwasser, nahrhaftes Essen, sicheres Wohnen und gesunder Schlaf. Uns vereint auch, dass wir alle Macken und Vorurteile haben. Und wir bestehen aus denselben chemischen Elementen.

 Zu 99 Prozent sind Menschen genetisch gleich.[407] Ein Mensch aus Ghana kann einem Menschen aus Dänemark genetisch näher sein als zwei Menschen, die beide Frau Müller heißen und in Leipzig wohnen.

294 Das Konzept der Rasse wurde längst als ein politisch motiviertes Konstrukt entlarvt, um Hierarchien zu legitimieren und Macht zu festigen. Die Rassenlehre erniedrigte Menschen und setzte gesellschaftspolitische Interessen durch. Nicht die Rassenlehre führte zum Rassismus, es war genau umgekehrt: Rassismus führte zur Rassenlehre.[408]

Rassismus kann verlernt werden. Das ist Arbeit. Arbeiten wir daran, Rassismen zu **entdecken**, sie zu benennen, dann zu **streichen** und zu **ersetzen**.

295 Das Netzwerk „Schule ohne Rassismus – Schule mit Courage" hat 3.600 Schulen zertifiziert, deren Schülerinnen und Schüler sich durch ihr besonderes Engagement gegen Diskriminierung auszeichnen.[409]

Die Kritik, dass der Name dieses Netzwerkes falsch sei, da es niemals eine Schule ohne Rassismus geben wird, ist berechtigt. Es stimmt – wo Menschen zusammenkommen, gibt es Rassismus. Doch der Name beschreibt eine Vision. Auch wenn sie nie erreicht wird, **steigert** das Netzwerk die Auseinandersetzung in Debatten über Rassismus und sensibilisiert Schüler und Schülerinnen sowie Lehrerinnen und Lehrer für das Thema und für Lösungen.

> **WIR ALLE SIND GLEICH DARIN, EIN EINMALIGES UNIKAT ZU SEIN. JEDER MENSCH IST AUF SEINE ART PERFEKT UND UNVOLLKOMMEN.**

Siehst du das auch so, dass wir alle gleich außergewöhnlich, unvollkommen, perfekt und wertvoll sind? Glaubst du, dass wir alle das Recht haben, unsere individuellen Eigenschaften, Vorlieben und Wünsche auszuleben, ohne dafür kritisiert oder gar verfolgt zu werden?

Wenn du diese beiden Fragen nicht mit „Ja" beantwortet hast, lies bitte im 7. Kapitel weiter. Dann macht es für dich keinen Sinn, die folgenden Seiten über wertschätzendes Miteinander im Team, sich ergänzende Rollen und Erfolg durch Diversität zu lesen. Dann wirst du nicht lesen wollen, warum

Arbeits- und Finanzmodelle, Gesetze und Initiativen für gesellschaftliche Teilhabe sich daran messen lassen müssen, ob sie Diversität zulassen und fördern.

Schreib deine Werte, bisherigen Wohnorte, familiären Wurzeln, Reisen, Begegnungen und Kontakte auf. Denk an eine Kollegin oder einen Kollegen und schreib ihre oder seine Werte, Wohnorte, Wurzeln und Reisen auf. Welche Übereinstimmungen und welche Unterschiede siehst du? Was glaubst du: Warum bist du so, wie du bist? Warum ist deine Kollegin beziehungsweise dein Kollege so, wie sie/er ist?

Halten wir das Anderssein aus? Können wir einmalige Lebenswege wertschätzen? Was wäre, wenn sich niemand unter den 7,8 Milliarden Menschen für sein einmaliges Sein rechtfertigen müsste? Können wir alle Menschen in ihrer individuellen Andersartigkeit als wundervoll, perfekt und einmalig angesehen? Handeln wir wirklich nach diesem Bekenntnis, dann ändert sich alles.

Hältst du das aus? Schenkst du jedem Menschen Wertschätzung für sein Anderssein? Was meinst du: Machen dich die Unterschiede zwischen Menschen reicher oder ärmer? Kannst du über sie staunen? Welche Unterschiede nerven dich? Kannst du auch mal geduldig zuhören, statt gute Ratschläge zu verteilen? Bist du bereit, von jedem Menschen etwas zu lernen? Siehst du dich als etwas Besonderes, ohne arrogant zu werden? Ist dir jeder Mensch und jedes Leben heilig? Genießt du deinen eigenen Mix, während du allen anderen ein gutes Leben gönnst?

SIND MENSCHEN GUT ODER SCHLECHT?
IN ERSTER LINIE SIND WIR ALLE UNTERSCHIEDLICH!

Permanent bilden wir Muster und stecken Menschen in Schubladen: fröhlich, kumpelhaft, anstrengend, nervig, blond, fremd, langsam. Dieses Spiel läuft automatisch in uns ab. Schubladen an sich sind nichts Schlimmes. So funktioniert nun mal unser Gehirn. Das Problem ist, dass die Wände unserer Schubladen so hoch sind, dass wir niemanden wieder aus ihnen herauslassen. Unsere Bewertungen reduzieren den großen Reichtum der Diversität. Nur wenn wir persönliche Wahrnehmungen wie

schwarz und weiß,
dick und dünn,
schnell und langsam,
reich und arm,
vorpreschend und zurückhaltend

nicht als Barriere aufbauen zwischen uns und anderen Menschen, dann sehen und erleben wir Diversität. Vorurteile verhindern Begegnungen – besonders, wenn sie den Blick auf eine Person dauerhaft prägen.

Wer hat diese Woche dein Vorurteil bestätigt?
Wen hast du mit deiner Wahrnehmung eingeschränkt?
Kannst du der Person heute offen begegnen?
Kannst du sogar deine letzte Erfahrung mit diesem Menschen vergessen und die Person heute neu erleben, sehen und kennenlernen?

Unsere gängige Kategorisierung in Geschlechterzugehörigkeiten zeigt, wie sehr Schubladen einengen und Vielfalt verhindern. Viel zu lange gab es nur zwei Schubladen: Frau oder Mann. LGBTQ+ steht für Lesbian, Gay, Bisexual, Transgender, Queer und alle anderen Menschen. Weil auch LGBTQ wieder Schubladen sind, steht für alle anderen Menschen das Plus dahinter. Damit sind einfach alle Menschen angesprochen, wie sie sind. Der Begriff LGBTQ+ benennt Unterschiede – und feiert sie. Er **steigert** die wertschätzende Atmosphäre der Einmaligkeit und **reduziert** Mobbing.

296 Schottland war 2018 Vorreiter und integrierte Themen zu LGBTQ+ aktiv in den Schulunterricht.⁴¹⁰

> **WENN ALLE ANDERS SIND, KÖNNEN WIR DAS VERGLEICHEN UND BEWERTEN SEIN LASSEN! ÜBERHEBLICHKEIT UND ABGRENZUNG LÖSEN SICH AUF IN DER GLEICHHEIT DES BESONDEREN. NORMALITÄT IST DIE EINMALIGKEIT ALLER.**

Eine diverse Arbeitswelt und vielfältige Unternehmen machen mehr Spaß als Einheitsbrei. Wie können wir alle von der Andersartigkeit aller Menschen profitieren? Wie unterstützen wir uns gegenseitig, und wie lernen wir voneinander?

297 Eine Innovation von Lego sind Braille-Bricks für Kinder mit Seheinschränkungen.⁴¹¹ Verschiedene Noppen-Kombinationen auf den Legosteinen stehen für die Buchstaben im Braille-Alphabet. Mit diesen Steinen können Kinder mit und ohne Seheinschränkungen spielen und zusammen die Blindenschrift lernen. In einem Massive Open Online Course (MOOC) bietet Lego ein Training an, wie diese Legosteine zum Spielen genutzt werden können.

298 Sonja Marschall studiert seit 2019 Medizin. Sie schreibt Geschichten, um Kindern medizinische Abläufe und Krankheiten zu erklären.⁴¹² Ihre Bücher erklären kindgerecht Krebs, Herzfehler und Allergien. So finden Kinder zu einem eigenen Umgang mit Krankheiten.

299 Ein Podcast fragte: „Ist eine Gesellschaft ohne Schönheitsideale möglich?"⁴¹³ Als schön wahrgenommene Menschen sind beliebter, verdienen mehr Geld und haben schneller Zugang zu Sex. Andere Menschen werden aufgrund ihres Aussehens diskriminiert und beginnen, sich ihres Körpers zu schämen. Nur 41 Prozent der Frauen und 53 Prozent der Männer sind mit ihrem äußeren Erscheinungsbild zufrieden.⁴¹⁴ Geht es auch anders? Ja, denn Schönheitsideale sind soziale Konstrukte. Mit Body Positivity wird

Body Shaming **ersetzt**. Body Neutrality lenkt den Fokus ganz weg vom äußeren Erscheinungsbild.

Jeder Körper ist so einmalig wie jeder Mensch.

300 Makellose Körper in der Werbung sind gephotoshoppt und unehrlich. Sie können bei anderen Menschen die Vorstellung auslösen, auch so aussehen zu müssen. Diesen Druck schränkt ein norwegisches Gesetz ein. Es verpflichtet Werbetreibende dazu, nachträglich bearbeitete Werbefotos zu kennzeichnen.⁴¹⁵

> DIVERSITÄT BEDEUTET, DEN REICHTUM UND DIE SCHÖNHEIT DER ANDERSARTIGKEIT ZU FEIERN. WER OFFEN VON JEDEM MENSCHEN ETWAS LERNT, BEFINDET SICH LEBENSLANG AUF EINER ABENTEUERREISE.

HARMONIE VS. KONFLIKTE

7,8 Milliarden Menschen bringen eine 7,8-Milliarden-fache Vielfalt an Meinungen und Erfahrungen mit sich. Ein großer Reichtum an Unterschieden! Und ein Herd für Konflikte!

Störfaktor Nummer eins ist eine Überheblichkeit. Wer anders ist, wird erst mal schief angesehen. Warum sehen Menschen auf andere Menschen herab? Was wäre, wenn wir nicht alles besser wüssten und uns nicht selbst erhöhen würden? Siehst du Menschen, die anders sind, divers denken und unterschiedlich handeln, als interessant an?

301 Als im März 2020 in Deutschland das Klopapier knapp wurde, kommentierte eine Frau im Radio sinngemäß: Deutsche horten Klopapier, weil sie davon ausgehen, dass die Klospülung immer funktioniert. Etwas anderes ist für sie unvorstellbar. Die Frau hatte zwanzig Jahre in einem Land gelebt ohne Zugang zu fließendem Wasser.

Störfaktor Nummer zwei sind unsere Vorurteile. Um handlungsfähig zu sein, sortieren wir Eindrücke und Wahrnehmungen unbewusst und rasend schnell ein. Der Nebeneffekt ist, dass wir permanent Vorurteile auf andere Menschen projizieren. Wenn wir die Schubladen nicht immer wieder bewusst überprüfen und Menschen daraus befreien, werden wir Opfer unserer eigenen Vorurteile.

 MENSCHEN, DIE IHREN VORURTEILEN FREIE BAHN LASSEN, HÖREN NICHT ZU. SIE WISSEN ALLES BESSER. SO VERPASSEN SIE VIELFÄLTIGE GESCHICHTEN, AUS DENEN SIE LERNEN KÖNNTEN.

302 Eine Bekannte war an einem Sonntag sehr früh zu einer Verabredung unterwegs. Sie war unausgeschlafen und schlecht gelaunt, weil sie keine Zigaretten mehr hatte. Als sie durch die Rosenthaler Straße lief, kam ihr ein ungepflegt aussehender Mann entgegen. „Auch das noch, ein Obdachloser. Bestimmt will er Geld", dachte sie. Sie konnte dem Mann nicht ausweichen, denn bis auf einen schmalen Fußweg war die gesamte Straße eine Baustelle. Als er nur noch wenige Meter entfernt war, lächelte er und fragte: „Willst du eine Zigarette?"

303 Im Flugzeug von Miami nach Mexiko-Stadt stand mitten im Flug ein Fremder von einem der hinteren Sitze auf und setze sich neben mich. Wir kamen ins Gespräch. Als er hörte, dass ich noch nie Mexiko gewesen war, wollte er von mir wissen, wie ich zu meiner Gastfamilie in der Hauptstadt käme. Ich hatte keine Ahnung. Der Fremde fragte nach der Adresse und sagte: „Mein Sohn holt uns ab, wir fahren dich hin." Mit diesen Worten stand er auf und setzte sich wieder zu seiner Frau. Am Flughafen quetschten wir uns zu viert in einen roten VW-Käfer – ich hatte sehr viel Gepäck dabei – und sie fuhren für mich einen riesigen Umweg durch die

Hauptstadt mit acht Millionen Einwohnern. Ich habe diese Familie nie wieder gesehen.

304 In Salta, Argentinien, starrte ich wie elektrisiert auf einen jungen Mann, der mir im Bus gegenübersaß und offen ein Hakenkreuz um den Hals trug. Bis zu diesem Tag im Oktober 1989 hatte ich das noch nie gesehen. Als er ausstieg, sprang ich auch auf und lief ihm hinterher. Ich sprach ihn an und sagte ihm, dass ich aus Deutschland käme und es für mich schrecklich sei, ihn mit einem Hakenkreuz zu sehen. „Warum trägst du das?", frage ich. „Ich hasse die ganze Welt und am meisten mich", platzte es aus ihm heraus. Ich lud Raúl in ein Café ein. Er kam ursprünglich aus Bolivien, seine Mutter war zu einem neuen Mann nach Argentinien gezogen. Er hatte mitkommen müssen, obwohl er lieber beim Vater geblieben wäre. Sein großer Traum war es, Musik zu machen. Doch als er endlich eine Band gefunden hatte, passte das seiner Mutter nicht. Sie redete Raúl ein, er sei ein schlechter Mensch. Sogar seiner Freundin erzählte sie nur Schlechtes über ihn. Raúl war sehr verzweifelt, und deshalb hasste er sich und die Welt. Wir redeten stundenlang. Am Ende schockte Raúl mich: Er nahm das Hakenkreuz und schenkte es mir: „Ich brauche es nicht mehr, unser Gespräch hat mir neue Hoffnung gegeben." Den Rest meiner Reise war ich mit einem Hakenkreuz unterwegs.

Ich bin Raúl hinterhergerannt, weil ich verstehen wollte, was ihn bewegt. Ich hatte Glück, und wir konnten uns angeregt austauschen. Es gibt auch destruktive Gespräche und unfruchtbare Begegnungen. Wenn Aussagen menschenverachtend sind und die Menschenwürde anderer verletzt wird, kann man je nach Kraft aktiv dagegenhalten oder aufstehen und gehen. Ich bin allen Initiativen und Personen wie Richterinnen und Richtern dankbar, die Hass und Hetze – verstärkt auch in Social Media – konsequent verfolgen und bestrafen. Zum Glück bewegen sich die allermeisten Menschen mit ihren Meinungen und Handlungen innerhalb des Grundgesetzes. Das bietet viel Raum für angeregten, kontroversen Austausch. Wie sich Gespräche entwickeln, weiß man dann nach der Begegnung.

Hörst du Menschen vorurteilsfrei zu? Welche Vorurteile hast du schon mal **gestrichen** und wurdest positiv überrascht? Such dir bewusst Menschen, die anders sind als du, andere Symbole zeigen und anders kommunizieren. Lerne sie besser kennen. Woher kommen sie? Welche Erfahrungen bringen sie mit? Was prägt sie?

Warum redet der Kollege immer so laut? Wieso verdreht die Kollegin die Augen, wenn jemand Ideen äußert? Warum fordert der Chef immer Unmengen an Daten und Fakten, bevor er Entscheidungen trifft? Warum ist die Chefin gegen jede Neuerung? Das nervt.

Wir können wertvolle Gemeinschaft stiften, wenn wir uns für andere Menschen interessieren, ohne uns in deren Entscheidungen und Lebensweisen einzumischen. Ob wir sie gut finden oder nicht, ist völlig irrelevant. Feiern wir einfach die souveräne Entscheidung aller Menschen für ihre eigene Person. Das wäre eine Erleichterung und ein Ausbruch von Lebensfreude!

WENN WIR REICHTUM ERLEBEN WOLLEN, DANN GEHÖREN DAZU DIVERSE ENTSCHEIDUNGEN, DIE ANDERE MENSCHEN ANDERS FÄLLEN, ALS DU SIE FÄLLEN WÜRDEST.
ECHTE OFFENHEIT BEGINNT DA, WO ES UNBEQUEM WIRD.
DIE ALTERNATIVE WÄRE EIN LEBEN IM GLEICHSCHRITT.

Offenheit für andere Erfahrungen, Meinungen, Argumente, Gefühle, Gründe, Perspektiven und Lebensentwürfe lässt sich trainieren. In jedem Gespräch können wir die Mauern unserer Schubladen abbauen und von divers denkenden Menschen dazulernen. Konstruktiver Streit und Wertschätzung sind erlernbar. Dafür ist im Alltag noch viel Luft nach oben. Entscheide dich:

> Jeder Moment ist Leben,
> ist einmalig und gestaltbar.
> Du kannst Menschen verachten,

Meinungen verdammen,
und Recht haben wollen.
Oder du kannst dich freuen,
neugierig Lebenszeit verschenken,
zuhören auf einer Abenteuerreise,
positiv denken und positiv sein.

Den Reichtum der Begegnung zu feiern, hat nichts mit falscher Harmonie zu tun, sondern mit konfliktbereiter Fremdenfreundlichkeit. Harmonie bringt keine Entwicklung. Wenn sich alle einig sind, passiert nichts Neues. An umweltfreundlicher Energie zu arbeiten, wird nur gegen den Widerstand der Ölkonzerne gehen. Gesünder zu leben und wertvolles Essen zu genießen, wird nur gegen die Zuckerlobby und gegen Massentierhaltung möglich sein. Wenn alle gleich denken und handeln sollen, ist die Organisation eintönig und eindimensional. Das wäre zwar eine legitime unternehmerische Entscheidung, doch der Reichtum vielfältiger Stärken und Teamrollen wird so ausgeschlossen. Mit einheitlichen Zutaten werden langweilige Ergebnisse erzielt. Aus Mehl, Mehl und noch mehr Mehl kann man kein Brot backen.

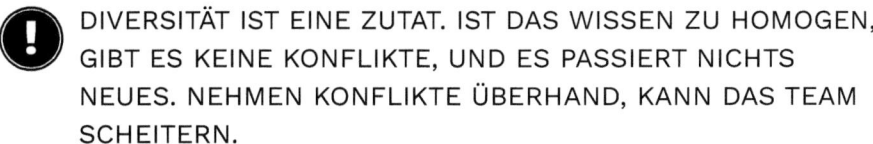

> **DIVERSITÄT IST EINE ZUTAT. IST DAS WISSEN ZU HOMOGEN, GIBT ES KEINE KONFLIKTE, UND ES PASSIERT NICHTS NEUES. NEHMEN KONFLIKTE ÜBERHAND, KANN DAS TEAM SCHEITERN.**

305 Viele interdisziplinären Projekte scheitern an Problemen in der Kommunikation. Eine Projektleiterin sagte mir bei einer Preisverleihung im Roten Rathaus in Berlin: „Mathematiker und Mathematikerinnen denken ganz anders als Biologinnen und Biologen. Die Unterschiede lassen Projekte platzen, weil sie nicht miteinander reden können. Sie verstehen sich nicht."

In vielen Branchen müssen Teams konfliktfrei arbeiten. Reibungsfreie Abläufe sind in der Produktion wichtig. Die höchsten Sicherheitsstandards erreicht die Luftfahrt durch klare und enge Spielregeln. Bei einer Herz-

Operation wären Debatten über Lass-uns-mal-spontan-was-ausprobieren verhängnisvoll. Aber auch diese Teams brauchen Momente, in denen Ideen geteilt und Konflikte ausgetragen werden können und der Raum für Entwicklung geöffnet wird.

 FRIEDEN BEDEUTET NICHT, DASS ALLE SO SIND WIE DU,
SONDERN DASS ALLE MENSCHEN SEIN DÜRFEN,
WIE SIE SIND – OHNE ANDERE ZU VERLETZEN.
DIVERSITÄT IST ANSTRENGEND UND BRINGT STREIT.
DIVERSITÄT ERMÖGLICHT ENTWICKLUNG. HURRA!

DIVERSITÄT UND REICHTUM DURCH MIGRATION

Wo ein Mensch geboren wird, ist purer Zufall. Auch darin sind alle Menschen auf der Welt gleich. Dein Geburtsort ist ein Geschenk. Oder hast du irgendwas dazu beigetragen, wo du das Licht der Welt erblickt hast? Ob du in einer Demokratie oder Diktatur geboren wirst: Zufall. Ob du fließendes Wasser genießen kannst oder fünf Kilometer bis zur nächsten Wasserstelle laufen musst: Zufall. Schulbildung oder Zwang zur Kinderarbeit in der Kakao-Ernte: Zufall.

Den Zufall des Geburtsortes eines Menschen können wir nicht **streichen**. Aber wir könnten die lebenslange Bindung an diesen Zufall **ersetzen**. Konsequent wäre es, wenn sich jeder Mensch seinen Wohnort auf der Erde frei auswählen könnte. Diese neue Spielregel würde weit über das Asylrecht hinausgehen. Die Widerstände gegen diese Idee werden entsprechend groß sein, denn keiner will seine – zufällig erworbenen – Privilegien verlieren. Doch warum geben wir dem Zufall so viel Bedeutung, dass wir Menschen lebenslang an eine Nationalität binden?

Was hängt noch vom Zufall ab? Welche Privilegien fallen dir ein, die den Status eines Menschen in der Gesellschaft rein zufällig bestimmen? Wo spielt der Zufall bei deiner Arbeit eine Rolle? Welche dieser Zufälle würdest du **streichen** oder **ersetzen**?

Sieben Millionen Deutsche sind wegen Hunger und Not aus Deutschland in die USA geflüchtet.[416] Gleichzeitig war Deutschland immer auch ein Einwanderungsland.

306 Meine Vorfahren sind migriert. Mein Ur-Ur-Ur-Großvater Jacob Heussi stammt aus einem Dorf in der Schweiz.[417] Er lebte in England und Preußen, bevor er 1830 ins Großherzogtum Mecklenburg-Schwerin zog und dort zu einem der Wegbereiter einer naturwissenschaftlich geprägten Schulbildung wurde. Zwei andere Vorfahren mit französischen Wurzeln waren Bürgermeister in Waren, Müritz. Meine Frau hat sowohl französische Vorfahren, die sich in Schwedt niederließen, als auch spanische Wurzeln. Ihre Mutter kam 1970 aus Cartagena nach Berlin. Als unsere Töchter geboren wurden, schrieb ich unserer Oma in Spanien: „Jetzt habe ich eine ganze Spanierin zuhause, 50 Prozent meiner Frau und je 25 Prozent unserer Töchter."

307 Menschen waren sehr früh weltweit unterwegs. Anthropologen gehen davon aus, dass vor 60.000 Jahren eine Welle früher Menschen den afrikanischen Kontinent verließ und sich über die gesamte Welt verbreitete.[418]

 WIR SIND ALLE KINDER VON MIGRANTINNEN UND MIGRANTEN UND TEIL EINER WELTWEITEN MIGRATION.

Warum erfinden Menschen widerliche Wort-Cocktails gegen Migration? „Asyltourismus" halte ich für ein sprachliches Verbrechen von wohlstandsverwahrlosten und opportunistischen Politikerinnen und Politikern. Der

Wort-Mix richtet sich gegen die Menschenwürde von Geflüchteten. „Asyltourismus" ist ein direkter Angriff gegen das Asylrecht und eine politische Provokation, die Geflüchtete und ihr Leid verhöhnt. Das Wort soll bewusst den Anschein erwecken, Menschen kämen zum Spaß und Vergnügen. Das Wort weckt in uns Bilder des letzten Urlaubs. „Asyltourismus" suggeriert, dass Geflüchtete in den Urlaub fahren.

 WORTE WIE „ASYLTOURISMUS" FÜHREN ZU MENSCHENFEINDLICHEM HANDELN.

2015 war keine Katastrophe für Deutschland. Die sogenannte Flüchtlingskrise war eine Krise für die Geflüchteten, stellt die Taz klar.[419] Laut ProAsyl sind von 2014 bis 2021 bei der Überquerung des Mittelmeeres nach Europa 21.500 Menschen gestorben.[420] Das Grundgesetz garantiert die Würde aller Menschen, und auch das Recht auf einen Asylantrag steht in der Verfassung, doch das Mittelmeer ist ein Massengrab – die tödlichste Grenze der Welt.

Gefährlich finde ich auch das verbreitete Narrativ „Das Boot ist voll". Das Bild suggeriert, es passe keiner mehr in unser Land. Damit ist jede Debatte scheinbar überflüssig, denn keiner will ein kenterndes Boot. Fängt man an, das Bild zu hinterfragen, bröckelt die Fassade. Welches Boot ist voll? „Die Überalterung der deutschen Gesellschaft schreitet weit schneller voran als in den meisten anderen EU-Ländern. Das Institut der deutschen Wirtschaft mahnt eine offensive Zuwanderungspolitik an."[421] Neun der zehn Regionen mit dem höchsten Altersdurchschnitt von ganz Europa liegen in Ostdeutschland.[422] Das Boot ist also nicht voll, sondern eher leer: „Mehr als 20.000 Menschen kehrten Suhl den Rücken. Zurück blieben die Alten. Läuft man tagsüber durch die Innenstadt, sieht man viele Rentner. Manche sagen, hier könne man in die Zukunft reisen. So alt werden 2030 viele Orte in Deutschland sein."[423] Ist es das, was wir wollen? Ist das die Absicht der absurden Erzählung, das Boot sei voll?

Einwanderung ist ein wichtiger Faktor für die Erneuerung der Gesellschaft und für erfolgreiche Unternehmen. Länder mit Migration können nicht nur kulturell, sondern auch wirtschaftlich profitieren. Diversität ist ein Fortschrittsmotor und schafft Arbeitsplätze.

308 Der Startup Monitor 2021 zeigt für Deutschland, dass 21,6 Prozent der Gründerinnen und Gründer Migrationsgeschichte mitbringen.[424]

309 Migration bringt mit den neuen Firmen auch neue Jobs. 2015 wurden rund 22 Prozent der neuen Arbeitsplätze in Deutschland von Menschen mit Migrationshintergrund geschaffen.[425]

Ohne Migration gäbe es weder Google noch Smartphones.

> Apple-Gründer Steve Jobs hat syrische Wurzeln.
>
> Google-Mitgründer Sergey Brin wurde in Moskau geboren.
>
> Simon Moroney ist Neuseeländer. Er hat in Großbritannien, Kanada und der Schweiz gearbeitet, bevor er 1992 in Martinsried bei München die Morphosys AG gründete, die biopharmazeutische Medikamente entwickelt.
>
> Research Gate vernetzt Forschende weltweit zur Wissenschaftskommunikation. Die Eltern des Gründers Ijad Madisch kamen aus Syrien. Geboren wurde er in Wolfsburg.
>
> Die Brüder Faruk, Cevat und Avni Yerli haben türkische Wurzeln. Ihr Unternehmen Crytek beschäftigt 550 Angestellte für die Entwicklung von Computerspielen.

310 45 Prozent der 500 umsatzstärksten Unternehmen in den USA wurden von Migrantinnen, Migranten oder deren Kindern gegründet.[426]

Unternehmen mit Migrationshintergrund erwirtschafteten 2018 in den USA einen Umsatz von 16 Billionen US-Dollar.[427]

 Kannst du dir eine Gesellschaft vorstellen, in der das Fremde anders bleiben darf, ohne angefeindet zu werden? Kennst du Firmen und Teams, in denen Fremdsein willkommen ist? Lebst du fremdenfreundlich? Arbeitest du im fremdenfreundlichen Umfeld? Was trägst du bei zur Offenheit und Freundlichkeit in deinem Betrieb?

Zum Glück heißt die Mehrheit der Deutschen Geflüchtete willkommen, und das kommt bei Geflüchteten auch so an. „Einer Umfrage des Bundesamtes für Migration und Flüchtlinge zufolge fühlen sich rund drei Viertel aller Flüchtlinge in Deutschland willkommen. Jeweils 37 Prozent der Befragten fühlten sich ‚sehr stark' oder ‚stark' willkommen."[428]

Und noch ein Hoffnungsschimmer: Im März 2021 sind in Deutschland 65.903 Kinder zur Welt gekommen. Das ist der höchste Wert seit März 1998.[429]

ERFOLGSFAKTOR VIELFALT IM TEAM

Diversität ist eines der Top-Themen in der Arbeitswelt. Wenn man es sich genauer überlegt, ist sie nichts anderes als die Artenvielfalt in Mooren, Wäldern und Böden. Ist dein Team ein trüber Tümpel mit nur einer einzigen Algenart? Oder fließt klares, erfrischendes Wasser und eine kraftvolle, bunte Vielfalt ist zu sehen?

Es ist eine gesellschaftliche und auch eine unternehmerische Frage, wie viel Gleiches und wie viel Diverses gewollt ist. Je homogener der Kreis der Kolleginnen und Kollegen ist, desto weniger Konflikte gibt es. Das kann auch mal

Es gibt viele Weltbilder, Muster, Rechte, Spiele, Ziele, Rollen, Formen, Kulturen, Wahrheiten, Erwartungen, Erfahrungen, Maßstäbe, Zwecke und Wege.

ES GIBT NIE **EIN** WELTBILD.
ES GIBT NIE **EIN** MUSTER.
ES GIBT NIE **EIN** RECHT.
ES GIBT NIE **EIN** SPIEL.
ES GIBT NIE **EIN** ZIEL.
ES GIBT NIE **EINE** ROLLE.
ES GIBT NIE **EINE** FORM.
ES GIBT NIE **EINE** KULTUR.
ES GIBT NIE **EINE** WAHRHEIT.
ES GIBT NIE **EINE** ERWARTUNG.
ES GIBT NIE **EINE** ERFAHRUNG.
ES GIBT NIE **EINEN** MASSSTAB.
ES GIBT NIE **EINEN** ZWECK.
ES GIBT NIE **EINEN** WEG.

guttun. Die Folge von fehlenden Konflikten und homogenen Zutaten sind sinkende Anstöße zur Weiterentwicklung.

 KONFLIKTE SIND EIN TEIL UNSERER VIELFALT. WENN WIR KONFLIKTE AUSHALTEN UND IHNEN POSITIV BEGEGNEN, KANN UNSERE ARBEIT DAVON PROFITIEREN.

Es gibt viele Weltbilder, Muster, Rechte, Spiele, Ziele, Rollen, Formen, Kulturen, Wahrheiten, Erwartungen, Erfahrungen, Maßstäbe, Zwecke und Wege. Selbst wenn du 49 oder sogar 297 Kolleginnen und Kollegen hast, sind sie nur ein kleiner Ausschnitt menschlicher Vielfalt, die es auf der Welt gibt.

Die Aufzählung mag banal klingen, und doch ist unser Arbeitsalltag geprägt von EINseitigen und EINdimensionalen Debatten, die ausgrenzen. Abweichende Meinungen werden kaltgestellt, manchmal sogar verteufelt, verdammt und gekreuzigt.

Wie schafft man Teams in voller Vielfalt? Erlernte Fähigkeiten sind ein wichtiger Beitrag zum Erfolg der Firma. Zeugnisse und Zertifikate geben Auskunft über Fähigkeiten. Wer Software schreibt, löst Probleme in möglichst kurzen Codes. Zahntechnikerinnen und Zahntechniker haben eine ausgeprägte Fingerfertigkeit trainiert. Firmen suchen gezielt nach erlernten und trainierten Fähigkeiten und stellen so ihre Teams zusammen.

Daneben gibt es eine weitere Ebene der Zusammenarbeit: die Rollen, die ein Teammitglied einnimmt. Wer ist laut und prescht vor? Wer koordiniert im Hintergrund? Wer kennt immer alle Details? Wer sorgt für gute Stimmung? Ein Teammitglied mit Weitblick plant bereits die Erweiterung des Angebots. Ein anderer ist Perfektionist und will das laufende Projekt korrekt abschließen. Beides wird gebraucht. Perfektion und Weitblick sichern gemeinsam die Firma.

311 Eine Mitgründerin und ich haben zwölf Jahre lang zusammengearbeitet. Als „Innenministerin" koordinierte sie die Teams und spürte deren Sorgen und Nöte. Weil sie auch Perfektionistin ist und Details liebt, hat sie unsere Software getestet. Als „Außenminister" trug ich die Firma und Produkte nach draußen, bespielte die Marketing-Bühnen und begeisterte Kundinnen und Kunden. Als Rampensau bin ich eher für die Vision als für die Details zu haben.

Wurdest du schon mal im Bewerbungsgespräch nach deiner Teamrolle gefragt? Wahrscheinlich nicht. Denn fast immer geht es um Qualifikationen und Zertifikate. Doch jenseits aller Qualifikationen brauchen Teams interne Vielfalt. Ohne Perfektion keine Kundenzufriedenheit, ohne Rampensau keine Kunden. Drei Rampensäue ohne die Perfektion im Team würden nichts erreichen. Es gäbe viel Gebrüll und Aufmerksamkeit. Und mangelhafte Produkte. Wenn den unterschiedlichen Rollen im Team keine Beachtung geschenkt wird, entwickeln sich zufällige Dynamiken.

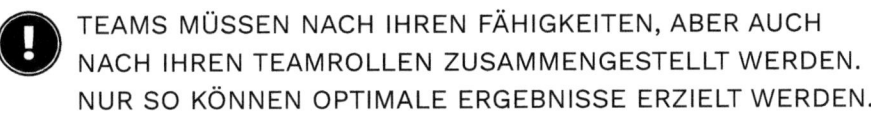

TEAMS MÜSSEN NACH IHREN FÄHIGKEITEN, ABER AUCH NACH IHREN TEAMROLLEN ZUSAMMENGESTELLT WERDEN. NUR SO KÖNNEN OPTIMALE ERGEBNISSE ERZIELT WERDEN.

Der Sozialforscher Dr. Meredith Belbin **vertiefte** die Zusammensetzung von Teams. Neun Jahre lang beobachtete er auf drei Kontinenten Hunderte Teams. Seine Belbin-Teamrollen-Analyse wird inzwischen millionenfach eingesetzt. Er nennt neun Teamrollen und Stärken – hier im generischen Maskulinum aus den Belbin-Quellen. Alle Menschen sind damit von ihm gemeint:[430]

kreative Neuerer und introvertierte Erfinder,

kommunikative Wegbereiter,
Promoter und Weichensteller,

selbstsichere Koordinatoren und
entschlusskräftige Integratoren,

dynamische, energiegeladene Macher,
die durch Wände gehen,

nüchterne, strategische, analytische
Beobachter und Controller,

diplomatische Teamarbeiter und
sympathische Feel-Good-Manager,

zuverlässige, konservative und
disziplinierte Umsetzer,

detailversessene, penibel-genaue
Perfektionisten,

technisch versierte Spezialisten
mit Fachwissen.

Alle Menschen sind in zwei bis drei Teamrollen überdurchschnittlich gut. Eine Perfektionistin kann auch Spezialistin sein. Ein guter Umsetzer kann auch Feel-good-Manager sein. Jede Kombination ist möglich. Wer durch Wände geht, ist oft auch Weichensteller.

 Stell dir deine Kolleginnen und Kollegen vor. Sind es sehr viele, fokussiere dich auf das engere Team. Wer lebt Teamspirit? Wer prescht voraus? Wer baut Menschen auf? Wer hat immer schon die nächste Idee? Wer achtet auf die Kosten? Wer kann mit allen gut? Wer vertieft sich in Details? Welche der Rollen füllst du aus?

Wie kommt Vielfalt gezielt ins Team? Erlernte Fähigkeiten stehen im Lebenslauf, doch für Teamrollen gibt es kein Diplom. Das folgende Beispiel zeigt, dass selbst in perfekt besetzten Teams die bewusste Nutzung aller vorhandenen Rollen noch nicht selbstverständlich ist.

312 Einer meiner Mitgründer war zuvor Geschäftsführer in einer Reederei, die Yachten baute. Ihre teuerste Yacht wurde an einen Kunden in den Niederlanden ausgeliefert. Wutentbrannt rief der Kunde beim Geschäftsführer an. Seine Yacht hatte viele Mängel. Ein vielköpfiges Service-Team reiste zum Kunden und arbeitete zwei Wochen lang vor Ort, um alles in Ordnung zu bringen. Das war sehr teuer und hat den Gewinn empfindlich einschmelzen lassen. Was war schief gegangen? Nach der teuren Reparatur führte der Geschäftsführer mit allen Kolleginnen und Kollegen eine Analyse der Teamrollen durch. Nun erst wurde klar, dass der Projektleiter, der das Boot vor der Auslieferung durchgecheckt hatte, sehr gut im Koordinieren von Aufgaben war. Doch er war kein Perfektionist. Kleine Mängel und Unachtsamkeiten übersah er. Ihn mit der Endabnahme zu beauftragen, war keine gute Entscheidung gewesen. Beim **Vertiefen** der Teamrollen wurde klar, dass eine andere Person im Team auf jedes Detail achtete. Dies hatte vorher eher genervt. Als eine positive Stärke war das niemandem aufgefallen. Von nun an übernahm der perfektionistische Kollege vor jeder Auslieferung die Qualitätskontrolle. Nie wieder gab es Reklamationen von Kunden.

Der Mix macht's: Erlernte Kompetenzen plus unterschiedliche persönliche Stärken werden **kombiniert**. Sind in Teams viele Rollen besetzt, erhöht das die Erfolgswahrscheinlichkeit.

GESCHENKE STATT KONFLIKTE

Rollenvielfalt bringt Erfolg. Und Konflikte. Das gehört zusammen und liegt daran, dass jemand, der in den einen Rollen besonders gut ist, in anderen nur unterdurchschnittlich performt. Der beste Analytiker hat den kompletten Durchblick, doch ihm fehlen eigene Ideen für alternative Optionen. Die visionäre Wegbereiterin hingegen tut sich mit dem Umsetzen schwer. Das bringt Reibung ins Team. Während die Rampensau schon auf der Bühne steht und Angebote anpreist, ist die analytische Denkerin noch dabei, das Problem zu lösen, und fühlt sich unter Druck gesetzt. Wenn man andere nicht versteht, ist es schwer, untereinander wertschätzend zu sein.

Weiteres Konfliktpotenzial bietet der Streit um Zeit und Ressourcen. Kreative Spinner und Macherinnen stehen in Konkurrenz zu detailverliebten Perfektionistinnen und Controllern. Wer darf schon loslegen? Wer muss warten? Wer bekommt Mittel zur Verfügung gestellt, während die anderen den Gürtel enger schnallen müssen? Ein weiterer Unruheherd wirkt: Nicht jeder im Team erlebt dieselbe Wertschätzung. Gelobt und gefeiert werden die Wegbereiterin und der Umsetzer, selten die Controllerin und der Perfektionist.

In einem Team wirken also viele Zentrifugalkräfte. Deshalb ist die Rolle des sensiblen Teamplayers so wichtig. Ist sie nicht besetzt, fliegt das Team auseinander. Die Diplomatie und die individuelle Wertschätzung schmieden einzelne Rollen zu einer funktionierenden Einheit zusammen. Große Unterschiede im Team bringen großes Team-Potenzial, wenn zusammen und nicht gegeneinander gearbeitet wird.

(313) Ein Bekannter berät eine Firma mit 500 Angestellten. Jahrelang führte diese Firma teure Prozesse vor dem Arbeitsgericht, wenn sich ehemalige Mitarbeiterinnen und Mitarbeiter durch Kündigungen ungerecht behandelt fühlten. Als die Firma einen neuen Rechtsanwalt einstellte, gab es plötzlich keine Prozesse mehr. Dieser Anwalt hatte das Talent, im Gespräch eine für beide Seiten faire Regelung zu finden. Als hochsensibler Teamplayer konnte er zuhören, beide Seiten verstehen, vernetzt denken und funktionierende Win-Win-Lösungen finden. Die Firma hatte nicht aktiv nach einem Anwalt mit den Qualitäten eines Teamplayers gesucht. Rein zufällig sparte sie viel Geld, weil der Rechtsanwalt neben seinen Fachkenntnissen auch seine persönlichen Stärken einbrachte.

> **VIELFALT BRINGT UNTERSCHIEDE UND KONFLIKTE. OHNE EINE EMPATHISCHE KOORDINATION IST DIE GEFAHR GROSS, DASS DER ERFOLG DURCH REIBUNGSVERLUSTE AUSGEBREMST WIRD.**

314 Teammuskeln lassen sich trainieren. „Ihr macht euch Geschenke", kündige ich in Seminaren die folgende Übung an. Sie funktioniert gut, wenn sich die Teilnehmenden gut kennen. Das können feste Teams in einem Unternehmen sein, aber auch Menschen, die in mehrwöchigen, berufsbegleitenden Fortbildungen oder Uni-Kursen zusammenkommen. Und so geht die Übung:

Jede und jeder in der Gruppe schreibt für jede weitere Person im Raum zwei Stärken, positive Eigenschaften und Rollen im Team auf einen Zettel. Das können zwei Worte oder Halbsätze sein, die individuell auf jede Person abgestimmt sind – wertschätzend formulierte Geschenke! Bei 21 Teilnehmenden bekommt jede Person 40 Geschenke. Die Zettel mit den Geschenken werden mit der Schrift nach unten vor die Beschenkten gelegt. Erst wenn alle Zettel verteilt sind, drehen alle gleichzeitig um. Dann gehen ein Raunen, Staunen und Jubel durch den Raum! Die Freude in den Gesichtern ist für mich immer ein Höhepunkt. „Wow, so gut seht ihr mich! Ich bin gerührt. Vielen Dank!" Und: „Das rahme ich mir als Collage ein und hänge es zuhause an die Wand." Und: „Diese Liste kommt jetzt in jede Bewerbung von mir." Wer mag, kann seine Geschenke vorlesen. Die Atmosphäre im Raum wird durch diese simple Übung warm und wohltuend. Wertschätzung **verzaubert**.

> In welchem Team äußerst du Lob für die Stärken deiner Kolleginnen und Kollegen? Wie **steigerst** und zeigst du deine Wertschätzung? Wie verteilst du Geschenke?
> In welchem Rahmen wirst du die Geschenke-Übung in dieser Woche durchführen?

315 Einer der häufigsten Kündigungsgründe ist fehlende Anerkennung im Unternehmen. Für fast die Hälfte aller Angestellten war mangelnde Wertschätzung durch Vorgesetzte der Hauptgrund gewesen, den Arbeitsplatz zu wechseln.⁴³¹

BIOTOP-GESTALTUNG FÜR TEAMS

Vielfalt in Teams führt zwangsläufig zu Vielfalt an Bedürfnissen. Manche Menschen können drei Gespräche gleichzeitig verfolgen und das Gesagte aufnehmen. Andere brauchen Ruhe, um sich auf einen Gesprächspartner fokussieren zu können. Ist das in deinem Betrieb räumlich möglich? Wird darauf Rücksicht genommen?

316 Einer meiner Freunde kann im Radio gehörte Lieder sofort auf dem Klavier nachspielen. Fantastisch! Doch mit seiner Fähigkeit des absoluten Gehörs könnte er nicht in einem vollbesetzten Büro arbeiten. Die permanente Geräuschkulisse würde ihn wahnsinnig machen.

Es geht um viel mehr als nur die Frage: Großraum- oder Einzelbüro? Das Biotop des Teams wird von viel mehr Faktoren bestimmt. Ständiger Austausch oder einfach mal in Ruhe machen lassen? Vier Stunden am Stück an der Tastatur schreiben oder Ideen spinnen in der Küche? Eigener Schreibtisch oder *shared workspace*? Die neueste App oder lieber Bleistift und Papier? Jeder Mensch hat Vorlieben und Bedürfnisse, die je nach Aufgabe und Tagesform variieren. Und immer gibt es Wege, diese wertungsfrei zu ermöglichen.

 BESTLEISTUNG IM TEAM BRAUCHT EINE AUF DIE FÄHIGKEITEN UND EIGENSCHAFTEN MÖGLICHST ABGESTIMMTE UMGEBUNG. SO KANN POTENZIAL ZUR VOLLEN ENTFALTUNG KOMMEN.

Leider fehlt in den meisten Firmen das Verständnis für die unterschiedlichen Bedürfnisse und Fähigkeiten diverser Menschen mit vielfältigen Talenten, wie dieses negative Beispiel zeigt:

 Eine hochbegabte Anwältin hat mit 25 Jahren ihr Staatsexamen gemacht und gleich eine Stelle gefunden. Ihr erster Auftrag in der Wirtschaftskanzlei war das Korrekturlesen eines sehr anspruchsvollen und umfangreichen Versicherungsvertrags. Die Anwältin brauchte viel weniger Zeit als vom Vorgesetzten geplant war. Statt sich über das Geschenk präziser und schneller Arbeit zu freuen, reagierte der Chef mit dem Demotivationshammer: „Na schön, ich habe noch einen anderen Vertrag für Sie. Aber bitte nicht mehr ganz so schnell – was sollen Ihre Kollegen denken!"[432]

Viele Menschen müssen diese Erfahrung machen: Wer abweicht, wird genormt. Eine Norm bedeutet, dass es ein „richtig" und ein „falsch" gibt. Ein „gut" und ein „schlecht". Ein „So macht man das!" und ein „So ist es aber falsch!" Dies ist ein verhängnisvoller Denkfehler. Denn wer ist die Norm? Menschen, die von acht bis dreizehn Uhr in Vollzeit arbeiten? Oder die, die eine etablierte 40-Stunden-Woche haben? Pflegekräfte, die gerade den Pflexit gewählt haben? Oder 15.000 Pflegekräfte, die in Teams ihre Arbeitszeit selbst koordinieren?

Ähnlich irreführend wie eine Norm ist das Wort Inklusion. Es beschwört ein Bild herauf, in dem es eine Mitte gibt, in die diejenigen geführt werden, die am Rand stehen. Wenn es eine Mitte gäbe, wer säße darin? Menschen in Konzernen oder im Handwerk? Laute Rampensäue? Umsichtige Teamplayer? Die präzise, schnelle Anwältin? Ihr demotivierender Chef? Wäre es nicht wirkungsvoller, gar keine Mitte und damit auch keinen Rand anzunehmen?

! NUR WENN UNSERE WELT EINE MITTE UND EINEN RAND HAT, IST AUSGRENZUNG MÖGLICH. DIES ENTSPRICHT EINEM WELTBILD, IN DEM DIE ERDE EINE SCHEIBE IST. EIN HOCH DARAUF, DASS WIR AUF EINEM GLOBUS LEBEN – MITTE-LOS UND RAND-LOS.

318 „Autismus ist kein Betriebsfehler, sondern ein anderes Betriebssystem", heißt es auf der Webseite von Auticon. Das Unternehmen bringt Menschen mit Autismus und IT-Projekte zusammen. Autistinnen und Autisten, die über herausragende kognitive Stärken verfügen, können so ihre Präzision, Agilität und neuen Denkweisen einbringen.[433]

RESPEKT MIT UND-VIELFALT

Was brauchen wir, um die Stärken und besonderen Fähigkeiten von Teammitgliedern wertschätzend wahrzunehmen? Das Zauberwort heißt: gegenseitiger Respekt. Der Chef der hochbegabten Anwältin hatte keinen Respekt vor ihr und ihrer besonderen Leistung. Mit seinem Wunsch nach gleichem Tempo im Team statt der vorhandenen Vielfalt schadet er seinem Unternehmen. Je diverser das Team ist, umso stärker wächst der Bedarf an Respekt.

 ÜBERWIEGEN DIE UNTERSCHIEDE UND FLIEGEN DIE FETZEN, ENTSCHEIDET DER RESPEKT UNTEREINANDER, OB DER STREIT KONSTRUKTIV ODER ZERSTÖRERISCH WIRKT.

Respekt bedeutet, anderen Menschen zuzuhören und sie wertschätzend zu unterstützen. So werden Konflikte zu starken Gesprächen, in denen Ideen und Talente zur Entfaltung kommen. Anderssein wird nicht heruntergemacht, sondern es wird respektvoll und interessiert gefragt.

„Wie meinst du das? Habe ich dich richtig verstanden?"

„Mit ein bisschen mehr Chili wäre die Wirkung bei mir schärfer. Schmeckt sie dann vielleicht noch besser?"

„Vor pinkem Hintergrund käme der schwarze Strich noch besser heraus. Was meinst du?"

> „Du hast 20 Jahre ohne fließendes Wasser gelebt?
> Wie war das für dich?"

Respekt bedeutet auch, die Größe zu haben, anderen den Vortritt zu lassen. Es ist eine Frage des Respekts, ob Teammitglieder die Fähigkeiten der anderen gelten lassen können.

> **❗ RESPEKTVOLLER STREIT LÄSST NEUE ERKENNTNISSE WACHSEN UND PRODUKTIDEEN REIFEN.**

319 Wenn ein Azubi eine geniale Idee hat, könnte der Chef aus Angst vor Bloßstellung die Idee ablehnen. Doch das wäre respektlos dem Azubi und dem Unternehmen gegenüber. Oder der Chef sagt: „Wow, du bist 18 Jahre alt, und du hast ein Problem gelöst, das uns schon dreißig Jahre beschäftigt hat. Was für ein Reichtum! Danke. Das machen wir."

> ✓ Wirken deine Worte unterstützend für andere Menschen und Talente? Lässt du Ideen reicher und reifer werden, unabhängig davon, wer sie hat? Kommen Menschen gerne zu dir mit ihren Fragen und Ideen, weil du ihnen offen zuhörst?

1996 habe ich einen Wettbewerb veranstaltet, zu dem der damals 20-jährige René Schmidt das folgende Gedicht „Und statt oder" geschrieben hat. – @ René: Leider habe ich deine Spuren verloren. Ich hoffe, du freust dich, dass ich dein Gedicht zitiere. Melde dich gerne bei mir.

> „Leben oder Sterben
> Moslems oder Serben
> Frieden oder Krieg
> Verlust oder Sieg
> Jetzt oder nie
> Wir oder sie

Leben statt Sterben
Häuser statt Scherben
Lachen statt Trauern
Brücken statt Mauern
Blumen statt Eis
Bunt statt schwarzweiß
Leben und Sterben
Moslems und Serben
Gleich und verschieden
Hassen und lieben
Du und Massen
Leben und leben lassen."

„Und" bringt Leben, Vielfalt und gemeinsamen Erfolg. „Oder" führt zu Besserwisserei, Ideen-Tod, Verlust von Vielfalt, Abgrenzung, Feindschaft und im schlimmsten Fall zu Krieg.

 Im Fußball gelten seit vielen Jahren Ronaldo und Messi als die besten Spieler. Es gibt Ronaldo-Fans und Messi-Fans. Die einen bewundern die geniale Schusstechnik und Abschlussqualität, die anderen staunen über den hervorragenden Dribbler, der auch bei hohem Tempo den Ball perfekt am Fuß halten kann, während er die Übersicht für besser postierte Spieler hat. Kaum jemand schätzt beide Fußballer. Was ist so schwer an: Messi *und* Ronaldo?

Als soziale Wesen lieben wir das „Und". Doch wenn Menschen sich in Konkurrenz erleben, um zu überleben, überwiegt das „Oder" in uns. Mit einem offenen „Und" erkennen wir diverse Erfahrungen, Wünsche, Muster und Traditionen an, ohne alle übernehmen zu müssen.

Bist du Team „Und"? Bist du Team „Oder"? Bemühst du dich um mehr „Und" und Zuhören in deinem Leben? Wie wirkt der Wandel vom „Oder" zum „Und" bei dir? Erlebst du fremde Meinungen, Kulturen und Sprachen als Abenteuerreise?

„Und" bedeutet nicht, dass alle Menschen deine Freunde werden. „Und" bringt wertfreien Respekt für andere Menschen, die einmalig sind wie du. Fehlt Respekt, sind Besserwisserei und „Oder"-Abgrenzung die Folge. Wird Respekt **gesteigert**, werden uns diverse Zutaten, Bilder, Gedanken, Meinungen, Erfahrungen und Handlungen **verzaubern**, und wir können andere Sichtweisen vielfältig **entdecken, vertiefen, übertragen** und **kombinieren**. Respekt bedeutet:

Alle Menschen sind wertvoll, auch du.
Alle Menschen sind einmalig, auch du.
Alle Menschen verdienen Wertschätzung, auch du.

Neben Respekt ist Humor ein mächtiges Mittel. Lachen wir andere Menschen aus, trennen wir uns von ihnen. Gemeinsamer Spaß und wohlwollender Humor hingegen verbinden. Auch eigene Pannen und Missgeschicke, die wir lachend miteinander teilen, können Gemeinschaft stiften. Gemeinsames Leid sowie freudvolle Erinnerungen führen zusammen.

Was hingegen immer trennt, ist unfaire und harsche Kritik. Interessieren dich fremde Ideen, Meinungen und Sichtweisen, dann beherzige bitte: *Don't criticize, improve!* Kritisiere nicht den Menschen, seine Worte und Ideen, sondern höre zu und unterstütze die Stärken. Reichere Ideen und Vorschläge mit weiteren Zutaten, Farben, Formen, Materialien und konstruktiven Fragen an. Das ist Respekt. Mit gelebter Vielfalt, produktivem Anderssein und respektvollem Streit entwickeln Firmen eine Unternehmenskultur, die magnetisch anziehend wirkt. So lösen sie ganz nebenbei eine andere große Herausforderung – die Gewinnung von Fachkräften.

321 „Diversität macht Spaß. Sie führt zu Offenheit, Loyalität und Kreativität, wenn sich alle einbringen",[434] sagt Ayla Busch der BUSCH SE und Aufsichtsrätin der Pfeiffer Vacuum.

322 Der Verein Charta der Vielfalt bringt seit zehn Jahren die Verbreitung und Wertschätzung von Diversität in der Arbeitswelt voran. 4.500 Unternehmen und Institutionen haben die Charta bisher unterzeichnet. Damit repräsentiert der Verein 14,6 Millionen Arbeitnehmende in Deutschland.[435]

> Vielfalt ist unfassbar bunt.
>
> Sie ist tief und weit, schrill und still, heiß und kalt, magnetisch und abstoßend, klar und chaotisch, fantastisch und unpassend.
>
> Sie ist reich und widersprüchlich.
>
> Sie ist streitbar und legt sich mit allem an.
>
> Sie ist großzügig und großherzig.
>
> Sie führt zu Widerspruch und Missverständnissen.
>
> Sie ist Wandel und Innovation.
>
> Vielfalt ist Leben.

Im 7. Kapitel geht es um Städte, die freundlich sind zu Menschen, und um Materialien, die uns guttun.

7. LEBEN IN RESILIENTEN STÄDTEN

Beim **Übertragen** wird eine etablierte Lösung aus einem anderen Kontext genommen, und die fachfremde Zutat löst das Problem. Ein etabliertes Produkt oder Material wird auf ein anderes Thema **übertragen**, dabei werden überraschende Verbindungen neu **kombiniert**.

323 Frosta stellt Tiefkühlnahrung her. TK-Verpackungen sind bisher aus reißfestem Plastik, das undurchlässig für Feuchtigkeit ist und tiefe Temperaturen aushält. Doch Frosta wollte das Plastik mit einem umweltschonenden Material **ersetzen**. TK-Verpackungen aus Papier – klingt völlig verrückt. Als Vorbild dienten Zementsäcke. Auch sie sind reißfest und wasserabweisend. Woraus besteht eine Zementsack-Verpackung? Aus Papier! Die Materialien des Zementsacks wurden auf Tüten für Tiefkühlnahrung **übertragen**. Heute bestehen Frosta-Verpackungen aus zwei Lagen unterschiedlichen Papiers, und Stärke dient als Klebemittel. Die Innovation wurde mit dem Deutschen Verpackungspreis ausgezeichnet und ist zum Patent angemeldet.[436]

Wir können Eigenschaften und Materialien auf ganz neue Gebiete **übertragen**. Wir können Altbekanntes mit brandneuen Innovationen **kombinieren**. Die unendlichen Möglichkeiten, die sich aus **Übertragen** und **Kombinieren** ergeben, werden auch im Hausbau und Städtebau eingesetzt. Was noch vor ein paar Jahren als unmöglich galt, wird heute schon in großem Maßstab angewendet, um sich an neue Bedürfnisse und Rahmenbedingungen anzupassen.

SCHWÄMME UND WINDELN FÜR STÄDTE

324 Mit fast 2,5 Millionen Beschäftigten und 444 Milliarden Euro Bauvolumen 2021 ist das Baugewerbe für den Arbeitsmarkt bedeutsam. In 76.800 Unternehmen im Bauhauptgewerbe sind 894.000 Menschen beschäftigt, im Ausbaugewerbe mit 255.000 Betrieben arbeiten gut 1,2 Millionen Beschäftigte.[437] 2019 erwirtschafteten 138.773 Erwerbstätige in deutschen Architekturbetrieben etwa 12,4 Milliarden Euro.[438] Auch Städte und Kommunen beschäftigen Baufachleute im Bauamt, bei Hochbau- und Tiefbauprojekten sowie im Straßenbau.

Wie wir bauen, bestimmt unsere Gesundheit und Lebensqualität. Produktive Arbeit braucht eine Umgebung, in der Abläufe funktionieren und in der wir uns wohlfühlen. Deshalb rücken Architektur und Stadtplanung sowie die verwendeten Baustoffe immer weiter in den Fokus. Unsere Ansprüche ändern sich, und wir müssen uns an eine Umwelt im Klimawandel anpassen.

Eine der Folgen des Klimawandels sind lange Dürremonate und mehr Starkregen-Ereignisse. Die Kanalisation ist auf schlagartig auftretende Wassermassen nicht vorbereitet. Zudem trocknet Deutschland aus und gehört bereits heute zu den Regionen mit dem höchsten Wasserverlust pro Jahr weltweit.[439] Wie können beide Probleme gelöst werden? Wie können überflutete Straßen und Keller vermieden und Wasser für trockene Tage aufbewahrt werden? Muss das Rad neu erfunden werden? Oder können wir bekannte Strukturen **übertragen**?

Städte brauchen die Vorteile eines Schwamms. Ein normaler Zelluloseschwamm kann das 20-fache seines Eigengewichts an Wasser aufnehmen. In der Natur übernimmt der Erdboden diese Aufgabe. Seit Milliarden Jahren nimmt er Regenwasser auf, speichert ihn und stellt ihn den Pflanzen zur Verfügung. Durch die Versiegelung von Flächen mit Gebäuden, Straßen und Parkplätzen verhindern wir den natürlichen Schutz. Nun werden die Eigenschaften von Schwämmen auf Städte **übertragen**, damit kein Regenwasser mehr verloren geht.

325 In Berlin gibt es seit 2018 die Regenwasseragentur.[440] Bei Neubauten innerhalb des S-Bahn-Rings darf kein Regenwasser mehr in die Kanalisation fließen.[441] Wie das möglich ist, zeigt der Berliner Stadtteil Adlershof. Hier wurden fast alle Gullys **gestrichen**, und neben Gehwegen fangen wannenförmige Mulden den Regen auf. Regenwasser wird gezielt zu Grünflächen geleitet, die tiefer als die Straßen liegen. Die Dächer von Neubauten sind begrünt, auch dies **steigert** die Speicherung von Wasser. So wie ein Schwamm können sich viele Strukturen des Stadtteils mit Wasser vollsaugen. „Schwammstadt" wird das genannt und ist eine weltweite Entwicklung. Während ein Kanalisationssystem das Wasser zu wenigen, zentralen Sammelstellen führt, speichert eine Schwammstadt Regenwasser lokal.[442]

326 Ähnlich wie der Schwamm wird auch das Prinzip der Babywindel **übertragen**, um Regenwasser zu speichern und Pflanzen länger mit Wasser zu versorgen. Geohumus besteht aus anorganischen, fein gemahlenen Gesteinsmehlen und einem organischen Polymer. Das Granulat kann das bis zu 40-fache seines Eigengewichtes an Wasser speichern. Bei Bedarf bedienen sich Pflanzenwurzeln an dieser Wasserquelle.[443]

Denke an ein Problem, das du lösen willst. Schau dich in deinem Zimmer um und nimm einen Gegenstand, ein Material, eine Struktur oder Eigenschaft. **Übertrage** diese Eigenschaft auf dein Problem. Wie löst die Übertragung dein Problem? Nimm einen anderen Gegenstand und löse mit dem Material dein Problem. Wie wird der **Nutzen erhöht** für dich? **Kombiniere** beide **Übertragungen.** Wie lösen sie dein Problem?

327 Spinnenfäden gehören zu den stärksten natürlichen Materialien. Sie lassen sich um das Dreifache ihrer Länge dehnen und sind gleichzeitig viermal belastbarer als Stahl.⁴⁴⁴ Wissenschaftler in aller Welt arbeiten daran, die Eigenschaften der sogenannten Spinnenseide auf neue Materialien zu **übertragen**. Die verwendeten Proteine stammen aus Pflanzen. Das neue Material ist stabil und reißfest, und die Herstellung benötigt nur wenig Energie. Der Vorteil dieser Alternative zu Plastik: Sie lässt sich kompostieren, und in Flüssen und Meeren löst sie sich auf.⁴⁴⁵

Ein wichtiger Faktor unserer Lebensqualität ist die Luft, die wir atmen. Schädliche Emissionen sind Gefahren für unsere Gesundheit besonders in Städten, wo viele Menschen auf wenig Raum leben. Industrie und Verkehr führen zu Smog.

328 Erstmals nach drei Jahrzehnten sahen die 890.000 Einwohner der nordindischen Stadt Jalandhar im Lockdown 2020 wieder die Berge des 200 Kilometer entfernten Himalaya.⁴⁴⁶

Mit intelligenten baulichen Maßnahmen werden Schadstoffe in der Luft **reduziert**. Gleichzeitig wird die Anzahl der Jobs in grünen Berufen **gesteigert**.

329 Madrid zählt heute schon zu den grünsten Städten der Welt. Trotzdem leiden die 3,4 Millionen Einwohner im Sommer unter Hitze und schlechter Luftqualität. In den großen Parks der Stadt spenden Bäume Schatten, speichern Feuchtigkeit und bewirken eine Abkühlung. Doch die vorhandenen Grünflächen reichen nicht aus, um die Metropole so zu kühlen, damit Menschen auch zukünftig in Madrid leben und arbeiten können. Deshalb wird die schützende Funktion eines mittelalterlichen Burgwalls auf die spanische Metropole **übertragen**. Es entsteht eine grüne Stadtmauer aus

500.000 Bäumen, die die gesamte Stadt umschließt. 2032 soll der 75 Kilometer lange Klima-Schutzwall aus Bäumen fertig sein.[447] Bereits vorhandene Parks und Grünflächen werden in den Stadtwall integriert, 600 Hektar Brachflächen werden mit einheimischen, dürreresistenten Bäumen bepflanzt. Das 75-Millionen-Euro-Projekt kurbelt die regionale Wirtschaft an. Arbeitsplätze: **gesteigert**. Stadtklima: **gesteigert**. CO_2-Bindung: **gesteigert**. Lebensqualität: **gesteigert**.

> MODERNER STÄDTEBAU STELLT UNS GESUNDE ORTE ZUM WOHNEN UND ARBEITEN, FÜR SPORT, HOBBYS, SPIELEN UND GEMEINSCHAFT ZUR VERFÜGUNG, AN DENEN WIR UNS WOHLFÜHLEN.

> **330** Die Non-Profit-Organisation „Bauhaus der Erde" arbeitet an der Vision, das Bauen zu transformieren. Dazu betreibt sie einen Think-Tank und bildet ein branchenübergreifendes Netzwerk unter Entscheidungsträgern in aller Welt.[448]

> Wie bereitet sich deine Stadt oder dein Landkreis aktiv auf das veränderte Klima vor? Mit Schwämmen, Windeln oder grünen Schutzwällen? Frag die Verantwortlichen, und erzähle ihnen von Schwammstädten und Spinnenfäden. Rege sie mit spannenden Erzählungen an, selbst aktiv zu werden.

KLIMASCHUTZ DURCH NEUE BAUMATERIALIEN

Bäume schützen Menschen und Städte nicht nur als lebendiger Schutzwall. Sie sind auch als Baustoff geniale Klimaschützer. Noch ist Beton das wichtigste Baumaterial, doch der Status quo verursacht Milliarden Tonnen Probleme.

331 Jährlich werden weltweit 4,6 Milliarden Tonnen Zement produziert. Bei der Herstellung dieses Bindemittels entstehen 2,8 Milliarden Tonnen CO_2. Damit verursacht das Bauen mit Beton acht Prozent der weltweiten CO_2-Emissionen.[449]

Holz ist eine klimafreundliche Alternative für Beton. Beim Bau von Supermärkten, Schulen, Brücken und auch in Wolkenkratzern wird Holz als Baustoff eingesetzt. Denn es ist nachhaltig, speichert CO_2, verkürzt Bauzeiten und bietet ein gutes Raumklima.

332 „Ich denke, dass das Holz der Baustoff der Zukunft ist. Also wenn Beton der Baustoff des 20. Jahrhunderts war, dann ist Holz mit Sicherheit der Baustoff des 21. Jahrhunderts", sagt Architektur-Professor Alexander Stahr.[450]

Holzbau **reduziert** den CO_2-Gehalt in der Atmosphäre gleich zweifach: Es bindet CO_2 und **ersetzt** die CO_2-intensive Produktion von Beton.

333 Das 80 Meter hohe Sara Kulturhus[451] im schwedischen Skellefteå ist ganz aus Holz gebaut. Es umfasst sechs Theaterbühnen, die Stadtbibliothek, zwei Kunstgalerien, das höchste hölzerne Hotel der Welt mit 205 Zimmern, ein Konferenzzentrum, Restaurants und eine Skybar. Ein ausschlaggebender Faktor für die Realisierung dieses Mammutprojekts war der außergewöhnlich geringe CO_2-Fußabdruck. Innerhalb der nächsten 50 Jahre wird das Gebäude CO_2-negativ geworden sein.[452] Architekt Oskar Norelius **träumt** davon, nicht nur einzelne Gebäude, sondern ganze nachhaltige Städte zu bauen.[453]

334 Bis 1994 hatten Holzhäuser in Schweden maximal zwei Etagen.[454] Dass sie heute Wolkenkratzer-Höhe erreichen, ermöglichen neue Technologien in der Holzverleimung. Geleimtes Brettschichtholz **ersetzt** Vollholzbalken, denn es ist deutlich stabiler.[455]

Brettschichtholz ermöglicht Höhenrekorde von Gebäuden, die aus Holz bestehen. Auch immer größere, freitragende Dachflächen werden möglich.

> Der Burrard Exchange Tower in Vancouver, Kanada, hat sechzehn Stockwerke.[456]

> In Norwegen steht der Mjøsa Tower mit 85,4 Metern.[457]

> Eine neue Sporthalle in Tokio bietet mit einer 90 Meter langen Decke aus 2.300 Kubikmetern Holz eine einmalige Atmosphäre.[458]

Es müssen nicht immer 100 Prozent Holz sein. In der Holz-Hybridbauweise sind tragende Säulen und Außenwände aus Holz, das zentrale Treppenhaus ist aus Beton gegossen.[459]

335 In einem 84 Meter hohen, 24-stöckigen Hochhaus in Wien **reduzieren** 800 Säulen aus österreichischer Fichte den Stahlbeton-Anteil im Gebäude.[460] Auch Wandelemente und Decken sind aus Holz. Insgesamt wurde der Anteil von Holz auf 75 Prozent **gesteigert**.

336 Mit Blick aufs Tempodrom nahe dem Potsdamer Platz wird in Berlin mit 98 Metern das bisher höchste Holz-Hochhaus Deutschlands gebaut.[461] Innen wird ein Kreuzberger Mix geplant, der 60 Prozent Wohnfläche mit 25 Prozent für Gewerbe und 15 Prozent für Co-Working und Kindergärten **kombiniert**.[462]

Holz als Baustoff punktet nicht nur mit einer sehr guten CO_2-Bilanz. Ein weiterer Vorteil sind **reduzierte** Bauzeiten.

337 In der Lynarstraße in Berlin-Wedding ist 2018 eins der größten – nicht höchsten – Holzhäuser Deutschlands entstanden mit Platz für 98 Wohnungen. Es soll wegweisend für Wohnungsbauprojekte der Zukunft sein.

3.700 Kubikmeter Holz von Fichten und Douglasien wurden verbaut. Die Bauteile wurden überwiegend fertig vormontiert angeliefert, so wurde das Bautempo **gesteigert**.[463]

338 Nur fünf Wochen dauerte es, bis der Rohbau eines mehrstöckigen Wohnhauses in Leipzig-Grünau stand. Für die Holzhybridbauweise kamen die 25 Zentimeter dicken Holzwände als vorgefertigte Teile aus einer Torgauer Tischlerei.[464]

Holz ist leicht und eignet sich deshalb gut für Aufbauten auf bestehenden Gebäuden. So wird Wohnraum geschaffen, ohne weitere Flächen im Umland durch Neubauten zu versiegeln.

339 In Berlin Lichtenberg wurde ein sechsgeschossiger Plattenbau um zwei Etagen im Holzbau ergänzt. So entstanden 50 neue Wohnungen.[465]

Suche ein Gebäude in deiner Nähe, das mit Holz gebaut wurde. **Vertiefe** deine Kenntnisse über den Einsatz von Holz in diesem Gebäude. Ist es ein kompletter Holzkern, eine hybride Bauweise, ein Aufbau? Kam Brettschichtholz zum Einsatz? Mit welchen Materialien wurde Holz **kombiniert**? Vereinbare eine Besichtigung.

340 „Es braucht diese positiven Beispiele, um auch in den Köpfen der Menschen, die nichts mit dem Bauen zu tun haben, zu verankern, dass es nicht nur gesund ist, in einem Holzhaus zu wohnen, sondern, dass man dort auch sicher ist" sagt Alexander Stahr, Architektur-Professor in Leipzig.[466]

Neben der Sorge, ob Holz die Lasten von Hochhäusern tragen kann, spielt auch die mögliche Brandgefahr eine Rolle. Doch die Annahme, dass Holzhäuser leicht brennbar sind, ist falsch.

341 Holz besitzt eine geringe Wärmeleitfähigkeit. Man muss sich sehr viel Mühe geben, um einen dicken Holzbalken anzuzünden. Und sollte er trotzdem in Brand geraten, brennt er langsam und kontrolliert ab.[467] Auf der Oberfläche des Holzes bildet sich eine Schutzschicht aus Holzkohle, die für enorme Widerstandsfähigkeit sorgt, während ein Stahlträger unter großer Hitze eines Brandes unvermittelt wegknicken könnte.[468]

> **!** HOLZ IST SICHER UND **ERSETZT** BETON,
> UND HOLZ MACHT GEBÄUDE UMWELTFREUNDLICH.

342 Sogar im Weltraum wird Holz eingesetzt. 2022 startet der erste Nano-Satellit aus Holz ins All.[469] Holz verglüht anders als Metall komplett, wenn der Satellit nach Abschluss der Aufgabe zurück zur Erdoberfläche stürzt und in die Atmosphäre eintritt.

> **✓** Nimm ein bekanntes Material wie Beton, das zu Problemen führt. **Ersetze** es durch ein anderes Material. Wie reagiert dieses Material bei der Nutzung? Wie wird der **Nutzen erhöht**? Kannst du diese Wirkung weiter **steigern** durch das **Ersetzen** mit einem anderen Material?

Holzbau wird auch **kombiniert** mit Solarenergie, einem Schwammdach und gesunder Mobilität.

343 Am Hauptbahnhof Eberswalde wird ein Fahrradparkhaus aus Holz gebaut für über 600 Fahrräder. Das begrünte Dach schützt und kühlt, die Photovoltaikanlage versorgt das Parkhaus mit Eigenstrom.[470]

Nicht nur Holz ist ein sinnvoller Ersatz für für Beton. Viele alternative und regenerative Baustoffe bekommen eine Chance, ihre Vorteile zu beweisen.

344 Hanf wächst schneller als Holz und ist als Baustoff zudem ein guter Wärmespeicher. Eine weitere Dämmung wird nicht mehr benötigt.[471]

345 Das spanische Pilotprojekt Paperchain testet, ob Straßen aus recyceltem Papier gebaut werden können. Die innovative **Kombination** aus Papier und Straßenbau könnte Zement **ersetzen** und so die Kohlenstoffemissionen im Straßenbau um bis zu 75 Prozent senken.[472]

Bauen ist teuer, doch beim Abriss von Gebäuden werden nur acht Prozent der wertvollen Baustoffe recycelt. 92 Prozent der Materialien landen auf dem Müll. Dabei steckt in Häusern beim Abriss viel wertvolles Baumaterial. Doch weil der bilanzielle Wert dann bei null liegt, wird meist der komplette Bauschutt ins Ausland transportiert. Mit neuen Materialien wird neu gebaut. Das heißt: doppelte Transportwege, die doppelte Menge an Rohstoffen und noch mehr Energie zur Herstellung von neuen Baustoffen.

346 Noch werden die Materialmengen in Neubauten nicht dokumentiert. Das soll eine Datenbank ändern. Sie behandelt ein Haus wie ein Rohstofflager und erfasst, was in ihm steckt. So werden Erträge aus dem Materialverkauf beim Abriss bilanziell berücksichtigt. Werden Gebäude als Rohstofflager angesehen, gäbe es Abschreibungen auf null nicht mehr. Das würde die Ergebnisrechnung vieler Unternehmen auf einen Schlag verbessern.[473]

Damit aus linearem Bauen ein Kreislauf des Bauens wird, brauchen wir neue Spielregeln. In der Bauindustrie könnten Gebäude zu 100 Prozent aus recycelbaren Materialien entstehen. Klingt das nach zu radikalen Eingriffen in die Entscheidungsfreiheit, wie wir bauen wollen? Recycling würde uns auch Freiheiten schenken: Freiheit für Lebensqualität und Freiheit von Müllbergen.

347 Das Prinzip „Cradle to Cradle" achtet auch bei Gebäuden auf die Recycelbarkeit aller Baustoffe – bevor überhaupt der erste Spatenstich gemacht wird. Abfall gibt es dann kaum noch.[474]

348 Das niederländische Unternehmen StoneCycling hat ein Verfahren entwickelt, mit dem Bauschutt zu Kunststein wird. In Manhattan wurden 253 Tonnen Bauschutt für die Fassade eines Neubaus verwendet. 60 Prozent des verwendeten Schutts bestanden aus alten Keramik-Toilettenschüsseln und Dachziegeln.[475]

349 In Deutschland wurde das bundesweit erste Recyclinghaus im Sommer 2019 fertiggestellt. Mehr als die Hälfte der Baumaterialien des Neubaus wurde wiederverwendet. Die Holztüren stammen von einem alten Bauernhaus, die Fassadendämmung besteht aus recycelten Kakaobohnen-Jutesäcken.[476]

> **!** DER **TRAUM** VON GEBÄUDEN, DIE IN ENDLOSSCHLEIFEN IMMER WIEDER AUSEINANDERGENOMMEN UND NEU ZUSAMMENGESETZT WERDEN, KANN REAL WERDEN. BAUSCHUTT WIRD **GESTRICHEN**.

MÜLL
GESTRICHEN

Das **Kombinieren** und **Übertragen** funktioniert auch beim Thema Müll sehr gut. Eine wichtige Aufgabe zukünftiger Arbeit wird ein komplett neuer Umgang mit Müll sein. Wenn wir Müll **reduzieren** und Abfall **streichen**, weil wir recycelbare Materialien verwenden, entsteht eine echte Kreislaufwirtschaft.

350 Deutschland ist Exportweltmeister im Müllexport. Deutschland hat im Jahr 2018 mehr Müll ins Ausland ausgeführt als Maschinen, schreibt Professorin Dr. Maja Göpel.[477] Der Vergleich bezieht sich auf gelieferte Tonnen. Statista zeigt, wohin deutscher Plastikmüll auswandert.[478]

Im Müll stecken viele Rohstoffe und Ressourcen. 800 Milliarden Euro umfasst eine echte Kreislaufwirtschaft, die zudem Probleme wie Umweltverschmutzung oder Lieferengpässe löst. Doch Deutschlands Industrie droht den Anschluss beim Recycling zu verlieren.[479]

351 Statt konsequent einen Recycling-Markt aufzubauen, zahlt Deutschland der EU für jedes Kilogramm Plastikmüll, das nicht recycelt wird, sogar hohe Strafzahlungen.[480]

Unternehmen arbeiten daran, Plastikverpackungen durch alternative, umweltfreundlichere Materialien zu **ersetzen**. Das liegt nicht zuletzt an den Wünschen ihrer Kundinnen und Kunden.

352 Von 20.000 Menschen, die in 28 Ländern befragt wurden, wünschen sich 75 Prozent ein Verbot von Plastik, das nur einmal verwendet wird.[481]

353 Die Verpackung von Smarties besteht seit 2021 zu 100 Prozent aus Papier und kann im Altpapier entsorgt werden. Jährlich werden nun 20 Milliarden Schokolinsen pro Jahr für Verbraucher in 50 Ländern in Papier verpackt und 191 Tonnen Plastik **gestrichen**.[482]

354 Sogar Plastikflaschen könnten durch Papier **ersetzt** werden. Coca-Cola hat einen ersten Prototyp aus Holzfasern entwickelt. Die dänische Firma Paper Bottle Company arbeitet an Papierflaschen für Carlsberg, Absolut Vodka und L'Oréal.[483]

Papier erweist sich als vielfältig einsetzbares Material. Auch andere Stoffe erobern die Märkte.

355 Teller aus Bananenblättern und Verpackungen aus Algen ersetzen Einweg-Plastik.[484]

356 Italienische Designer von Krill Design bauen wasserfeste und kompostierbare Lampen aus Orangenschalen.⁴⁸⁵

Lampen aus Orangenschalen finde ich genial! Wir können alle Produkte kreativ wandeln.

 Nimm ein Material, das du regelmäßig wegwirfst. **Entdecke** einen zweiten Nutzen dafür. Was baust du daraus? Welche Aufgabe wird gelöst? Wie funktioniert der neue Gegenstand? Was siehst du? Was hörst du? Was passiert?

Viele Initiativen und Unternehmen arbeiten an vereinfachten Lösungen und streichen Müll.

357 Die portable Laterne des Start-ups E-Dina aus Kolumbien **streicht** potenziellen Schrott und **vereinfacht** den Zugang. Ihre Batterie nutzt Meerwasser als Elektrolyte. Die WaterLight-Lampe kann Lichtquellen **steigern** für 759 Millionen Menschen, die ohne Elektrizität leben. Mit dem eingebauten USB-Slot dient die Laterne auch als Powerbank und lädt Handys auf.⁴⁸⁶

Die **Kombination** von Elektronik und Kreislaufwirtschaft reduziert Müll.

358 Unicorns sind Start-ups, deren Wert mit einer Milliarde Dollar bewertet werden. Das erste deutsche Einhorn der Kreislaufwirtschaft heißt Grover. Sein Geschäftsfeld ist Miet-Commerce. Grover hat das Geschäftsmodell der Streamingdienste auf Elektronik **übertragen**. Das Unternehmen vermietet Smartphones und Laptops auf monatlicher Basis. Die Elektronik-Abos **streichen** die Wegwerf-Mentalität und **steigern** die lange Nutzung von Produkten.⁴⁸⁷

Auch die **Kombination** von regional erzeugten Fischen und Kräutern spart viele Tonnen Müll.

359 Für den Bau eines visionären Rewe-Markts in Wiesbaden wurde der Anteil an Holz **gesteigert**. Das auf Holzsäulen ruhende Holzgewölbe wirkt wie ein Marktplatz. Das Dach dient der Produktion von Lebensmitteln. 14.000 Töpfe Basilikum pro Woche werden plastikfrei verpackt, so werden 12 Tonnen Plastik pro Jahr **gestrichen**. Daneben werden Buntbarsche gezüchtet und eine Tonne frischer Fisch pro Monat verkauft. Lange Transportwege mit hohen Emissionen sind **gestrichen**.[488] Das Wasser aus der Fischzucht liefert die Nährstoffe für das Basilikum. Dieser Wasserkreislauf **reduziert** zudem den Wasserverbrauch. Das sogenannte Aquaponik-Verfahren[489] wird von der Firma ECF Farmsystems betrieben.[490]

3D-DRUCK VERZAUBERT UND VEREINFACHT

3D-Druck ist eine weitere faszinierende Möglichkeit, der Baubranche Innovationsimpulse zu verleihen. Ganze Gebäude können Schicht für Schicht von 3D-Druckern gedruckt werden. Neben Beton kommen auch völlig neue Materialien zum Einsatz, die recycelt und dann erneut gedruckt werden können.

360 In Niederösterreich entstand in nur 45 Stunden Druckzeit der Rohbau eines 125 Quadratmeter großen Bürogebäudes.[491]

361 Das erste Wohnhaus in Deutschland aus einem 3D-Drucker wurde im Juli 2021 eingeweiht. Das Einfamilienhaus mit 160 Quadratmetern Wohnfläche wurde in acht Monaten umgesetzt. Das Folgeprojekt brauchte nur noch fünf Monate.[492]

362 Im Norden Italiens wurde das erste Haus aus Schlamm gedruckt – eine **Kombination** aus Hightech und einem lokalen Baustoff, den es überall gibt.[493]

Glauben Investoren an diese Innovation der Baubranche?

363 Icon ist ein US-amerikanischer Hersteller für 3D-Drucker im Bauwesen. Im August 2021 wurden in das Unternehmen 207 Million US-Dollar und im Februar 2022 weitere 185 Millionen US-Dollar investiert.⁴⁹⁴ Zusammen mit der Non-Profit-Organisation *New Story* druckt Icon in Südamerika Häuser für Familien mit geringen Einkommen. Die Kosten pro Haus liegen bei 4.000 US-Dollar.⁴⁹⁵ Auch in Kanada entsteht ein komplettes Dorf mit preiswerten Häusern aus dem 3D-Drucker.⁴⁹⁶

Ist 3D-Druck eine Chance oder eine Bedrohung für das Bau-Handwerk?

364 Maurermeister Fabian Rupp druckt Mehrfamilienhäuser im 3D-Verfahren. Er hat kein Problem mit dem Personalmangel im boomenden Bauhandwerk, denn er braucht weniger Angestellte und bietet zudem interessante Arbeit, die sich unter Fachkräften herumspricht.⁴⁹⁷ Seine Kunden sparen durch den Einsatz des 3D-Drucks Zeit und Geld.

Ähnlich wie die Batterie-Technologie steht auch der 3D-Druck ganz am Anfang der Entwicklung unendlich vieler Möglichkeiten. Wenn diverse Innovationen miteinander **kombiniert** werden, entstehen die spannendsten Entwicklungen.

- 3D-Druck mit diversen Materialien
- 3D-Druck mit Recycling
- 3D-Druck mit organischen Solarzellen an Häuserfassaden
- 3D-Druck mit KI, die gezielter neue Materialien **entdeckt**
- 3D-Druck mit Energiesparpotenzial

Heiz- und Kühlsysteme in Gebäuden gehören zu den größten Energiefressern. Auch hier öffnet der 3D-Druck Räume für neue Möglichkeiten.

365 Ein neues, mit 3D-Druck verarbeitbares Material **steigert** die Energieeffizienz von Gebäuden. Die Forscher an der Texas A&M University entwickeln ein Phase-Change-Material, das je nach Umgebungstemperatur seinen Aggregatzustand wechselt. Sobald das PCM Wärme aufnimmt, schmilzt es und kühlt die Umgebung. Kühlt die Umgebungstemperatur ab, so verfestigt sich das Phase-Change-Material wieder und gibt die vormals gespeicherte Wärme an die Umwelt ab.[498]

> **!** NEUE MATERIALIEN UND NEUE BAUVERFAHREN WERDEN IMMER KREATIVER KOMBINIERT. BAUEN WIRD GÜNSTIGER, SCHNELLER UND UMWELTFREUNDLICHER – DREI PROBLEME GELÖST.

366 In Amsterdam wurde die erste Fußgängerbrücke aus Metall eingeweiht, die zuvor in einer Halle mit 3D-Druckern gefertigt worden war.[499] Sensoren überwachen Belastung, Vibration und Temperatur der Brücke. So werden Informationen gesammelt, wie weitere, komplexere Bauvorhaben in Zukunft realisiert werden können.[500]

367 Auf bereits bestehenden und stark befahrenen Brücken gibt es selten sichere Radwege. Studierende der Rhode Island School of Design haben die Idee entwickelt, neue Radwege aus 3D-Druckern an den vorhandenen Brückenpfeilern aufzuhängen. Damit wäre der Radverkehr sicher, und entlang der 3D-gedruckten Radwege – unter den Fahrbahnen – könnten sogar Restaurants und kleine Geschäfte Platz finden. Herausforderungen wie starke Winde und ein Anstieg des Meeresspiegels wurden in den Modellen bereits berücksichtigt.[501]

Auch Umweltschutz und Biodiversität profitieren vom 3D-Druck. Ein Beispiel sind Korallenriffe. Diese besonders artenreichen Ökosysteme sind durch den Klimawandel akut gefährdet.

368 Die schweizerische Meeresbiologin Ulrike Pfreundt kreiert mit ihrer Non-Profit-Organisation rrreefs Tonelemente aus dem 3D-Drucker, an denen sich Korallen festsetzen können. Ton ist ein natürliches Produkt, das die Wasserqualität nicht beeinträchtigt und auch in salzhaltigem, ständig bewegtem Salzwasser beständig ist.[502]

„DU WEISST SCHON, WER DER STÄRKERE IST!"

Neben dem Bauen mit Holz, Schlamm und im 3D-Druck ist auch die Gestaltung des öffentlichen Raums in Städten wertvolle Arbeit. Verkehrswege verbinden alle Bürgerinnen und Bürger miteinander. Die Diversität menschlicher Mobilität braucht mehr Freiräume auch im Verkehr.

369 In Wien entspricht ein Drittel der Gehwege nicht den Richtlinien und Vorschriften für das Straßenwesen.[503] Es gibt zu wenig Platz für Kinderwagen, Menschen zu Fuß, mit Rollatoren und in Rollstühlen und zu viel Platz für Autos.

370 Eine Umfrage ergab 2019, dass Frauen in Österreich ein Drittel weniger mit dem Auto unterwegs sind als Männer. Dafür legen sie ein Drittel mehr Strecken zu Fuß zurück. Werden Städte fußgängerfreundlicher gestaltet, profitieren also besonders die Frauen. Einer von vielen weiteren Unterschieden: Viele Frauen arbeiten in Teilzeit. Doch außerhalb der klassischen Stoßzeiten fehlt es oft an Verkehrsverbindungen im öffentlichen Personennahverkehr.[504]

In der Vergangenheit haben autofahrende Männer Städte für autofahrende Männer geplant. Neu ist gendergerechte Stadtplanung.

371 In Berlin sind 58 Prozent der öffentlichen Flächen für Autos gestaltet. 39 Prozent für fahrende PKW und LKW, 19 Prozent für parkende Fahrzeuge.⁵⁰⁵ Nur drei Prozent der Berliner Straßen können auf dem Fahrrad sicher befahren werden.⁵⁰⁶ Diese Zahlen stammen zwar von 2014, doch auch 2021 besteht diese gravierende Ungleichheit: Dass das Auto den Großteil der freien Flächen innerhalb einer Stadt einnimmt – Experten gehen von mindestens 60 Prozent aus – war lange so gewollt.⁵⁰⁷

Doch die so gestalteten Städte zeigen ungewollte Nebenwirkungen, denn diese Verteilung ist nicht gerecht und zudem unsicher. Allein im Jahr 2020 hat der Radverkehr in Berlin um 22,6 Prozent zugenommen.⁵⁰⁸ Die Kehrseite dieses Anstiegs: 2020 starben in dieser Stadt fast dreimal so viel Radfahrende wie im Jahr zuvor.⁵⁰⁹

 ES LIEGT NOCH SEHR VIEL ARBEIT VOR UNS, BIS EINE FLÄCHENGERECHTIGKEIT ZWISCHEN ALLEN MENSCHEN IM VERKEHR HERGESTELLT IST.

Wie sehen sichere Radwege aus?

372 Eine Umfrage zur Straßengestaltung mit 21.000 Befragten zeigt ein deutliches Resultat: „Es braucht klare eigene Wege für Fahrräder, wenn sich Menschen darauf sicher fühlen sollen. Dass sie das tun, ist die Voraussetzung, dass sich in Zukunft noch mehr Leute in Berlin aufs Fahrrad trauen. Und das wiederum ist ein wichtiger Schritt, damit die Stadt ihre Klimaziele erreichen kann." ⁵¹⁰

Der Berliner Senat möchte mehr Menschen ermutigen, das Fahrrad als Verkehrsmittel zu nutzen. Hierfür soll das Radwegenetz signifikant ausgebaut werden. Die Zahl der sicheren Radwege wächst. Vorrangrouten und breitere Radwege sind Teil des Vorhabens.⁵¹¹

373 2020 wurde Berlin Vorreiter mit Pop-Up-Radwegen, die Idee wurde **übertragen** vom Pop-up-Store. Zunächst zeitlich begrenzt wurden Parkplätze **gestrichen** und die Zahl breiter und sicherer Radwege **gesteigert**.

Dutzende solcher Radwege in mehreren Bezirken wurden anschließend in dauerhafte Radwege umgewandelt.[512] Das beeindruckende Tempo der Veränderung wirkt sich auch im Arbeitsmarkt aus, die Attraktivität des Arbeitgebers wurde bundesweit **gesteigert**. Viele Ingenieure und noch mehr Ingenieurinnen, die konkrete Ergebnisse ihrer Arbeit sehen wollen, bewerben sich beim Bezirksamt Berlin-Friedrichshain-Kreuzberg, um Fahrradwege planen und bauen zu können. Das berichtete Monika Herrmann, Ex-Bürgermeisterin in Friedrichshain-Kreuzberg auf der Fahrradkommunalkonferenz 2021 vom Deutsches Institut für Urbanistik. Und der Bezirk plant bereits ein neues Experiment: „Im Graefekiez leben rund 20.000 Menschen. Dort soll es sechs Monate nicht mehr erlaubt sein, Autos abzustellen. Parkplätze für Menschen mit Beeinträchtigungen und für Carsharing sollen erhalten bleiben." [513]

„Der öffentliche Raum sollte den Menschen eine hohe Aufenthaltsqualität bieten und Ort für Begegnungen sein und nicht bloß ein Raum, den es auf dem Weg von A nach B zu überwinden gilt." [514] Ist dieser Wunsch verwegen oder visionär?

Eine autozentrierte Stadtplanung wird häufiger **infrage gestellt**. Doch wie sicher ist der öffentliche Raum für Menschen, die nicht im Auto sitzen?

374 „Du weißt schon, wer der Stärkere ist!", rief mir ein Autofahrer zu, der mir kurz zuvor die Vorfahrt genommen hatte und den ich an der nächsten roten Ampel auf dem Rad einholte. Leider hat er Recht.

Mein Vater, eins meiner Kinder und ich selbst hatten bereits lebensgefährliche Unfälle mit dem Fahrrad. Alle drei Unfälle fanden auf Berliner Radwegen statt, die sicher sein sollten. Jeder der Unfälle war ein brutaler Einschnitt in unser Leben.

375 Meine Tochter Miriam und ich sitzen 2019 im Zug nach Göttingen. Meine Nichte hat uns eingeladen zu einer Familienfeier. Mitten auf der Fahrt sagt Miriam: „Ich lebe so gerne. Ich bin so glücklich." Abends zurück in Berlin radelt sie zu ihrer Wohnung. Sie fährt auf dem Radweg mit Licht. Trotzdem wird sie von einem Bus der Berliner Verkehrsbetriebe (BVG), der rechts abbiegt, erfasst. Die dicken Hinterreifen des Busses zermalmen das Rad, Miriam rettet sich mit einem Hechtsprung aus der tödlichen Falle. Sie kommt mit Prellungen und einem großen Schreck davon. Auch der Busfahrer steht unter Schock. Sein Arbeitgeber, die BVG, hat sich nie bei Miriam gemeldet. Alle ihre E-Mails an die BVG bleiben unbeantwortet. Die BVG, die mehrere Unfälle pro Tag in Berlin verursacht, schafft es nicht mal, sich beim Unfallopfer zu entschuldigen. Mein Vorschlag an die BVG: Zur Entschuldigung ein BVG-Jahresticket zu verschenken.

376 Mein Vater bezahlte die Unachtsamkeit eines LKW-Fahrers, der ihn 1999 beim Rechtsabbiegen übersah, mit einem zertrümmerten Knie. Die Ärzte haben alles gegeben und hervorragend gearbeitet. Nach drei Monaten im Krankenhaus hat er wieder Laufen gelernt. Doch bis heute ist sein Knie geschwächt.

377 Ich selbst wäre 2003 fast verblutet. Ich fuhr vormittags auf einem Radweg, links zwischen Radweg und Straße parkten Autos. Direkt in meine Fahrt hinein wurde die Tür eines parkenden Kleinlasters aufgerissen. Die Tür schlitzte meinen Hals bis einen Millimeter vor die Halsschlagader auf. Danach wurde ich ohnmächtig. Mein linker Arm war fast ein Jahr lang wie gelähmt, er hat die Wucht der Tür abgefangen und mir vermutlich das Leben gerettet. Der Unfallverursacher hat sich vorbildlich um mich gekümmert und die stark blutende Wunde am Hals zugedrückt, bis der Krankenwagen kam.

Drei lebensbedrohliche Unfälle in einer Familie. Dreimal wurde der Mensch auf dem Fahrrad übersehen. Die große Mehrheit der Autofahrerinnen und Autofahrer passt gut auf, hält Abstand und wartet beim Rechtsabbiegen. Vielen Dank! Doch Sicherheit bietet nur eine Infrastruktur mit mehr Platz, breiteren Radwegen, mehr Pollern und sicherem Abstand zwischen Fahrrädern und Autos.

> **DIE HALTUNG „DU WEISST SCHON, WER DER STÄRKERE IST!"
> MUSS DURCH INFRASTRUKTUR GESCHÜTZT WERDEN.
> FARBE ALLEIN IST KEINE INFRASTRUKTUR.**

VISION ZERO UND AUTONOMES FAHREN

378 In der EU werden jedes Jahr 19.000 Menschen im Straßenverkehr getötet.[515] Die WHO berechnete eine Zahl von weltweit 1.323.666 Verkehrstoten.[516]

Null Verkehrstote sollte unser Ziel sein. Können wir uns darauf verständigen? Meinen wir das ernst und werden es wirklich versuchen?

379 Oslo und Helsinki teilen die *Vision Zero*. Seit 2015 ist in Helsinki im Verkehr kein Kind mehr ums Leben gekommen.[517] Auch Oslo hat viele Maßnahmen umgesetzt: 90 Prozent der erweiterten Innenstadt sind autofrei. Autos dürfen nur sehr langsam fahren. Straßenbauliche Maßnahmen sorgen dafür, dass es anders gar nicht geht. Die Verkehrswege zu Fuß, per Rad und im Auto sind getrennt. Um Schulen herum wurden sichere Zonen eingerichtet.[518]

380 Am 1. Januar 2021 wurde die gesamte Region Brüssel-Hauptstadt zur Tempo-30-Zone. Der Effekt: Verkehrsberuhigung, weniger Lärmbelästigung und weniger Unfälle. 2021 halbierte sich in Brüssel die Zahl der Todesopfer im Straßenverkehr. Und entgegen den Befürchtungen verlängerten sich die Fahrzeiten im Auto nicht.[519]

381 Anfang 2022 hat Großbritannien per Gesetz die Verkehrshierarchie verändert. Die Rechte von Menschen, die zu Fuß gehen und auf dem Fahrrad fahren, wurden gestärkt.[520]

382 In Spanien ist Raquel Sánchez Jiménez Ministerin für Verkehr, Mobilität und Urbane Agenda. Sie sagt, ein Leben ohne Privat-Pkw sei keine Wunschvorstellung, sondern eine Notwendigkeit, um die Auswirkungen des Klimawandels zu **reduzieren**. Im November 2020 wurde auf 70 bis 80 Prozent aller innerörtlichen Straßen Spaniens die Geschwindigkeit auf 30 km/h oder weniger begrenzt.521

383 In Paris erfüllte die Bürgermeisterin Anne Hidalgo ihr zentrales Wahlversprechen: Seit dem 30. August 2021 gilt in fast ganz Paris Tempo 30. Es sieht so aus, als hätte dies den Verkehr sogar beschleunigt.522

Nimm einen Stadtplan, Google Maps oder Street View und markiere Straßen, Bezirke und Städte, die du mit Tempo 30 beruhigen würdest. Dann schreib den verantwortlichen Bürgermeisterinnen, Bürgermeistern und Abgeordneten eine E-Mail, per WhatsApp oder einen Brief.

Dass ein Tempolimit auf deutschen Autobahnen Leben retten kann, wurde nachgewiesen.

384 Gab es auf bestimmten Autobahn-Abschnitten ein Tempolimit, starben 26 Prozent weniger Menschen in Unfällen.523 Zudem würde ein Tempolimit von 130 auf den Autobahnen in Deutschland rund 1,9 Millionen Tonnen CO_2 im Jahr einsparen.524

Auch autonomes Fahren kann den Verkehr sicherer machen. Sensoren werden nie müde, sie sind immer konzentriert bei der Sache. Sensoren an Fahrzeugen **steigern** die Sicherheit im Straßenverkehr.

385 Die Zahl der von Menschen verursachten Verkehrsunfälle könnte durch autonomes Fahren auf ein Zehntel **reduziert** werden.525

Um unvorhergesehene Situationen zu bewältigen, werden Maschinen immer intelligenter und agiler. Sensoren sorgen für Abstandsmessung, Bewegungserfassung und Druckbestimmung bei Berührungen. Die Erfassung und Verarbeitung der Daten werden immer leistungsstärker. Es gibt aber auch Nachteile. Mobile Supercomputer erhöhen zum Beispiel den Energieverbrauch.

386 Im Projekt NeurOSmart forschen sechs Fraunhofer Institute an energieeffizienten und intelligenten Sensoren für die nächste Generation autonomer Systeme mit maßgeschneiderten Sensoren. Vorbild für die zu entwickelnde Elektronik ist das menschliche Gehirn, denn dieses trifft trotz seiner enormen Rechenleistung seine Entscheidungen sehr energiesparend.[526]

387 Autonomes Fahren wird individuelle Mobilität systemisch verändern. Einen fahrerlosen Betrieb von Taxis oder Shuttles hält der kalifornische Verkehrsexperte Daniel Sperling für einen wichtigen Bestandteil der Revolution im Verkehrssektor.

Der ökonomische und ökologische Unsinn von privaten Autos, die ausschließlich durch eine Person oder Familie genutzt werden, ist für immer mehr Menschen offensichtlich. Das **Steigern** der Zahl autonom fahrender Autos, die permanent in Bewegung sind, kann mit der **Reduzierung** privater PKW **kombiniert** werden. Das Ziel bleibt *Vision Zero*, also keine Verkehrstoten, weniger Energieverbrauch, weniger Autos auf den Straßen und mehr Platz zum Leben.

388 Die Verkehrsforscher Weert Canzler und Andreas Knie sehen in selbstfahrenden Autos zum Bestellen eine Mobilitätsform der Zukunft. Die aktuelle Gesetzesnovelle zum autonomen Fahren schafft die rechtlichen Rahmenbedingungen für den Betrieb autonomer Flotten.[527]

Technologische Kernstücke der Revolution auf den Straßen sind die Sensoren und die Robotik. Auch in Krankenhäusern spielt beides eine Rolle. Viel Aufmerksamkeit in der Öffentlichkeit bekommen zum Beispiel Roboter, die Operationen ausführen können. Weitere Anwendungen sind meist viel unscheinbarer und alltäglicher. Die regelmäßige Reinigung in Krankenhäusern ist anspruchsvoll aufgrund diverser medizinischer Geräte, die im Weg stehen.. Eine gründliche Desinfektion muss viele Kanten und Ecken berücksichtigen. Bei ihrer Orientierung helfen Sensoren den Putzrobotern.

 Am Fraunhofer-Institut für Produktionstechnik und Automatisierung werden zur Boden- und Oberflächenreinigung in Krankenhäusern und Pflegeheimen kompakte und wendige Roboter entwickelt. Sie können Türen öffnen, um jederzeit autonom arbeiten zu können. Geforscht wird auch an Robotern, die häufig angefasste Objekte in Büros und Krankenhäusern autonom desinfizieren. Der Markt für gewerbliche Reinigungsroboter wächst stark: 2020 wurden im Vergleich zum Vorjahr 92 Prozent mehr Roboter verkauft.[528]

> Nimm einen Ablauf oder Prozess und steigere die Sicherheit aller Beteiligen mit Sensoren. Nimm einen Service und reduziere die menschliche Arbeit mit Sensoren. Ersetze eine Tätigkeit in deiner Branche, die einfach standardisiert werden kann.

Was wäre, wenn Roboter zukünftig in Büros, Schulen, Sportvereinen, Krankenhäusern, Pflegeheimen, Theatern, Bibliotheken und Rathäusern 90 Prozent der Flächen reinigen würden? Reinigungsfachkräfte könnten sich auf die restlichen Flächen konzentrieren. Die Hygiene in öffentlichen Gebäuden wird **gesteigert** und der Fachkräftemangel **ersetzt**. Kein Beruf bleibt, wie er ist. Alle Branchen entwickeln sich weiter.

Im 8. Kapitel werden neue Berufe und menschenfreundlicher Wohlstand fürs Leben kombiniert.

8. NEU GEMIXTE BERUFE FÜR NEUEN WOHLSTAND

Die Energiewende, der Bau resilienter Städte, medizinisch-technologische Fortschritte und autonome Maschinen treiben die Vielfalt auch in der Arbeitswelt voran. Wandel führt zu Wandel, und neue Aufgaben führen zu veränderten Berufen.

 AUCH DIE ARBEIT AN DER ARBEIT IST ARBEIT.

DIE ERSTEN DIENER DES UNTERNEHMENS

Nicht nur Kundinnen und Kunden, auch Angestellte haben Wünsche und Bedürfnisse. Sie stellen ihre Arbeitskraft einem Unternehmen großzügig zur Verfügung, also erwarten sie von den Vorgesetzten ebenfalls Großzügigkeit und die Bereitschaft, sich in den Dienst des Teams zu stellen, statt auf Hierarchien und Privilegien zu pochen. Friedrich der Große, König von Preußen, sagte einmal: „Ich bin der erste Diener des Staates." Dienende Führungskräfte sorgen dafür, dass es dem Unternehmen gut geht, weil es den Menschen im Unternehmen gut geht.

390 Eine Frau geht zu ihrem Chef, weil sie kündigen will. Der Arbeitgeber ist überrascht: „Was gefällt Ihnen bei uns nicht?" Der Mitarbeiterin gefällt alles, sie arbeitet sehr gerne für das Unternehmen. Sie will kündigen, um auf Weltreise zu gehen. Der Chef weiß um ihren Wert für das Unternehmen. Er bietet ihr an: „Wir zahlen Ihnen den vollen Lohn, so lange, wie Sie verreisen. Und wir geben Ihnen eine Arbeitsplatzgarantie. Wenn Sie zurück sind, können Sie wieder bei uns arbeiten. Deal?" – „Deal!"

Großzügigkeit und gegenseitiges Vertrauen sind wichtige Zutaten für dienende Führung.

391 „Wenn ich kontrollieren muss, dass die Leute arbeiten, ist grundsätzlich was falsch", sagt Anna Yona von der Schuhfirma Wildling Shoes.[529]

Damit Führungskräfte sich nicht im Wandel verlieren, müssen sie sich und ihre Arbeit immer wieder **infrage stellen**. Diene ich dem Unternehmen und den Menschen in der Firma?

392 Bodo Janssen, Chef der ostfriesischen Upstalsboom-Hotels, realisierte erst durch eine Mitarbeiterbefragung, wie unbeliebt er als Vorgesetzter war. In Schulnoten bekam er eine fünf bis sechs. Auf die Frage „Was brauchst du, um besser arbeiten zu können?" antwortete ein Angestellter: „Einen anderen Chef als Bodo Janssen". Janssens Ego – einst so groß wie eine Turnhalle – crashte auf die Größe einer Erbse.[530] Janssen zog sich in ein Kloster zurück, wo er seine Haltung zum Leben und zur Arbeit überdachte. Danach veränderte er nach und nach die Unternehmenskultur. Was so einfach klingt, war ein langer Prozess. Heute sagt Janssen: „Sinn- und menschenorientierte Führung erkennen wir an Mitarbeitern, die abends aufrechter nach Hause gehen als sie morgens gekommen sind. Bestenfalls ist es nicht die Führungskraft, die die Menschen aufrichtet, sondern die starke Führungskraft unterstützt die Menschen dabei, sich selbst aufzurichten."[531] Mit Auszubildenden macht der Chef persönlich Bergtouren auf den Kilimandscharo. So erleben sie gemeinsam Verantwortung und überwinden Grenzen. Janssen wurde zum Vorreiter für eine neue Haltung und Arbeitskultur. Sie macht Führungskräfte bei Upstalsboom zu Dienstleistern der 650 Mitarbeiterinnen und Mitarbeiter. Menschlich haben dort alle gewonnen. Und wie sieht es mit dem Erfolg aus unternehmerischer Sicht aus? Die Upstalsboom-Hotels haben sogar im Corona-Jahr 2021 den Umsatz **gesteigert**.

> **WERTSCHÄTZUNG IST EIN GEWINN –
> MENSCHLICH UND UNTERNEHMERISCH.**

393 Dan Price beschloss 2016, allen Angestellten seines Unternehmens *Gravity* einen Mindestlohn von 70.000 US-Dollar pro Jahr zu bezahlen. Sein eigenes Gehalt von einer Million Dollar **strich** er und **ersetzte** es auch mit dem neuen Mindestlohn. Die Medien waren sich einig, dass das Experiment als Fiasko enden würde. Fünf Jahre nach dem Start des Experiments hat sich die Anzahl seiner Angestellten verdoppelt, und der Umsatz wurde verdreifacht. Auffällig ist auch die Familienplanung der Kolleginnen und Kollegen. Zehnmal mehr Babys als zuvor wurden geboren. „Durch den hohen Lohn hatten wir die Sicherheit, eine Familie gründen zu können", erzählt eine Mitarbeiterin.[532] Dan Price hat Unsicherheit **gestrichen** und durch finanzielle Sicherheit **ersetzt**.

Wie sieht eine interne Dienstleistung der Führungskräfte in deiner Branche aus? Von welchen Dienstleistungen **träumst** du? Welche Tätigkeiten würdest du in der Führung **streichen** und welche **steigern**?

Wertschätzung führt zu Loyalität und Treue von Angestellten. Mit klaren Prinzipien lässt sich diese Wirkung noch **steigern**.

394 Aktionen und Angebote, die Nachhaltigkeit ernst nehmen, sind der Leitung des Bekleidungsunternehmens Patagonia wichtig. So investiert die Firma in den Verkauf von Secondhand-Kleidung, die von Kunden zurückgekauft und dann weiterverkauft wird. Dass es so weniger Neuware absetzt, nimmt das Unternehmen in Kauf. Mit dieser glaubwürdigen Haltung gewinnt Patagonia seine treusten Kunden, die auch in Zeiten des Wandels loyale Fans bleiben.

> Patagonia entwickelt sich permanent weiter,
> ohne klassisch wachsen zu wollen.[533]
>
> Patagonia stoppte 2020 Werbung auf Facebook
> wegen der dort überhandnehmenden Hate Speech.
>
> Die Einnahmen am Black-Friday 2021 – 10 Millionen
> US-Dollar – wurden komplett gespendet.[534]
>
> Ein Prozent des Umsatzes werden an Umweltinitiativen gespendet, das sind jährlich 74 Millionen US-Dollar.[535]
>
> Geschäftsführer Ryan Gellert sagt: Für diejenigen Unternehmen, die den Klimawandel nicht aktiv bekämpfen, gibt es einen speziellen Platz in der Hölle.[536]

(395) Auch Vaude, ein deutsches Unternehmen für Outdoor-Ausrüstung, wurde zu einem ökologischen und sozialen Vorbild. Seit 2008 arbeitet Vaude an dem Ziel, eine grüne Firma zu werden, die Nachhaltigkeit systemisch lebt.

> „Wir leben Nachhaltigkeit, die alles durchwebt.
> Alle arbeiten mit Haltung an diesem Ziel. Auch in den
> Lieferketten, wo wir neue Antworten erringen
> mussten, weil es keine Schablonen gab. Wir haben
> eine Kultur geschaffen, in der alle an Lösungen kreativ
> mitwirken können", sagte Chefin Antje von Dewitz.[537]

Auf der Website wird transparent gezeigt, wo Vaude welche Artikel unter welchen Bedingungen produziert.[538]

Nachhaltigkeit bewirkt auch Lebensqualität für die Beschäftigten. Flexible Arbeitszeitmodelle und ein eigener Kindergarten bilden einen menschenfreundlichen Rahmen. In der 530-köpfigen Belegschaft sind 60 Prozent Frauen, und 43 Prozent der Führungskräfte sind weiblich.[539]

NEW WORK STATT *OLD SCHOOL*

Neue Arbeit vereinfacht Arbeitsprozesse. Sie bricht mit den klassischen Regeln, wer was entscheidet und wie gearbeitet wird. Dabei gibt es nicht *ein* Modell, jede Firma kann neue Prozesse und Spielregeln für sich kreieren.

396 Das Start-up namens Einhorn **bricht** mit der Tradition, dass Vorgesetzte entscheiden, wer wie viel verdient. Bei Einhorn gehört zu *New Work* auch *New Pay*. Diese Fragen stellt sich jeder: Was brauche ich zum Leben und wie viel will ich verdienen? Eine Kernfrage ist aber auch: Was kann sich das Unternehmen leisten? Alle gemeinsam sprechen darüber, wie die größtmögliche Gehälter-Gerechtigkeit erreicht werden kann. Zu New Pay @Einhorn gehört, dass alle wissen, wie viel die anderen verdienen. Eine große Gehaltsschere wird **gestrichen**, der bestverdienende bekommt nicht mehr als das Dreifache des niedrigsten Gehalts. Individuelle Situationen werden besprochen und berücksichtigt. Klassische Gehaltsverhandlungen werden **gestrichen**. Dieses Modell wurde über mehrere Jahre gemeinsam aus vielen Zutaten und Gesprächen neu **kombiniert**. Dass es nicht perfekt ist und warum, steht humorvoll beschrieben auf der Einhorn-Webseite.[540]

Funktioniert *New Pay* überall?
Nein! Warum auch? Zu Einhorn passt *New Pay*.

Welches Gehalt brauchst du zum Leben? Welches Gehalt willst du? Mit wem redest du darüber? Was kann sich dein Unternehmen leisten? Welches Gehalt fühlt sich fair an im Team? Sprich mit anderen, für die der Austausch auch wichtig ist.

397 Die Rheingans GmbH – ja – du kennst deren 5-Stunden-Arbeitstage aus dem 2. Kapitel – führt 2022 die sogenannte Holokratie ein. Lasse Rheingans schreibt dazu auf Instagram: „Ein klares, individuell anpassbares System an Regeln schafft mit Effizienz und Agilität viel Freiraum für kreatives Arbeiten. Dabei wird besonders Wert auf unabhängige Teams, Gleichberechtigung, Transparenz und Selbstbestimmung gelegt."[541]

Funktioniert Holokratie überall?
Nein! Warum auch? Zu dieser Firma passt es.

398 Die Bäckerei Leonhard in Bretten arbeitet mit einem selbst entwickelten Arbeitsmodell. Die flexiblen Arbeitszeiten, zeitversetzten Schichten und der Wunschdienstplan sind maßgeschneidert. Einige Vollzeitkräfte arbeiten nur vier Tage in der Woche. Mit diesem Modell gewinnt die Bäckerei qualifizierte Fachkräfte – nicht nur in der Backstube.[542]

Funktioniert das Modell der Bäckerei Leonhard überall?
Nein! Warum auch? Dort passt es.

399 Die Bäckerei Bergmann mit 450 Mitarbeiterinnen und Mitarbeitern in 50 Filialen in Frömmstedt, Sömmerda und Erfurt erfindet sich laufend neu. Dazu werden intern agile Prozesse definiert und trainiert, und Verantwortung wird in Teams verteilt.[543] Ein großes Projekt: Alle Zutaten sollen aus Thüringen kommen. Beim 100-Prozent-Original-Thüringer-Landbrot hat es geklappt, selbst das Salz kommt aus Thüringen.[544] Bis 2032 sollen 90 Prozent aller Zutaten in allen Broten und Backwaren aus Thüringen stammen. Thüringer Bio-Pflaumen kommen seit 2018 in der Saison täglich erntefrisch vom Obsthof Berghof aus Riethgen.[545]

Passt regionale Verbundenheit **kombiniert** mit agilen Prozessen immer?
Nein! Warum auch?

400 In seiner Tischlerei Mhoch3 verteilte Norbert Miesner die Verantwortung neu im Team, das nun schneller und flexibler auf neue Anforderungen reagieren kann. „Die hierarchische Vorstellung vom Chef, der in die Werkstatt kommt und alles entscheidet, sollte es bei uns nicht geben. Ich wollte, dass wir lernen, uns besser einzuschätzen, besser zu kommunizieren und aus Feedbackschleifen zu lernen." [546]

401 Auch das Wiener Unternehmen Firstbird veränderte die internen Rollen und Zuständigkeiten. Angeregt von der Soziokratie entwickeln die „Birdies" seit 2018 neue Rollen und Strukturen. Es gibt Führungskräfte, die sich auf Zahlen und KPIs fokussieren, während andere hervorragend mit Menschen umgehen. Vier verschiedene Rollen in Führungsaufgaben wurden definiert, die konsequent von unterschiedlichen Personen ausgefüllt werden.[547]

Passt Soziokratie in der Firstbird-Version überall?
Nein! Warum auch? Zu den „Birdies" passt's.

402 In Estland spart die Verwaltung 800 Jahre Arbeitszeit pro Jahr.[548] Diese 800 Jahre Arbeit hat zuvor alle Beteiligten überlastet. Nun wurde diese Arbeitszeit **gestrichen**. Ermöglicht wurde der neue Freiraum durch die Digitalisierung von über 130 staatlichen Angeboten. Damit geht es auch den Mitarbeiterinnen und Mitarbeitern in den Verwaltungen jetzt besser.

Natürlich lassen sich die Ergebnisse Estlands nicht 1:1 auf Deutschland hochrechnen. Doch ohne eine einzige eigene Innovation – einfach **übertragen** vom Vorbild – könnte Deutschland rund 50.000 Jahre Arbeitszeit **streichen**. Das würde sich lohnen, denn 53 Milliarden Euro kostet deutsche Bürokratie jedes Jahr.[549] Verwaltungsangestellte haben ähnlich hohe Krankenzahlen durch Burnout wie Pflegekräfte. Sie werden von der Menge der

Arbeit überrollt. Menschen in Verwaltungen verschwinden unter ungesunden Aktenbergen. Viele Arbeitsprozesse könnten entschlackt und **vereinfacht** werden. Das Zauberwort neben Digitalisierung heißt **Streichen**.

STREICHEN IST DIE VORAUSSETZUNG, DASS PROZESSE GUT LAUFEN, SONST ERSTICKEN MENSCHEN UND PROZESSE. GUTES LEBEN BRAUCHT **VEREINFACHTE** ORGANISATIONEN UND VERWALTUNGEN, DIE BALLAST AUSMISTEN.

Zum Ausmisten gehört auch die Frage: In welcher Gesellschaft wollen wir leben und arbeiten? Was **streichen** wir? Wie **steigern** wir das Miteinander, wenn es uns wichtig ist? Oft helfen kleine Drehungen an Stellschrauben, um Leben und Arbeit für Menschen besser zu machen.

403 An Demenz erkrankte Menschen sind oft unruhig, gereizt und desorientiert. Schon kleine Veränderungen des Farb- und Lichtkonzepts in ihren Aufenthaltsräumen können mehr Ruhe und Wohlgefühl in ihr Leben bringen.[550]

404 Die Purpose Stiftung ist Pionier in einer globalen Bewegung, die Eigentum neu denkt.[551] Neue Eigentumsformen **steigern** die Verantwortung und Sinnhaftigkeit. Ziel ist eine gesunde Wirtschaft, die Menschen dient. Die Purpose Stiftung beteiligt sich an Unternehmen. Der einzige Zweck ihrer Beteiligung ist ihr Veto-Recht gegen den Verkauf des Unternehmens durch die Gründerinnen und Gründer, wenn der Zweck dadurch in Gefahr gerät. Ein sogenannter Exit an andere große Unternehmen ist mit der Purpose Stiftung nicht möglich. Die Unternehmen bleiben ihren Zielen treu, dauerhaft unabhängig und sinnorientiert.[552]

405 Der Winzer Wolfgang Bender hat sich selbst enteignet. Er ließ seinen Betrieb in eine neu gegründete Genossenschaft übertragen, so kann dieser nicht zu einem Spekulationsobjekt werden. Als treuhänderischer Eigentümer trägt Bender die unternehmerische Verantwortung, der Gewinn wird in das Unternehmen reinvestiert oder gemeinnützig gespendet.[553]

Die drei folgenden Beispiele erzählen von Supermärkten, die sich um mehr Mitmenschlichkeit Gedanken gemacht haben. Drei Märkte – drei völlig unterschiedliche Wege.

406 Eine Filiale der niederländischen Supermarktkette Jumbo **steigert** die Zeit, die einsame Menschen an der Kasse plaudern können. Wer schnell sein will, scannt die Ware selbst ein. Wer gerne plaudert, geht zu Lia Timmermans. Die 59-jährige Kassiererin hat für alle ein offenes Ohr und ihr Lächeln. *Kletskassa* steht über ihrem Stuhl – Plauderkasse. Hier finden Menschen Gehör, denen sonst keiner zuhört.[554]

407 Foodhub in München ist der erste dezentrale Mitmach-Supermarkt in Deutschland. Jedes Genossenschafts-Mitglied engagiert sich drei Stunden im Monat in der Community oder im Supermarkt. So werden die Verkaufspreise **reduziert**, und das Angebot fairer, frischer, regionaler und ökologischer Lebensmittel wird **gesteigert**.[555]

408 Lärm, Musik und Licht in Supermärkten sind zu starke Reize für Menschen, die hochsensibel sind. Sie nehmen mit ihren Sinnen alles stärker wahr. Die Supermarktkette Spar erleichtert ihnen das Einkaufen. Zweimal pro Woche werden in vier Zürcher Filialen für zwei Stunden Musik, grelles Licht und Durchsagen **gestrichen**. In diesen Stillen Stunden sind die Märkte für alle Menschen geöffnet, denen Ruhe beim Einkaufen ein Bedürfnis ist.[556] Die neuseeländische Supermarktkette *Countdown* setzte diese Idee bereits 2019 um.[557]

 Schreibe ein Drehbuch für einen Supermarkt deiner Wahl. Steigere die Mitmenschlichkeit. Was siehst du? Was hörst du? Was passiert? Ruhe oder Plauderkassen? Oder beides? **Kombiniere** neu, bis es schmeckt: Mitmach-Einkaufen? Fischfarm auf dem Holzdach? Ex-Köche im Verkauf? Pop-up-Store-Recruiting? Bienenlandeplatz? Parkplatz mit Solardach? Zu 90 Prozent regionale Produkte?

Das Leben in Städten stellt Menschen ohne Obdach vor Herausforderungen. Eine von ihnen: einen Ort zum Duschen zu finden. Was für viele Menschen selbstverständlich ist, ist für Obdachlose außergewöhnlich.

409 In Hamburg gibt nur 22 Duschplätze für 2.000 Obdachlose. Der Duschbus GoBanyo **steigert** für Menschen, die auf der Straße leben, die Möglichkeit zum Waschen. „Ich habe von einem Duschbus in L.A. und San Francisco gehört und dachte, das wäre auch eine schöne Sache für Hamburg", sagt der ehemalige Obdachlose Dominik Bloh.[558]

410 Der Berliner Verein Karuna unterstützt seit dreißig Jahren suchtgefährdete und suchtkranke Kinder und Jugendliche. Viele von ihnen leben auf der Straße. Schreiben hilft einigen beim Verarbeiten traumatischer Erlebnisse und öffnet für Gespräche. Im Jahr 2000 hat Karuna eine ganze Bücher-Serie mit Texten der Jugendlichen veröffentlicht. Natürlich nur, wenn die Autorinnen und Autoren das wollten. Eine Lesung der Texte im Maxim-Gorki-Theater **steigerte** noch einmal die Wertschätzung für die Jugendlichen. Minh-Khai Phan-Thi, Angela Winkler, Esther Schweins, Anna Thalbach, Claudia Roth und Ulla Meinecke lasen aus den Büchern der Straßenkinder vor und gaben deren Worten ihre Stimmen.[559]

VOM MUT, ERWARTUNGEN NICHT ZU BEDIENEN

Zusammenarbeit wird von Erwartungen geprägt. Erfüllt der Arbeitgeber die Erwartungen, **steigert** er intern die Zufriedenheit. Werden Kompetenzen wie erwartet eingesetzt, läuft die Arbeit rund. Erfüllte Erwartungen sind Dreh- und Angelpunkt im dreifachen Service zwischen Firmen, Crew und Gästen. Schert eine Person oder Gruppe aus, zerbricht die Harmonie.

> **!** WAS WIR ERWARTEN, BESTIMMT DEN HORIZONT. ERFÜLLTE ERWARTUNGEN TUN GUT UND SCHWEISSEN ZUSAMMEN. WERDEN ERWARTUNGEN **GEBROCHEN**, ENTSTEHT RAUM FÜR NEUES.

411 In einer Schule in Florida erschießt am Valentinstag 2018 ein Schüler 17 Menschen. Emma González überlebt das Massaker und erhebt ihre Stimme. Ihre mutige und wütende Rede geht um die Welt. Schau dir „We call BS" auf YouTube an – BS steht für Bullshit. 38 Tage nach dem Massaker versammeln sich in Washington D.C. 800.000 Menschen. Dort und an 800 Orten weltweit fordern Menschen neue Gesetze, die den privaten Waffenbesitz einschränken. Von Emma González wird erneut eine wortgewaltige Rede erwartet. Doch sie **bricht** mit diesen Erwartungen. Sie nennt die Namen der 17 Opfer. Dann schweigt sie, während sie sichtbar mit den Tränen ringt. Die Menschen im Publikum sind irritiert, manche halten das Schweigen nicht aus und rufen. Doch Emma bleibt stark und schweigt. Als ihr Wecker klingelt, sagt sie: „Seit ich die Bühne betreten habe, sind sechs Minuten und 20 Sekunden vergangen – in dieser Zeit wurden 17 Menschen erschossen – kämpft für euer Leben, bevor es andere tun müssen." Unter allen Reden hat ihr Auftritt am meisten überrascht. Sie ist in Erinnerung geblieben.

Schweigen kann mehr sagen als hundert Reden. Mit einem schweigenden Sitzstreik begann eine weltweite Bewegung, die Millionen junge Erwachsene, Eltern und Großeltern mobilisiert.

412 Im August 2018 setzte sich die damals 15-jährige Schülerin Greta Thunberg vor das schwedische Parlament, um gegen die Untätigkeit der Politikerinnen und Politiker in Sachen Klimaschutz zu protestieren. Hättest du gedacht, dass eine 15-Jährige mit ihrem Schulstreik eine weltweite Bewegung starten kann? Innerhalb weniger Jahre wurde Fridays for Future weltweit in 7.500 Städten aktiv mit rund 14 Millionen Menschen auf allen Kontinenten. Thunberg bricht auch weiter mit Erwartungen. Hochrangigen Verantwortlichen schleudert sie in Reden *„How dare you!"* entgegen und fordert *„no more Blah Blah Blah"*.

Zum Thema Erwartungen zwei Rätselfragen, die Auflösungen findest du in diesem Kapitel: Wer hat's gesagt?

> „Die Wirtschaft hat nicht die Aufgabe, Arbeitsplätze zu schaffen. Im Gegenteil. Die Aufgabe der Wirtschaft ist es, die Menschen von der Arbeit zu befreien." Stammt diese Aussage von der Arbeitsministerin a. D. Andrea Nahles, dem Ökonom John Maynard Keynes oder dem dm-Gründer Götz Werner?

> „Überraschen wir uns damit, was wir können. Reißen Sie Mauern der Ignoranz und Engstirnigkeit ein, denn nichts muss so bleiben, wie es ist. Handeln Sie gemeinsam." Wer rief dies 2019 Harvard-Studenten zu: Barack Obama, Angela Merkel oder Whitney Wolfe Herd, die jüngste weibliche CEO, die jemals in den USA ein Unternehmen an die Börse gebracht hat?

413 Whitney Wolfe Herd verließ 2014 das Gründerteam von Tinder im Streit. Eine Klage wegen sexueller Belästigung am Arbeitsplatz endete in einer außergerichtlichen Einigung, die ihr eine Million Dollar und Aktien des Unternehmens einbrachte. Kurz darauf gründete sie die eigene Dating-App Bumble. Aufgrund Wolfe Herds schlechter Erfahrungen funktioniert die App nach einer überraschenden Regel: Nur Frauen können den ersten Schritt auf Männer zugehen. Die Umsätze der App übertrafen die Erwartungen. Als Bumble an die Börse ging, war Wolfe Herd die jüngste weibliche Chefin bei einem Börsengang. Ihre Dating-App wies zu diesem Zeitpunkt bereits Gewinne vor – nur die wenigsten Unternehmen ihrer männlichen Kollegen gehen mit diesem Pluspunkt an die Börse.[560]

Im Juli 2021 hat die Turnerin Simone Biles in ihrer Sportlerinnen-Karriere bereits 27 Goldmedaillen gewonnen, dazu fünfmal Silber und viermal Bronze. Für die Olympischen Spiele in Tokio gilt sie als haushohe Favoritin. Doch die 24-Jährige zweifelt an ihrer mentalen Fitness und zieht die Konsequenz. Sie verzichtet kurzfristig auf ihren Startplatz und macht so den Weg für eine Teamkollegin frei. Sie **bricht** mit der Erwartung der Sportfunktionäre und der ihrer Fans. „Ich musste meinen Stolz überwinden, um mich auf mein Wohlergehen zu fokussieren", sagt sie.[561] Ihre Entscheidung überrascht die Sportwelt. Wie immer, wenn Erwartungen nicht erfüllt werden, gibt es viel Lob und viel Tadel.

Was hättest du getan? Hast du schon mal einen Job oder Auftrag abgelehnt? Hast du schon mal verzichtet, um das Team zu stärken? In welcher Situation wirst du zukünftig Nein sagen, um deine Gesundheit und Leistungsfähigkeit zu schützen?

Umwelt-Aktivistinnen und Aktivisten **brechen** Regeln. Sie wollen unser aller Leben schützen, unsere Gesundheit und unser Wohlergehen. Weltweit blockieren sie Brücken und Kreuzungen, bauen Baumhausdörfer, werden verhaftet und sitzen in Gefängnissen. Das macht keinen Spaß, sondern es ist bitterer Ernst. Schülerinnen und Schüler schwänzen seit 2019 freitags die Schule und streiken. Monatelang wurde öffentlich darüber debattiert, ob sie das dürfen. Natürlich dürfen sie es nicht. Genau das ist der Clou. Sie **brechen** die Regeln. Sie entsprechen nicht den Erwartungen. Nur deshalb wird darüber diskutiert. Viel absurder erscheint mir, dass niemand zu streiken bräuchte, würden die verantwortlichen Erwachsenen einfach ihren Job erledigen.

 Ein 16-jähriger sagte in einem Workshop zu mir: „Natürlich bescheiße ich, ich werde ja auch überall beschissen."

Eine repräsentative Befragung von 2022 zeigt folgendes Ergebnis:

> 86 Prozent der 14- bis 24-Jährigen in Deutschland
> machen sich Sorgen um ihre Zukunft.
>
> 66 Prozent der jungen Menschen sagen,
> dass ihre Generation politisch etwas verändern will.
>
> Nur 29 Prozent haben das Gefühl,
> Politik beeinflussen zu können.
>
> Nur 23 Prozent erwarten, dass Deutschland
> den Klimawandel bis 2050 im Griff hat.[562]

Damit erfüllen Politikerinnen und Politiker nicht ihre Aufgabe, für die sie gewählt wurden. Könnte man ihnen Arbeitsverweigerung attestieren? Verträge wie das Pariser Abkommen werden täglich gebrochen. Das ist vorgelebter Beschiss, die Verantwortlichen bleiben unter den Erwartungen. Sogar das Bundesverfassungsgericht hat 2021 konkrete Maßnahmen zum Klimaschutz eingefordert, um die Freiheitsrechte der jüngeren Generationen zu wahren.

Werden Erwartungen, Abkommen und Gesetze gebrochen, sind Proteste die logische Folge. Es gibt viele Beispiele für schwache Arbeitsleistungen mit Beschiss an der Gesellschaft und Weltbevölkerung. Hier drei von ihnen:

> Dass das Steuersystem von Erwachsenen ausgetrickst wurde und weltweit in Cum-Ex-Deals 150 Milliarden Euro von Steuergeldern gestohlen wurden. Dieses Geld ließen sich Menschen in Banken und andere Finanzberufen „zurückerstatten", obwohl sie entsprechende Steuern nie gezahlt hatten. Neben Deutschland und den USA wurden zwischen den Jahren 2000 und 2020 mindestens zehn europäische Staaten Opfer.[563]

Dass die Gesellschaft jedes Auto pro Jahr im Schnitt mit 5.000 Euro subventioniert, also 250.000 Euro in 50 Jahren. In der Studie *The Lifetime costs of driving a car* wurden private und soziale Kosten anhand von 33 Faktoren berechnet. Die teuersten Kosten für die Gesellschaft sind die Luftverschmutzung und der Landverbrauch.[564]

Dass 1 Prozent der Weltbevölkerung 50 Prozent der CO_2-Emisssionen produziert,[565] und damit die Lebensgrundlagen für 100 Prozent der Weltbevölkerung verändert. Am schwersten trifft der Klimawandel die, die ihn nicht verursacht haben.[566] 80 bis 90 Prozent der Weltbevölkerung sind noch nie geflogen.[567] „Der CO_2-Fußabdruck der ärmeren Hälfte der Weltbevölkerung ist mit 0,7 Tonnen mehr als nachhaltig – während das reichste ein Prozent das Hundertfache emittiert."[568]

Wusstest du, dass ein einziges Prozent der Weltbevölkerung das Hundertfache an schädlichen Emissionen verbraucht? Echt beschissen, oder? Wie entstehen beschissene Gesetze, die diese Ungerechtigkeit zulassen, und wie können wir Spielregeln verändern, wenn sie uns bescheißen und die Welt bedrohen?

416 Wolfgang Thierse war von 1998 bis 2005 Präsident des Deutschen Bundestags. In einer öffentlichen Debatte mit Jugendlichen, die ich 1995 moderiert habe, wurde er gefragt, warum politische Entscheidungen so lange dauerten. Er sagte sinngemäß, dass Entscheidungen und Gesetze in einer Demokratie immer Kompromisse sind. Das brauche Dialog und Zeit – anders als in einer Diktatur. Er habe beides erlebt und bevorzuge die Demokratie.

Ein Hoch auf die Demokratie! Und ein Hoch auf Proteste und Regelbrüche! Alle drei gehören zusammen. Sie sind wichtige Arbeit und Engagement für Veränderungen. Gutes Leben wird immer gemeinsam erkämpft. Ein Hoch auf das menschliche Miteinander in lebendiger Demokratie!

Zu den zwei Zitaten kommt hier die Auflösung der Quellen

> Dass es die Aufgabe der Wirtschaft sei, die Menschen von der Arbeit zu befreien, sagte dm-Gründer Götz Werner. Und der Aufruf, Mauern der Ignoranz und Engstirnigkeit einzureißen, stammt von der Bundeskanzlerin a.D. Angela Merkel.

NEUE BERUFE TRÄUMEN UND MIXEN

Auch Berufsbezeichnungen sind Erwartungen. Sie spiegeln vergangene Bedürfnisse von Menschen wider, nicht die aktuellen oder kommenden. Mit unseren Berufen gestalten wir die Welt, im Wandel verändern sich auch die Berufe. Kundinnen und Kunden äußern neue Wünsche und Erwartungen. Technologische Tools verändern Zusammenarbeit, Lieferketten und Produktion. Bestehende Berufsbilder müssen angepasst werden. Kein Beruf bleibt, wie er ist.

417 Im 18. Jahrhundert gab es in Preußen 400 preußische Kaffeeschnüffler. Ihre Aufgabe war es, illegale Kaffee-Röstereien aufzuspüren. Als das Verbot privater Röstereien fiel, verschwanden auch die Schnüffler.[569]

Wie wäre es mit Empathistinnen, Erwartungsbrechern, Gesundheits-Navi-Daten-Beraterinnen, schönheitsstiftenden Vertrauensexperten, Prototyperinnen und Tech-Tourguides? Die folgenden Geschichten erzählen von neu **kombinierten** Berufsbildern.

418 Konflikte werden in diversen Teams **gesteigert**. Professionelle, auf Diversität trainierte Moderation sorgt für wertschätzende Debatten und gibt auch leisen Teammitgliedern Raum. Inhaltlich neurale Moderation schafft einen Rahmen – ohne Partei zu ergreifen, dass Ideen-Babys, Experimente und neue Spielregeln Raum bekommen, während diverse Reibung brodelt und leidenschaftlich brennt. Das ist ein Job für Profis.

Zum Wohlbefinden gehört gesunde Ernährung. Sie liefert uns Energie. Nur welche? Da jeder Körper unterschiedlich ist, ist es ein Können, Energiezufuhr zu gestalten. Lassen wir Profis ran!

419 Optimale Ernährung, um Dächer zu decken oder im Labor an Materialien zu forschen, unterscheidet sich. Hinzu kommt, dass kein menschlicher Organismus, kein Magen und kein Darm gleich sind. DNA-Tests und Mikrobiomanalysen zeigen Empfehlungen für eine optimierte Ernährung, die dem Körper guttut und die Gesundheit **steigert**. Faktoren wie Arbeitsbelastung, Stoffwechsel, Chronotypen, Schlafrhythmen und Freizeitaktivitäten werden analysiert.

An das Navi im Auto haben wir uns gewöhnt. Ohne Google Maps finden wir uns auf Reisen nicht mehr zurecht. Wie wäre ein Navi für den eigenen Körper?

420 Medizin wird personalisiert. Im Innovationszentrum für Computerassistierte Chirurgie in Leipzig wird an digitalen Modellen von Menschen gearbeitet.[570] An diesen sogenannten digitalen Zwillingen können Medikamente und Therapien getestet werden, bevor sie beim Menschen zum Einsatz kommen, um Nebenwirkungen zu **streichen**. Wie beim Navi im Auto dient das Gesundheits-Navi der Orientierung. Was wir tun, ob wir eine Therapie nutzen, die Flasche Rotwein genießen oder früher ins Bett gehen, bleibt unsere Entscheidung.[571] Das Navi könnte vorschlagen, bestimmte Muskeln gezielt zu trainieren, um Nackenverspannungen zu **reduzieren**. Die Wirkung diverser Sportarten könnte gemessen und verglichen werden.

Don't criticize, improve. Welche 44 Fragen hast du an das Konzept des digitalen Zwillings? Welche Therapien und Medikamente würdest du vor der Einnahme zuerst testen wollen? Womit würdest du das Navi **kombinieren** und den Nutzen **erhöhen**?

Technologische Entwicklungen verstärken sich gegenseitig, das Innovations-Karussell dreht sich immer schneller. Immer mehr technische Geräte und Anwendungen werden immer vielfältiger **kombiniert**. Als eine Kollegin 2020 alle Online Tools zu Teamwork und Vertriebs-CRMs zusammenstellte, um eine Auswahl für mein Unternehmen treffen zu können, umfasste ihre Liste über 100 Anbieter. Dabei waren Anbieter für Virtual Reality, Metaverse oder Low-Code und No-Code noch gar nicht berücksichtigt. Wer wird zukünftig noch durchblicken?

421 Tech-Tourguides werden Menschen und Firmen branchen- und anbieterübergreifend in aktuelle Technologien einführen. Sie unterstützen die individuelle Suche einer Firma nach passenden Lösungen. Tech-Tourguides werden in Betrieben und in digitalen Showrooms in die Vielfalt unterschiedlich **kombinierter** Geräte und Anwendungen einführen.

Business unter Firmen – B2B – macht mehr als 80 Prozent des Welthandels aus. Werden Tonnen von Kaffeebohnen, Holz, Maschinen, LKWs, Containerschiffe, Windräder und Immobilien verkauft, fließt viel mehr Geld, als wenn du ein Paar Schuhe kaufst. Beim Schuhkauf schaust du dir vor dem Kauf Produktbewertungen an. Das ist heute normal.

422 Empfehlen und Kuratieren wird im B2B zum Vollzeitjob. Nicht nur Technologien, Lieferketten, Rohstoffe und Plattformen bilden einen Dschungel, neue Anforderungen sind Nachhaltigkeit, Transparenz und Klimaneutralität. Firmen beschäftigen interne und externe Profis für kuratierte B2B-Empfehlungen, zugeschnitten auf Märkte und Branchen.

Die Entwicklung von Märkten, neuen Spielregeln und Geschäftsmodellen braucht Profi-Kompetenz im Experimentieren und Verbessern. Resonanz führt gekonnt schneller zum Erfolg.

423 Zwischen Idee und Markteintritt liegt das Experiment. Um teure Fehlversuche zu vermeiden, wird mit einfachen Mitteln getestet. Mit Prototyping und Pilotversuchen wird die Resonanz erlebt. Während Worte missverstanden werden, verstehen Menschen den neuen Nutzen beim Anfassen und Erleben. Ausgebildete Prototyperinnen und Prototyper planen Experimente und schleifen mit der Resonanz die neuen Spielregeln und Key Faktoren.

Die Welt wird immer voller. Wir können zwischen immer mehr Filmen, Musik, Tools und Plattformen wählen. Umso wichtiger werden das Ausmisten und **Streichen** alter Angebote.

424 Der professionelle Schnitt von Obstbäumen und Weinreben will gelernt sein. Genauso braucht es Profis, um in Unternehmen Altes zu **streichen** und so Platz für neue Möglichkeiten und **Kombinationen** zu schaffen. Ausmist-Profis beraten Firmen beim gezielten **Streichen** alter Prozesse in der Organisation, in der Produktion und in der Dienstleistung.

 Kombiniere aus Bedürfnissen von Menschen und deren WaBriMiDa, aus aktuellen Trends und deinen Fähigkeiten zehn neue Berufsbilder, die dich begeistern.

Energiequellen werden vielfältiger und regionaler. Firmen sind auf Energie angewiesen. Je günstiger der Energiemix ist, desto besser kann dieses Unternehmen im Markt agieren.

425 Die Software der australischen Firma *Energy Exemplar* analysiert und mixt für Unternehmen weltweit den besten Energie-Mix.[572] Mit Simulationen der B2B-Energieberatung können Industrieunternehmen den für sie günstigsten Strom einkaufen. Darunter sind immer häufiger Solar- und Windenergie, der Wandel wird beschleunigt.

Vielfältiger werden Energiemixe auch für private Haushalte. Nachbarn können zusammen Energie gewinnen. Autos werden über Gartenzäune hinweg mit Waschmaschinen gekoppelt und zu Stromanbietern.

426 Energieberatung für private Haushaltung gibt es heute schon. Doch die Beratung ganzer Nachbarschaften und Wohnblocks benötigt **vertiefte** Fähigkeiten. Es ist eine hohe Kunst, die Interessen und Ansichten vieler Menschen unter einen Hut zu bekommen. Mit Empathie und Fachwissen sorgen Energie-Mentoren dafür, dass regenerative Energien in Dörfern und Nachbarschaften sinnvoll und kostengünstig genutzt werden.

Gründe mit Menschen deiner Straße oder deiner Kommune Genossenschaften und Firmen, um Geld zu verdienen. Welche Dächer und Balkone könnten zur Energieherstellung genutzt werden? Welche Haushaltsgeräte und Fahrzeuge können Strom speichern und wieder abgeben? Starte die ersten Gespräche zu deinen Ideen.

Materialforschung ist eine Key-Disziplin, die innovative Materialien und neue **Kombinationen entdeck**t. Sie haben Eigenschaften, von denen wir heute **träumen**.

427 In der Chemie finden KI-Algorithmen innovative Verbindungen zwischen bekannten Materialien. Welche Molekülverbindungen sind energetisch stabil? Welche werden die gesuchten Eigenschaften haben? KI-Chemiker werden diese Fragen beantworten. Sie **ersetzen** die Zufälle früherer Forschung und **reduzieren** so den Zeiteinsatz. Die Menge neu **entdeckter** Marialien wird exponentiell **gesteigert**.[573]

Kritischer Journalismus ist wichtig, denn er überprüft, hakt nach und deckt Ungereimtheiten auf. Eine neue Spielart ist Positiver Journalismus.[574] Über die wachsende Zahl neuer Lösungen durch gute Arbeit muss auch berichtet werden.

> Positiver Journalismus macht gute Lösungen sichtbar.
> Er verändert unsere Sicht auf die Welt.
> Er stärkt Menschen in ihren positiven Anliegen und vernetzt sie.
> Er stellt eine Ausgewogenheit in der Berichterstattung her.

428 Positiver Journalismus wird gerade im schnellen Wandel der Arbeit benötigt, um das Neue zu erklären. Positive Journalistinnen und Journalisten reden die Welt nicht schön, sondern sie machen öffentlich, was Menschen bereits Gutes tun. Sie zeigen, wie neue Materialien, Abläufe und Strukturen funktionieren. Indem sie positives Handeln öffentlich machen, stärken sie es. „Schon der Glaube an das Gute bewirkt oft das Gute."[575]

Auch in Firmen braucht es Profis, die aufrütteln und Entwicklungen anstoßen auf der Basis des Guten, das bereits passiert.

429 Erwartungsbrechende Hofnärrinnen und Narren stoßen Veränderungen an. Sie zetteln Streit an und **stellen** Gewohnheiten **infrage**, um Teams voranzubringen. Sie **provozieren** mit positiven Beispielen und inspirieren zu neuen Ideen-Cocktails. Sie warnen vor tendenziösen Prognosen und gefälschten Bildern. Passt der provotainende Hofnarr und die erwartungsbrechende Hofnärrin zu dir?

Menschen und Organisationen müssen lernfähig sein. Wie sonst sollen sie den Wandel, Tools und Maschinen, Arbeitsorte und Arbeitszeiten, Materialien und Kombinationen, Prototyping und Pilotprojekte begreifen und nutzen?

430 Strukturierte Lernberatung stärkt die Learnability von Menschen und Organisationen. Sie unterstützt situatives Lernen im Alltag, in Projekten und in der Produktion, wenn Probleme auftauchen. Lernbegleitung trainiert Menschen darin, **Fragen zu stellen**, Unterstützung zu suchen, Wissen zu **kombinieren** und passende Antworten zu **entdecken**.

Erfolge sind Teamleistungen. Auch das vielzitierte Genie Thomas Edison war kein Einzelkämpfer. Das Team um ihn herum brachte Tausende Patente zur Anmeldung. Werden Teams fundiert zusammengestellt, können sie ihr Potenzial ausschöpfen. Da diverse Teamrollen zu Konflikten führen, braucht es Profis.

431 Die Suche nach passenden Teammitgliedern ist ein zentraler Schlüssel zum Erfolg. Empathistinnen und Empathisten sind Teamaufbau-Profis. Sie casten Menschen für offene Rollen im Team zusätzlich zu den Fähigkeiten und Kompetenzen. Sie erkennen hochsensible Menschen, Macherinnen, Umsetzer, Perfektionistinnen und Visionäre und können sie passend einsetzen. Aus „gleich und gleich gesellt sich gern" wird produktive Vielfalt.

432 Team-Kauf-Scouts suchen gezielt nach Top-Teams. Firmen kaufen Firmen, um eingespielte Teams zu gewinnen. Das passiert bereits im Handwerk und in der Software-Entwicklung. Das passende Wortspiel dazu: *„Twitter ‚acqui-hires' the team from Brief."* [576]

Gönnen wir den nächsten Generationen, auch gut und gesund zu leben? Dann werden wir unseren Umgang mit den Lebensgrundlagen ändern müssen. Dabei unterstützen uns Profis.

433 Biodiversität-Coaches **vertiefen** die Erkenntnisse über Ökosysteme und bringen regional Verantwortliche ins Handeln. Sie tragen dazu bei, die Entwässerung von Mooren und Versiegelung von Böden **umzudrehen** und gesunde Landwirtschaft auf gesunden Böden zu **steigern**. Sie verteilen

Saatgut für Blumenwiesen und vermitteln in Firmen, Schulen und Hochschulen den Wert der Mitwelt. Unterstützt werden sie dabei von den bereits vorgestellten Tech-Tourguides, die virtuelle Landbegehungen, Laserscanning und Drohnen einsetzen, um mehr Informationen über Ökosysteme zu sammeln.

Resilienz ist nicht nur für Menschen wichtig. Auch unsere Mitwelt kann Resilienz enwickeln.

434 Seit 2012 arbeitet die chilenische Regierung daran, die Megacity Santiago de Chile an den Klimawandel anzupassen. Die Architektin und Stadtplanerin Cristina Huidobro wird im März 2022 die erste Resilienz-Beauftragte der Welt mit Mandat einer Regierung.[577] Sie will die Stadt resilienter gegen Hitze und Wasserknappheit machen und damit den Stress reduzieren, den beides auf Menschen ausübt.

Unternehmenskulturen und Arbeitsbeziehungen leben von Vertrauen. Vertrauen verbindet, Misstrauen trennt. Welche Firma baut Vertrauen professionell auf? Das wäre eine gute Basis für Bleibegespräche. Angestellte in der Firma zu halten, kostet Unternehmen weniger als Neueinstellungen.[578]

435 Schönheit schafft eine gute Arbeitsatmosphäre, in der sich diverse Talente entfalten können. Was braucht eine Mitarbeiterin zum Bleiben? Was braucht ein Mitarbeiter, um zufriedener und wirksamer zu arbeiten? Diese Fragen werden nur in einer guten Atmosphäre ehrlich beantwortet. Schönheitsstiftende Vertrauensexpertinnen und Vertrauensexperten sind Klima-Profis in Firmen, sie stärken intern *People & Culture*. Firmen wie Comspace in Bielefeld[579] und Zebra Group in Chemnitz[580] **streichen** Human Resources, denn der traditionelle Wortmix bezeichnet Menschen als Ressourcen. Vertrauen bringt Schmetterlinge zum Fliegen.

Menschen erzählen sich schon immer Geschichten. Sie bringen uns zum Lachen und zum Weinen, sie bewegen uns und schweißen zusammen. Werden Menschen berührt, werden Geschichten weitererzählt.

436 Produkte, Services, Employer Branding, Wandel der Arbeit und auch Klimawandel leben von einprägsamen, bewegenden und humorvollen Geschichten. Storytelling-Profis entwickeln starke Narrative, die berühren und überraschen. Ist die Wirkung wie gewünscht, werden sie verbreitet und fließen in Kundenkontakte und Personalgewinnung ein. Erzählen dir fremde Menschen die Story deines Arbeitgebers, dann ist das Storytelling perfekt.

Wie werden Arbeitsplätze so gestaltet, dass sie die Gesundheit fördern und die Produktivität **steigern**? Wie sehen Orte aus, die W.O.R.K.-Entwicklung mit vielen Ideen und Experimenten fördern? Wie sieht Produktion und Handwerk aus, wo Menschen und Roboter kooperieren?

437 Design der Arbeitsplatzgestaltung wird so divers wie Arbeit an sich. Klassische Büros, Werkstätten, Studios und Homeoffice-Plätze verlieren an Bedeutung. Aus Großraumbüros werden Kultur-, Fitness-, Ideenfitness-, Themen- und Theaterräume, in denen der Austausch gefördert wird. Auch am See und am Strand, in der Bahn, im Coworking Space und beim Gemüseanbau wird gearbeitet. Wie werden Räume gestaltet, wenn Schreibtische **gestrichen** werden? Vorstellungskraft ist gefragt für vielfältige Arbeitsorte. Gutes Arbeitsplatz-Design **steigert** die Produktivität. Unterschiedliche Aufgaben brauchen unterscheidbare Orte. Design zeigt Visionen von Arbeit und Leben.

Mixe neue Berufe, die dringend gebraucht werden.
Steigere, vertiefe, provoziere! Kombiniere Branchen, Trends, Herausforderungen und das WaBriMiDa der Gäste miteinander.

In diesem Buch stecken 25 Jahre Erfahrung mit Ideenfitness und Praxis mit der Wilden 18. Ich kann es bezeugen: Ideen-Kompetenz ist trainierbar.

(438) Ideenfitness-Coaches trainieren mit Menschen zu **streichen**, **umzudrehen**, Regeln zu **brechen**, zu **vereinfachen**, zu **ersetzen**, zu **reduzieren**, zu **steigern**, **infrage** zu **stellen**, zu **vertiefen**, zu **verzaubern**, zu **entdecken**, zu **ändern**, zu **kombinieren**, den Nutzen zu **erhöhen**, zu **übertragen**, zu **provozieren**, Fehler zu **machen** und zu **träumen**. Trainieren kann man das genauso professionell wie jedes Handwerk, jeden Sport und jede Musik. Wer an jeder roten Ampel und bei jeder Zugverspätung 44 Fragen zu aktuellen Themen stellt, stellt in sieben Jahren eine Million Fragen. Wer sich eine Trainingsgruppe aufbaut, verschafft sich eine extra Portion Ideenfitness und Handlungsfähigkeit. Ideenfitness-Coaches arbeiten in Unternehmen, Vereinen, Schulen und Hochschulen. Viele Prognosen beschreiben Kreativität als eine der Schlüsselkompetenzen für die immer schnelleren Wandlungen der Arbeitswelt.

Noch ein paar Worte zur Kreativität, denn alte Bilder von ihr zementieren den Status quo.

1. „Die besten Ideen kommen mir beim Duschen", sagen viele Menschen. Der Grund dafür ist die Entspannung. Geistesblitze nutzen Freiräume, wenn wir gerade nicht im Beton des Alltags feststecken. Dauerstress stärkt die alten Routinen, denn sie gehen schneller. Wenn also nur beim Duschen und auf dem Klo deine Ideen durch die Betondecke brechen, zeigt das einen Mangel an kreativen Freiräumen. Dann bieten diese Orte deine entspanntesten Momente. Soll so dein Leben und Arbeiten sein? Ideenfitness-Training bedeutet, sich für Weiterentwicklung Zeit zu nehmen. Ideen nur beim Duschen zu haben, ist nicht professionell. Regelmäßiges Training macht Menschen zu kreativen, handlungsfähigen Ideen- und W.O.R.K.-Profis.

2. „Es gibt nur wenige geniale Menschen, sie wurden als kreative Genies geboren."

439 Wie der Mythos vom kreativen Genie entstand, beschreiben Martin Reeves und Jack Fuller im Buch *The Imagination Machine.*[581] Im Zeitalter der Aufklärung zweifelte niemand daran, dass kreative Erfindungen auf Arbeit, Experimenten und Expertise fußen. Die Vorstellung, dass nur wenige Auserwählte mit der kreativen Kraft höherer Mächte ausgestatten seien, entstammt der Romantik des 18. Jahrhunderts. Leider ist das Bild vom kreativen Genie bis heute tief in der Gesellschaft verwurzelt.

3. „Ich bin nicht kreativ. Die Ideen haben immer andere." Die Vorstellung, dass die meisten Menschen von Geburt an unkreativ sind, blendet die Realität aus: Die Vorstellungskraft ist ein Handwerk, **Provozieren** und **Kombinieren** ist erlernbar, sie werden mit jedem Training besser.

440 Wie kann Stephen King so viele dicke Bücher schreiben? Ganz einfach: Er schreibt jeden Tag mindestens 2.000 Worte. Im Ergebnis sind es nach fast 50 Jahren als Autor mehr als 60 Romane und über 100 Kurzgeschichten geworden. Sie wurden über 400 Millionen Mal verkauft und in mehr als 50 Sprachen übersetzt. Dutzende Blockbuster-Filme beruhen auf seinen Geschichten.[582]

Jeder Mensch, der täglich 2.000 Worte schreibt, wird mit der Zeit gekonnter schreiben. Mit Übung werden wir in allem besser, was wir tun. Wer täglich **streicht, ersetz**t und **umdreht**, wird immer besser im Handwerk der Kreativität.

> **KREATIVITÄT IST EIN HANDWERK UND ERLERNBAR.**
> **STREICH** DEN MYTHOS VOM AUSERWÄHLTEN,
> KREATIVEN GENIE UND FANG AN, IDEENFITNESS
> ZU TRAINIEREN!

Berufsbilder leben von den Talenten und Interessen, die wir mitbringen.

Wer bist du? Wofür stehst du auf? Welche Leitsätze und Haltungen prägen dich? Welches Leid erfährst du, welchem Hass und welcher Liebe bist du ausgesetzt? Bist du mit fließendem Wasser aufgewachsen? Was regt dich auf? Liebst du Tiere? Große oder kleine Tiere? Hast du eine Hundehaarallergie? Was bringt dich aus der Fassung? Über welche Witze lachst du? Lachst du laut oder leise? Zu welchen Liedern singst du mit? Welcher Stachel steckt tief in deiner Seele? Welche geliebten Menschen hast du bereits verloren? Hörst du zu oder redest du wie ein Wasserfall? Bist du Rampensau oder still am Machen? Welche Geschichten erzählen deine Narben und Lachfalten? Genießt du finanzielle Sicherheit oder lebst du von der Hand in den Mund? Trinkst du Kuhmilch oder Getränke aus Hafer, Erbsen und Hanfsamen? Welches Berufsbild passt zu deinen diversen Zutaten? Welches neue Berufsbild **kombinierst** du daraus?

Eine weitere wichtige Zutat beim Mixen kommender Berufsbilder ist unsere Weltsicht und die Art des Wohlstands, den wir anstreben. Welchen Wohlstand wollen wir wachsen sehen? Welchem Wohlstand schenken wir unsere Lebenszeit und Aufmerksamkeit? Welchen Wohlstand geben wir weiter an die nächsten Generationen?

MENSCHENFREUNDLICHER WOHLSTAND

Wohlstand wird oft in finanziellen Mitteln benannt, obwohl das nur eine einzige Facette von vielen Möglichkeiten ist, Wohlergehen zu messen. Welches Wohl wählen wir? Wie willst du leben? Was soll wachsen? Was würde uns guttun? Lass uns **träumen**, wie wir leben und arbeiten wollen! Auf den folgenden Seiten erfährst du Beispiele für menschenfreundlichen Wohlstand. Sicherlich wirst du nicht allem zustimmen oder andere Prioritäten setzen.

Entscheidend ist der Dialog darüber, was wir wollen. Menschenfreundliche Arbeit braucht konstruktive, respektvolle Konflikte mit dem Zweck, diversen Wohlstand für alle zu schaffen.

Menschenfreundlich ist der Wohlstand gegenseitiger Wertschätzung. Gute Arbeit lebt von dieser dreifachen Wertschätzung:

> Im Team: Wertschätzung der Menschen, ihrer Kompetenzen und ihrer diversen Rollen im Team.
>
> Innerhalb des Unternehmens: Angestellte und Arbeitgeber begegnen sich wertschätzend mit Wohlwollen und Respekt.
>
> Außenwirkung des Unternehmens: Wertschätzung für die Bedürfnisse, Wünsche und Erwartungen der Kundinnen und Kunden, der Lieferanten und Dienstleister.

Menschenfreundlich ist Zeit-Wohlstand mit menschenfreundlichen Arbeitszeiten. Immer mehr Menschen sind offen für eine **Reduzierung** der Arbeitszeit. Modelle wie 3+3 bieten garantierte Zeiten der Erholung, die 4-Tage-Woche und auch 5-Stunden-Arbeitstage zeigen, wie es geht.

(441) Wenn Arbeitszeit gestrichen wird, ist das auch gut für den Klimaschutz. „Eine Verkürzung der Erwerbsarbeitszeit wäre der mächtigste Türöffner für eine klimagerechte Transformation", **träumt** Kolumnist Lasse Thiele.[583]

Menschenfreundlich ist eine gerechte Bezahlung, unabhängig von Geschlecht und Herkunft.

(442) EU-weit verdienen Frauen 13 Prozent weniger als Männer, in Deutschland sind es sogar 18,3 Prozent weniger.[584] Die Lohnlücke zwischen Männern und Frauen fällt noch drastischer aus, wenn das gesamte Berufsleben betrachtet wird. Der *Gender Lifetime Earnings Gap* im Vergleich zwischen Männern und Frauen liegt im Westen Deutschland bei 45 Prozent, im Osten bei 40 Prozent.[585]

Gerechter Wohlstand bedeutet, dass wir den *Gender Pay Gap* und den *Gender Lifetime Earnings Gap* **streichen**. Gleiche Bezahlung von Frauen und Männern muss Status quo werden.

443 Die Spielerinnen des US-Fußball-Nationalteams erhalten rückwirkend Millionen Dollar und zukünftig die gleichen Prämien wie ihre männlichen Kollegen. „Sechs Jahre lang stritten die Spielerinnen der US-Frauenfußballmannschaft und der Verband U.S. Soccer über die Gleichbehandlung des Frauenteams. Obwohl sie als viermalige Olympiasiegerinnen und Weltmeisterinnen deutlich erfolgreicher waren als ihre männlichen Kollegen, erhielten die Fußballerinnen nur einen Bruchteil der Gehälter."[586]

Unfassbar ungerecht ist auch die Ausbeutung von Menschen, die in sogenannten Behindertenwerkstätten arbeiten.

444 „Mein Sohn erhält von seiner Caritas Werkstatt monatlich 180 Euro – höchste Stufe da er voll produktiv ist. Die Caritas verkauft die Tischlereiprodukte mit Gewinn und erhält jeden Monat für ihn 1.300 Euro vom Amt. Soziale Gerechtigkeit? Teilhabe am Leben? Fehlanzeige."[587] schreibt ein Vater auf Twitter. In Deutschland arbeiten 312.000 Menschen in Werkstätten für Behinderte. „Die schlechte Bezahlung ist leider legal."[588] Wer dort arbeitet, ist ein Leben lang auf Grundsicherung angewiesen, weil Werkstätten nur ein Taschengeld auszahlen.[589] Die Werkstätten bekommen in Deutschland durchschnittlich 16.592 Euro pro Person vom Staat.[590] Mit billigen Arbeitskräften werden Waren beispielsweise für die Automobilindustrie produziert. „Sie erbringen Leistungen im Wert von 8 Milliarden Euro für die deutsche Wirtschaft. Sie sind Beschäftigte, die von Sozialhilfe leben."[591] Autos wären ohne die Arbeit der Werkstätten wesentlich teurer. In keinem Land der Welt finden Konzerne so günstige Zulieferer wie in deutschen Behindertenwerkstätten. Deutschland wird regelmäßig von der UN gerügt, weil die Behindertenrechtskonvention von 2009 nicht umgesetzt wird und behinderte Menschen isoliert unter sich bleiben. Mit 55 Prozent nimmt die Mehrheit der Deutschen die 10 Millionen Menschen mit Behinderung nicht mal wahr.[592] Vom Mindestlohn sind Menschen in Werkstätten ausgeschlossen, denn nach dem Sozialgesetzbuch sind sie keine Arbeitnehmerinnen und Arbeitnehmer. Das Mindestlohngesetz gilt daher nicht.[593]

Menschenfreundlich wäre die Umsetzung der Behindertenrechtskonvention, das Ende der Isolation und ein Lohn passend zur Wertschöpfung. Ein weiterer Schritt zur Freiheit wäre ein bedingungsloses Grundeinkommen (BGE). Viele Menschen könnten dann Nein sagen. Nein zur Arbeit in einem geschlossenen System. Nein zu Jobs, die der Gesundheit schaden, die Schlaf rauben und zum Burnout führen. Nein zu Jobs, in denen Frauen weniger verdienen als Männer. Nein zu Arbeit, die menschenverachtend ist.

445 Für Götz Werner ist die zentrale Wirkung des BGE, dass jeder „Nein" sagen kann. Er wollte Menschen mit dem BGE die Entscheidungsfreiheit über Alternativen schenken. „Wenn ich das bedingungslose Grundeinkommen in einem Satz erklären soll, dann dass jeder Nein sagen kann. Dieses Nein steht wie der Notenschlüssel vor der Partitur seines Lebens."[594]

446 Der Verein „Mein Grundeinkommen" verlost regelmäßig Grundeinkommen. Gezahlt werden 1.000 Euro pro Monat ein Jahr lang. Gewonnen haben bis April 2022 bereits 1.128 Menschen.[595] Sie erleben die Freiheit, Nein sagen zu können. Eine Gewinnerin berichtet vom neuen Mut: „Ich ging auf meinen Arbeitgeber zu und sagte, dass ich eine bessere Perspektive brauche oder leider gehen muss." Sie ging. Erst danach fand sie eine bessere Stelle.[596] Ohne das Grundeinkommen wäre sie beim alten Arbeitgeber geblieben. Michael Bohmeyer, Initiator der BGE-Verlosung sagt: „Die Grundidee ist gar nicht das Geld. Die große Wirkung entfaltet die Bedingungslosigkeit. Es geht nicht so sehr ums Haben, sondern ums Sein."[597]

447 Ist das BGE denn überhaupt bezahlbar? Der Wirtschaftswissenschaftler Bernhard Neumärker hat mit seinem Team verschiedene Modelle durchgerechnet und kam zu dem Ergebnis, dass eine Grundeinkommens-Gesellschaft wesentlich resilienter wäre als eine Kurzarbeitergeld-Gesellschaft.[598]

Die Bundesagentur für Arbeit ist die größte Behörde Deutschlands mit rund 100.000 Beschäftigten. Mit einem BGE könnten wir große Teile des Sozialamts und der Agentur für Arbeit **streichen**, die Aufgaben neu **kombinieren** und Milliarden Steuergelder in Freiheit investieren. Das alte System verschwendet zu viel Geld.

448 „Jobcenter geben 60 Millionen Euro aus, um 18 Millionen einzutreiben."[599] Überschriften wie diese aus dem Jahr 2019 weisen auf eine sinnentleerte Arbeit hin.

Wie würdest du die Freiheit durch ein bedingungsloses Einkommen nutzen? Wie würdest du dein Leben verändern? Was würdest du **streichen**? Zu welchen Jobbedingungen würdest du Nein sagen? Mit welcher Tätigkeit würdest du deinen heutigen Job **ersetzen**?

Mit einem BGE könnten wir auch die Zahl der Firmengründungen und zukunftsorientierten Arbeitsplätze **steigern**. Die wenigsten Start-ups schaffen die Etablierung ihres Angebots, daher brauchen wir als Gesellschaft viele Gründungen. Das BGE gäbe mehr Gründerinnen und Gründern die Möglichkeit, zu einer Festanstellung Nein zu sagen und Experimente zu wagen.

Mehr Experimente brauchen wir auch auf dem Wohnungsmarkt. Menschenfreundlicher Wohlstand ist ein warmes Zuhause. Dafür brauchen wir Wohnraum, der ökologisch und recycelbar gebaut wird und allen Menschen zugänglich ist.

449 In Wien und Zürich gehören viele Wohnungen seit Jahrzehnten Genossenschaften. Dort gibt es weniger Wohnungsnot und niedrige Mieten. Der größte Immobilienverwalter Europas ist die Stadt Wien. Ihr gehören 220.000 Wohnungen, dazu kommen 200.000 öffentlich geförderte Wohnungen. Die Mieterinnen und Mieter sind vor Preissprüngen und Kündigungen geschützt. „62 Prozent der Wiener leben in einer geförderten oder kommunalen Wohnung und zahlen zwischen fünf und neun Euro Bruttomiete pro Quadratmeter." [600]

Wohnen als menschenfreundlicher Wohlstand gilt auch für Menschen ohne Obdach.

450 Das Start-up Icon aus Austin druckt Häuser für obdachlose Menschen. Sie sind 40 Quadratmeter groß und halten Hurricanes stand. Der 70-jährige Tim Shea war obdachlos und lebt nun in einer 3D-gedruckten Siedlung. Er hat ein barrierefreies Haus ausgewählt. [601]

451 Der Kölner Verein Little Home baut kleine, mobile Holzhäuser. Über 200 Einheiten wurden an Obdachlose verschenkt. Das Zuhause soll Sicherheit und Perspektive bieten. [602]

452 In Finnland leben immer weniger Menschen auf der Straße. Den Erfolg bringt ein Programm, das Betroffenen konsequent Wohnraum vermittelt – bedingungslos und schnell. Housing First vermittelt so schnell wie möglich eine eigene Wohnung. Der Erfolg der Kampagne ist erstaunlich: Während die Obdachlosigkeit im Rest Europas zunimmt, ist die Zahl in Finnland stark gesunken. Das Prinzip hinter Housing First: Ein Zuhause gibt Menschen die Kraft, eigene Probleme anzugehen – nach einem Job zu suchen oder einen Drogenentzug zu wagen. [603]

453 In Berlin wird ein deutsches Housing-First-Aktionsprogramm geplant. Das Prinzip wurde in den 1990ern in den USA entwickelt. „Berlin könnte als erste deutsche Stadt Housing First zum Grundprinzip der Obdachlosenarbeit erklären. Das wäre die Revolution." [604]

Menschenfreundliches Wohnen in menschenfreundlichen Gebäuden in menschenfreundlichen Städten ist Wohlstand. Eine randlose Gesellschaft ohne Mitte bietet allen Menschen Raum, so zu sein, wie sie sind. Dieser Wohlstand ist Reichtum für alle. Wenn wir die Erde als ein rundes Ganzes sehen, gehört allen alles. Den Mythos, dass jeder Mensch seines eigenen Glückes Schmied ist, können wir **streichen**. Wie beim Marshmallow-Experiment – im 1. Kapitel – spielt die familiäre Herkunft beim häufig vererbten Reichtum die größte Rolle.[605]

454 Einzelne Millionäre setzen sich mit der Initiative Taxmenow dafür ein, dass Vermögen stärker besteuert wird. Der Millionär Ralph Suikat fordert höhere Steuern für Millionäre. Geld geselle sich wie bei ihm zu Geld – während Arbeiter höher besteuert würden als er.[606] Die 29-jährige BASF-Erbin Marlene Engelhorn zitiert Brecht: „Wär ich nicht arm, wärst du nicht reich."[607] Sie sagt auch: Wir erzählen uns, dass das Allertollste auf der Welt der Geiz und die Habgier sind. Aber ich glaube, dass das Quatsch ist, und dass Teilen viel wichtiger ist.[608]

455 MacKenzie Scott hat seit ihrer Scheidung von Jeff Bezos 8,9 Milliaden US-Dollar gespendet, das ist viermal so viel wie ihr Ex-Mann Bezos in seinem ganzen Leben.[609]

Kinder würden Wohlstand wohl so definieren: Schutz, Zeit, Aufmerksamkeit und Spielen.

456 Die UN-Kinderrechtskonvention wurde 1989 nach zehnjähriger Arbeit beschlossen. 54 Artikel sichern Kindern neben dem Schutz vor Gewalt, Folter und bewaffneten Konflikten auch das Recht auf Freizeit und Bildung zu.[610]

457 Auch die Bundesregierung hat der UN-Kinderrechtskonvention zugestimmt. Doch Kinderrechte stehen nicht im Grundgesetz, obwohl schon lange dafür gekämpft wird.[611]

Über 20 Prozent der Kinder in Deutschland wächst in Armut auf, das sind 2,8 Millionen Kinder und Jugendliche unter 18 Jahren.[612]

Armut prägt das ganze Leben – mehr dazu in den Geschichten 41 und 42 im 1. Kapitel. Der Klimawandel wird das Leben und Arbeiten weltweit prägen. Beherztes Anpacken von Veränderungen ist notwendig, und Menschen sind bereit dazu. Die Umweltbewusstseinsstudie vom Februar 2022 zeigt:

Über 90 Prozent der Menschen wollen
mehr Tierwohl und dafür auch bezahlen.

Über 90 Prozent wollen den Einsatz
von Pflanzenschutzmitteln reduzieren.

89 Prozent wollen mehr Radwege.

70 Prozent der Befragten halten Umwelt-
und Klimaschutz für ein relevantes Thema.

64 Prozent wünschen sich ein
Tempolimit auf Autobahnen.

63 Prozent möchten weniger
Fleisch konsumieren.

63 Prozent erwarten von den Kantinen
das Angebot vegetarischer Kost.[613]

Lernen wir gemeinsam, Klimaschutz als menschenfreundlichen Wohlstand aktiv zu gestalten. Auch unser Handel hat Wirkungen und Nebenwirkungen. Wir sind global vernetzt. Doch bei Produkten im Supermarkt können wir Arbeitsbedingungen und Herkunft kaum nachvollziehen.

459 Mit der Technologie der OURZ GmbH aus Handewitt werden über QR-Codes Herkunft, Lieferwege und der ökologische Fußabdruck von Lebensmitteln transparent gemacht. „Die Lebensmittelindustrie befindet sich in einem radikalen Wandel, mehr Transparenz, mehr Nachhaltigkeit, mehr Gesundheit. Die 20er werden ein Jahrzehnt, welches unsere Gesellschaft und Wirtschaft radikal verändern wird." [614]

460 Tip-me.org verfolgt die Lieferketten von Bekleidung. Das Unternehmen bietet die Möglichkeit, direkt beim Einkauf den Produzentinnen und Produzenten ein Trinkgeld zu spenden. Die Menschen, die das Produkt hergestellt haben, erhalten den vollen Betrag. So verbessert tip-me.org das Leben von Menschen, die für unsere Bedürfnisse arbeiten. [615]

Welche Arbeit **streichen** wir? Welchen Service **steigern** wir? Menschenfreundliche Arbeit bedeutet, dass Menschen abends aufrechter, erfüllter und glücklicher nach Hause gehen, als sie morgens gekommen sind. Sie haben etwas Sinnvolles getan und die Welt besser, gesünder, vielfältiger, leckerer, gelassener, umweltfreundlicher, freier, gerechter, kreativer, bunter, würdevoller, spielerischer, vertrauter, großzügiger, vernetzter, gemeinschaftlicher, konfliktfähiger, engagierter, handlungsfähiger, unterhaltsamer, fröhlicher, liebevoller und wunderschöner gemacht.

461 Als unsere Kinder klein waren, habe ich sie morgens zur Kita und zur Schule gebracht. Das war meistens stressig. Wenn ich die Kinder anmeckerte, entschuldigte ich mich bei ihnen und erklärte ihnen meinen Arbeitsstress. Das war für die Kinder langweilig. Eines Morgens erzählte ich ihnen eine lustige Geschichte und integrierte darin drei Kinder. Das weckte ihre Neugier. Sie wollten mehr. Also erzählte ich jeden Morgen auf dem Schulweg ein Abenteuer von Bimmelmi, Bammelra und Sammelda. In den Hauptrollen steckten meine Kinder, doch alles war fiktiv – spontan beim Laufen ausgedacht. Das Erzählen und die Vorfreude auf eine neue Geschichte verhinderten nicht immer den morgendlichen Streit, doch der gemeinsame Weg wurde zum Highlight. Aus Stress wurde ein unterhaltsamer Start in den Tag.

❗ **ALLES GEHT ANDERS.**

ROCK YOUR WORK
MIT DER WILDEN 18

❗ **WIE DU DEINE ARBEIT ROCKST, KANN ICH DIR NICHT SAGEN. ES IST DEIN EIGENER WEG.**

Nutze die 461 Geschichten und Beispiele als Zutaten. **Übertrage** das Gute auf deine Themen. Probiere aus, lerne und verlerne. Wer Ideenfitness trainiert, wird flexibler und handlungsfähig – auch in Krisen. Wird Wandel routiniert, löst er keine Schocks mehr aus, sondern ist ein Teil unserer Arbeit. Ideen-Babys werden geboren, kindlich neugierig wird experimentiert, jugendlich rebellisch werden neue Spielregeln definiert, bis ein neues Spiel etabliert ist.

Die Wilden 18 haben dich durch das ganze Buch begleitet.

STREICHEN
UMDREHEN
BRECHEN
VEREINFACHEN
ERSETZEN
REDUZIEREN
STEIGERN
INFRAGE STELLEN
VERTIEFEN

VERZAUBERN
ENTDECKEN
REGEL ÄNDERN
KOMBINIEREN
NUTZEN ERHÖHEN
ÜBERTRAGEN
PROVOZIEREN
FEHLER MACHEN
TRÄUMEN

Die Wilden 18 haben dich durch das ganze Buch begleitet, ihre Tipps:

STREICHEN: Nichts steht fest. Schlechte Regeln **streichen** wir. Umweltschädlicher Kakao in der Schokolade **gestrichen**: schmeckt. Batterien ohne Lithium und Kobalt: laufen. Was nicht recycelbar ist, wird **gestrichen**. Leere Traditionen und Zeitfresser werden **gestrichen**. Was einmal gut war, wird zum Monster. Das Verbrennen fossiler Energien muss **gestrichen** werden für unsere Gesundheit. Paris **streicht** 60.000 Parkplätze und gewinnt Platz für Menschen.

UMDREHEN: Wird das **Umdrehen** zum neuen Trend? Werden passende Bewerberinnen und Bewerber aktiv angesprochen? Werden Betriebe und Städte ihre Kundinnen und Kunden nach Empfehlungen fragen? Sind Jobpartys die neuen Bewerbungsgespräche? Was wir **umdrehen**, stört und überrascht. Ideen sind wie Pointen, über die wir lachen.

BRECHEN: Was nicht verschreckt und zuerst auf Ablehnung stößt, bewirkt keine großen Veränderungen. Entwicklung lebt von Widerspruch und **Bruch** des Etablierten. Gleichzeitig braucht Wandel einen liebevollen und konstruktiven Umgang mit Ideen-Babys. Ideen tragen Talente in sich, doch die Vorstellungskraft für die neuen Talente fehlt. **Brechen** wir mit „Geht nicht", denn das Neue „geht noch nicht".
An die Arbeit!

VEREINFACHEN: Alles, was **vereinfacht** wird, gewinnt Menschen. Mit einem Klick bewerben oder einkaufen. Nicht mehr an der Supermarktkasse warten müssen. Erfolg braucht die Etablierung des neuen Spiels als Gewohnheit. Dazu müssen die neuen Spielregeln so **vereinfacht** sein, dass Menschen zugreifen und mitmachen.

ERSETZEN: Ananas, Äpfel, Mangos und Kakteen **ersetzen** Tierleder. Müllentsorgung wird durch Recycling **ersetzt**. Teure Materialien für Prothesen werden mit Granulat aus Plastikflaschen **ersetzt**. Worte formen Unternehmenskulturen, Worte zu **ersetzen** bringt Gäste und Umsatz. Neue Worte **ersetzen** altbekannte Berufsbezeichnungen. Wandel kann so normal werden wie der stete Wandel unserer Zellen. Altes wird abgestoßen und **ersetzt**. Neues wird am laufenden Band etabliert.

REDUZIEREN: Tempolimits **reduzieren** Unfalltote in Brüssel, Helsinki und Oslo. Vision Zero wird dort real. **Reduzierte** Arbeitszeiten erhöhen die Produktivität, oder sie bleibt gleich. Gesunken ist sie bisher in keiner Branche. Menschen kommen erholt zur Arbeit. **Reduzierter** Stress schenkt Gesundheit und **reduziert** die Fehlzeiten und Fluktuation.

STEIGERN: Die mehrfache Nutzung von Materialien wird in Kreisläufen **gesteigert**. Gebäude und Solarmodule können zu 100 Prozent recycelt und wieder verwendet werden. Statt als Müll-Exportweltmeister hohe Strafen zahlen zu müssen, könnte Deutschland Recycling-Weltmeister werden. Das wäre ein weiterer Beitrag zu einem **gesteigerten** menschenfreundlichen und ökologischen Wohlstand.

INFRAGE STELLEN: Jede Weiterentwicklung beginnt mit Fragen. Nutze die Zeit an roten Ampeln, im Stau und bei Zugverspätungen, um 44 **Fragen zu stellen**. Eine Million Fragen in sieben Jahren öffnen deinen Blick. Nichts ist so, wie es zu sein scheint. Alles hat diverse Perspektiven und birgt Überraschungen. Was wir **infrage stellen**, fordert uns heraus. So lernen wir täglich dazu.

VERTIEFEN: Mit jeder Frage **vertiefst** du dich in neues Wissen und Überraschungen. Nimm Bedürfnisse und **vertiefe** sie. Frag Warum? Warum? Warum bewegen wir uns? Warum essen wir? Um unsere Bedürfnisse ranken sich alle Angebote mit Millionen Arbeitsplätzen und Milliarden-Umsätzen. Etabliert werden Antworten auf WaBriMiDa!

VERZAUBERN: Unsere Mitwelt, Böden, Moore, Biodiversität können uns **verzaubern**. Wir **verzaubern** uns mit gesundem Essen. Und weil es bereits sehr viel Positives in der Welt gibt, **verzaubert** uns Positiver Journalismus mit Geschichten guter Taten. Das stößt mehr gute Handlungen an, führt Menschen zusammen und inspiriert zu mehr Guten.

ENTDECKEN: Nach Jahrzehnten „Das ist so" und „Das macht man so" wurde **entdeckt**: Maslow hat die Bedürfnisse nie als eine Pyramide gesehen. Und im Marshmallow-Experiment wurde der wichtigste Grund für das Verhalten der Kinder übersehen. Neue Sichtweisen zu **entdecken**, verändert Forschung, und die kann unser Leben verbessern. Eine Impfung gegen Krebs ist bereits in klinischen Tests. Auch eine neue **Entdeckung**: In der Tiefsee funktionieren Softroboter aus Silikon besser als harte Metallschalen.

REGEL ÄNDERN: Neue Prozesse und Produkte basieren immer auf **geänderten Regeln**. Neue Regeln zu erklären, braucht viel Kommunikation und einfache Geschichten. Das Gewinnen von Mitspielerinnen und Mitspielern dreht sich um die Frage WaBriMiDa? Ist das neue Spiel etabliert, sagen viele: „Dass wir da nicht früher draufgekommen sind!"

KOMBINIEREN: Wie divers sind die Zutaten in deinem Mixer? Scheinbar Unpassendes wird **kombiniert**, dann ist es neu. Die meisten **Kombinationen** und neuen Angebote warten noch darauf, gemixt zu werden. Wir stehen ganz am Anfang der meisten neuen Materialien, Optionen und Möglichkeiten. Mit Hilfe von Künstlicher Intelligenz werden neu **kombinierte** Materialien viel schneller **entdeckt**. Unsere Vorstellungskraft reißt Türen und Fenster in Mauern. Mixe täglich leckere Cocktails, bis es schmeckt.

NUTZEN ERHÖHEN: Menschen wollen wissen: WaBriMiDa? Was bringt mir das, wie wird mein **Nutzen erhöht**? Welches Bedürfnis wird erfüllt? Menschen wollen anfassen und ausprobieren. Reden überzeugt nicht. In Experimenten, Prototypen und Pilotprojekten wird **neuer Nutzen** erlebbar. Fleisch aus Soja schmeckt! Wer einmal im E-Auto gefahren ist, will selten zurück zum Verbrenner. Ist die Erfahrung gut, wird der Idee geglaubt. Vorher nicht, denn die Beharrungskräfte des Bewährten sind sehr groß.

ÜBERTRAGEN: Zementsäcke werden zum Vorbild für den Transport gefrorener Lebensmittel in Papiertaschen. Spinnenfäden werden **übertragen** auf reißfeste Materialien aus Proteinen. **Übertrage** alles, was du siehst, als mögliche Lösung auf deine 44 Fragen. Der Klimawandel stößt einen Wandel im Städtebau an. Wälle, Schwämme und Windeln werden **übertragen** auf das Leben in resilienten Städten.

PROVOZIEREN: Fordere den Status quo heraus! **Provoziere!** Lebensmittelrettung aus Mülltonnen darf kein Verbrechen sein, Lebensmittelverschwendung hingegen sollte bestraft werden. Gibt es den allgegenwärtigen Fachkräftemangel? Oder mangelt es mehr an fairen Löhnen, Wertschätzung für Angestellte, Sichtbarkeit der Millionen Betriebe und an magnetisch anziehenden Ideen in der Personalgewinnung? Unfassbar viele – 17 Millionen – Erwerbstätige warten auf dein attraktives Angebot. An die Arbeit!

FEHLER MACHEN: Geht ein Versuch in die Hose, dann **machen** wir **Fehler** – scheinbar. Beim Experimentieren einen Fehler zu machen, bedeutet, neue Erfahrungen zu sammeln. Wir können nicht wissen, wie ein Experiment auf andere Menschen wirkt. Daher: Nicht raten, fragen! Beobachte, was Menschen erleben. Pilotprojekte und Prototypen wirken auf Menschen unterschiedlich, die Resonanz ist immer vielfältig. Sind Menschen **verzaubert**? Oder wird die Idee anders verstanden, als du dachtest? Was kannst du aus **Fehlern** – also Erfahrungen der anderen mit deiner Idee – lernen?

TRÄUMEN: Was wir verändern wollen und **träumen**, können wir umsetzen. „Geht nicht" bedeutet immer: „Geht *noch* nicht". Dafür brauchen wir Zeit und Freiraum. Sprachen, Handwerk und Software-Tools zu lernen, schafft neue Synapsen und Wachstum. Erneuerung ist Arbeit für gutes Leben und menschenfreundlichen Wohlstand.

Gestalte deine Arbeit so, dass sie zu dir passt.
Rock YOUR Work!

WENN ALLE ETWAS ÄNDERN, ÄNDERT SICH ALLES.

DIENEN WIR GEMEINSAM DEM GLÜCK IM EINMALIGEN LEBEN.

NACHWORT

Danke, dass du dir die Zeit genommen hast, meine Gedanken, Ideen und Erfahrungen zu lesen.

Ich freue mich auf jeden Austausch mit dir. Lass mich teilhaben an deinen Gedanken und Erfahrungen, an Kritik und Widerspruch und an deiner rockenden Arbeit. Teile deine Ideen zum W.O.R.K.-Wandel mit mir. Du findest mich auf Twitter, Instagram, Xing, LinkedIn und Facebook unter meinem Namen und dem Namen meiner Firma: Provotainment.

 Bitte schreib eine Rezension zum Buch bei Amazon, bei anderen Buchhändlern und in deinem Blog. Das erfreut mich und hilft anderen bei der Entscheidung, das Buch zu lesen und sich **verzaubern** zu lassen – oder die Lektüre zu **streichen**.

Das 9. Kapitel habe ich **gestrichen**. Das Buch ist rund und meine Message klar. Berufe, Tätigkeiten und Branchen sind im Wandel. Neue Spielregeln werden geschrieben, neue Spiele gespielt und Mitspielerinnen und Mitspieler dafür gefunden.

Ich habe für dieses, mein drittes Buch, den Verlag **ersetzt**. Statt mit einem klassischen Verlag experimentiere ich die Zusammenarbeit mit Tredition. Als Autor behalte ich die Rechte an meinen Texten. Zudem kann ich das Buch sofort nach Fertigstellung veröffentlichen, ohne lange warten zu müssen wie bei den traditionellen Verlagsabläufen. Es gibt weitere Vorteile, die ich nun austeste. Die Arbeit an diesem Buch begann Weihnachten 2016. Die erste Titelidee war: Joblotterie. Doch es flogen keine Funken der Begeisterung, wenn ich anderen Menschen davon erzählte. Also mixte ich weiter. Seit September 2017 war klar, dass das Buch „Rock Your Work" heißt und Arbeit im Rhythmus der Erneuerung thematisiert.

Die Arbeit an diesem Buch war für mich eine Bereicherung. Ich bin unendlich fasziniert von den Entwicklungen im Arbeitsmarkt, im 3D-Druck, von medizinischen Durchbrüchen, Positivem Journalismus und dezentraler Energiegewinnung aus erneuerbaren Solar- und Windquellen.

 ÜBERALL ARBEITEN MENSCHEN FÜR EINE SOZIALE UND GERECHTE GESELLSCHAFT. ICH DANKE ALLEN MENSCHEN, DEREN TATEN UNS INSPIRIEREN UND MOTIVIEREN.
PACK DEINE TRÄUME AN UND SETZT DEINE IDEEN UM.

Wir sind einmalig und vielfältig. Wir sind die Wirtschaft und der Arbeitsmarkt. Wir sind Teil eines Mosaiks aus 3,37 Millionen Betrieben und 45,3 Millionen Beschäftigten in Deutschland. Täglich ist die Welt voller neuer Lösungen, mutiger Taten und guter Nachrichten. Menschen setzen alle Hebel in Bewegung, um schlechte Spielregeln zu ersetzen. An jedem einzelnen Tag passieren mehr Veränderungen und Innovationen, als in dieses Buch passen würden. Was wird deine Arbeit sein, die dich und andere Menschen gesund und glücklich macht?

Viel Freude beim Mixen diverser Ideen-Cocktails!

Martin Gaedt

QUELLEN

Alle Links wurden am 11.4.2022 zuletzt abgerufen

1. KAPITEL: DER RHYTHMUS DES WANDELS
Ein guter Anfang: Streichen und Ersetzen

1 Bäckerei Kolls – www.baeckerei-kolls.de

2 CO_2-freier Stahl, SSAB – www.ssab.com/news/2021/08/the-worlds-first-fossilfree-steel-ready-for-delivery

3 CO_2-freier Stahl, Volvo – www.techcrunch.com/2021/10/13/volvo-group-unveils-vehicle-made-with-3000-kilos-of-fossil-free-steel

4 Start-up QOA – www.qoacompany.com/about-us/

5 Schokoladen-Aroma durch Fermentation – www.focus.de/perspektiven/dieses-muenchner-startup-will-den-klimakollaps-verhindern-mit-schokolade_id_50543059.html

6 Kinderarbeit auf Plantagen – www.qoacompany.com/mission/

7 Schokolade ohne Kakao – www.greenqueen.com.hk/qoa-chocolate-cocoa-free

8 Film „Weit" – www.weitumdiewelt.de/film

9 Zirkus ohne Tiere – www.vier-pfoten.de/kampagnen-themen/themen/wildtiere/wildtiere-im-zirkus/laender-mit-wildtier-verboten-in-zirkussen

10 Leder aus Ananas – www.fogsmagazin.com/ananasfasern-wie-leder-nur-besser

11 Leder aus Ananas, Fashion Award – www.instagram.com/p/CZRfNrVsXc0/

12 Leder aus Mango – www.vederwerk.de/pages/mango-leder

13 Leder aus Kaktus – www.instagram.com/p/Cb70ctrOALA/

14 Leder aus Apfeltrester – www.sohotree.ch

Träume gefährden den Status quo

15 Waterdrop – www.waterdrop.de/pages/sustainability www.trendingtopics.eu/waterdrop-startup-wien-murray-hoehle-der-loewen

16 Waterdrop, Anzahl Kunden www.brutkasten.com/waterdrop-60-mio-euro-series-b

17 Seifenbrause – www.seifenbrause.de

18 Share, Idee – www.stern.de/wirtschaft/news/share-bei-rewe-und-dm---was-andere-fuer-marketing-ausgeben--geben-wir-fuer-hilfe-aus--8361704.html

19 Share, Start-up – www.mein-leben.at/lebensgeschichten/gegen-den-hunger-es-ist-keine-hoffnungslose-situation.html

20 Share, Erfolge – www.linkedin.com/feed/update/urn:li:activity:6910194984654647296

21 Krebsforschung – www.zdf.de/verbraucher/volle-kanne/krebsforschung-doku-102.html

22 Krebsforschung, mRNA – www.zdf.de/wissen/scobel/scobel---die-mrna-revolution-100.html

23 BioNTech, Gründerehepaar – www.morgenpost.de/vermischtes/article230877664/Biontech-Gruender-Dieses-Ehepaar-macht-der-Welt-Hoffnung.html

24 BioNTech, Mitarbeiterzahl – www.de.statista.com/statistik/daten/studie/1261163/umfrage/anzahl-der-mitarbeiter-von-biontech-se

25 Krebs-Impfung – www.swr.de/swraktuell/rheinland-pfalz/mainz/biontech-impfstoff-krebs-100.html

26 Biles, Triple-Double Video – www.sueddeutsche.de/sport/turnen-biles-triple-double-1.4561357

27 Biles II – www.zeit.de/sport/2019-10/simone-biles-turn-wm

Wenn Babys das Laufen lernen

28 Good News Magazin – www.instagram.com/goodnewsmagazin

29 David Gaedt im Podcast – www.youtube.com/watch?v=peQJAmo8kJk

30 Wilde Obstbäume, Anzahl – www.chip.de/news/Mundraub-Karte-zeigt-wo-wilde-Obstbaeume-wachsen_121888937.html

31 Wilde Obstbäume, Karte – www.mundraub.org

32 abnehmende Zahl Straftaten – www.de.statista.com/statistik/daten/studie/197/umfrage/straftaten-in-deutschland-seit-1997

33 Wildtyp Polio ausgerottet – www.zeit.de/wissen/gesundheit/2020-08/kinderlaehmung-afrika-poliovirus-wildtyp

Der Rhythmus der Erneuerung

34 Neue Hauptstadt Indonesiens – www.tagesschau.de/ausland/asien/indonesien-parlament-umzug-klimawandel-101.html

35 Floating Cities – www.smithsonianmag.com/innovation/in-face-rising-seas-are-floating-cities-real-possibility-180978409

36 Anzahl Unternehmen in Deutschland – www.de.statista.com/statistik/daten/studie/1929/umfrage/unternehmen-nach-beschaeftigtengroessenklassen/

Ein Leben voller Bedürfnisse

37 Turnvater Jahn – www.dssv.de/geschichte-des-fitnesstrainings/

38 Erster Bodybuilding-Club in Deutschland –

www.koerber-stiftung.de/fileadmin/user_upload/koerber-stiftung/redaktion/geschichtswettbewerb/pdf/2020/wettbewerb_2020-21/Fitness_und_Koerperkult.pdf

39 Fitnessclubs, Mitgliederzahl in Deutschland – www.de.statista.com/statistik/daten/studie/5966/umfrage/mitglieder-der-deutschen-fitnessclubs/

40 Fitnessclubs, Mitgliederzahl in den USA, weltweiter Umsatz – www.de.statista.com/themen/233/fitness/#topicHeader__wrapper

41 Gastronomie, Anzahl Restaurants – www.de.statista.com/themen/137/gastronomie

42 Gastronomie, Umsatz – www.de.statista.com/statistik/daten/studie/275512/umfrage/umsatz-der-gastronomie-in-deutschland

43 Lebensmitteleinzelhandel, Umsatz – www.de.statista.com/statistik/daten/studie/161986/umfrage/umsatz-im-lebensmittelhandel-seit-1998

Zutaten lecker kombiniert

44 Wort des Jahres – www.gfds.de/aktionen/wort-des-jahres/

45 Pflexit – www.ndr.de/kultur/buch/Wellenbrecher-Das-ist-das-Wort-des-Jahres-2021,wortdesjahres126.html

46 Markenschutz – www.dpma.de/docs/dpma/veroeffentlichungen/jahresberichte/jahresbericht2020.pdf

47 Selbstheilender Beton – www.biooekonomie.de/nachrichten/neues-aus-der-biooekonomie/bakterien-als-beton-reparateure

48 Selbstheilende Lacke – www.autoland-sachsen.com/selbstheilende-lacke-fuer-empfindliche-oberflaechen

49 Schwarzwälder Kirschtorte – www.schwarzwaldregion-belchen.de/elp/pages/schwarzwaelder-kirschtorte-erfindung.php

50 Steve Jobs 2007 – www.youtube.com/watch?v=MnrJzXM7a6o

51 Roboter-Fisch – www.faz.net/aktuell/wissen/physik-mehr/ein-weicher-roboterfisch-erkundet-die-tiefsee-17225929.html

QUELLEN

52 ARD-Tatort – www.handelsblatt.com/arts_und_style/lifestyle/tv-film/studie-zur-krimiserie-tatort-moerder-sind-meist-unternehmer-/19908462.html

53 Startup Monitor 2021 – www.startupverband.de/fileadmin/startupverband/mediaarchiv/research/dsm/dsm_2021.pdf

54 Founders Foundation – www.foundersfoundation.de/content-library/beste-alter-gruenden

55 Erfolg älterer Gründer und Gründerinnen – www.hbr.org/2018/07/research-the-average-age-of-a-successful-startup-founder-is-45

Provokante Fragen fordern heraus

56 Schwarze Löcher, Anzahl – www.spektrum.de/news/das-universum-enthaelt-40-milliarden-milliarden-schwarze-loecher/1972756

57 Schwarze Löcher, Simulation – www.spiegel.de/wissenschaft/weltall/astronomie-im-all-hausen-40-milliarden-milliarden-schwarze-loecher-a-e02a79ed-4971-4e7b-960a-6983d2e80bfb

58 Galaxien und Milchstraße – www.de.wikipedia.org/wiki/Galaxie

59 Kommunikation junger Fledermäuse – www.spektrum.de/news/kommunikation-fledermausjunge-plappern-wie-menschliche-saeuglinge/1913215

60 Neues Drüsengewebe – www.faz.net/aktuell/gesellschaft/gesundheit/niederlaendische-forscher-entdecken-neues-organ-im-rachen-17015119.html

61 Wachstum der Bäume – www.swr.de/wissen/studie-baeume-wachsen-nachts-und-speichern-kohlenstoff-100.html

62 Energie aus Schweiß – www.heise.de/news/Mini-Brennstoffzellen-gewinnen-Energie-aus-Fingerschweiss-sogar-im-Schlaf-6145302.html

63 Tweet von Professor Rahmstorf – www.twitter.com/rahmstorf/status/1449305336712765444

64 Maslows Pyramide – www.herder.de/leben/lebensberatung-und-psychologie/maslowsche-beduerfnispyramide

65 Maslows Pyramide, wahre Herkunft – www.xing.com/news/insiders/articles/die-maslow-pyramide-ist-keine-pyramide-und-sie-stammt-nicht-von-abraham-maslow-2252307

66 Marshmallow-Test, sozialer Hintergrund – www.kontrast.at/marshmallow-test

67 Marshmallow-Test, Wolfgang Gründinger – www.wolfgang-gruendinger.de/post/marshmallow-prinzip

68 Armut und Bildungschancen – www.handelsblatt.com/politik/deutschland/bildungschancen-akademikerkinder-haben-dreimal-so-grosse-chance-auf-einen-bachelorabschluss/27715184.html

69 Wirkung von Armut – www.stern.de/wirtschaft/verzicht--scham--hunger---so-leiden-kinder-unter-einem-leben-in-armut-30371808.html

2. KAPITEL: 17.000 WECHSELBEREITE FACHKRÄFTE

70 Gesetz zur Vollzeit-Arbeit – www.fintropolis.de/article/vier-tage-woche

71 Dauer produktive Arbeit – www.quarks.de/gesellschaft/sollte-wir-alle-weniger-arbeiten

Streiche unproduktive Arbeitszeit

72 5-Stunden-Tag, Rheingans – www.fintropolis.de/article/vier-tage-woche , www.zeit.de/arbeit/2019-08/arbeitszeit-work-life-balance-teilzeit-lasse-rheingans

73 5-Stunden-Tag – www.facebook.com/rtlwest/posts/3452476808136625/

74 4-Tage-Woche, Versa – www.corporate-rebels.com/no-work-wednesdays

75 Versa, Geschäftsführerin – www.focus.de/finanzen/news/drei-tage-frei-weniger-arbeit-mehr-umsatz-australische-firma-verdreifacht-mit-4-tage-woche-ihren-gewinn_id_12855100.html

76 4-Tage-Woche, Sanitärhandwerk – www.si-shk.de/die-4-tage-woche-im-handwerk-48338

77 4-Tage-Woche, Handwerksbetrieb – www.youtube.com/watch?v=psS9gOhmI0w

78 Umfragen zu Arbeitszeiten – www.gq-magazin.de/lifestyle/artikel/vier-tage-woche-was-bringt-das-arbeitsmodell-wirklich-studie

79 4-Tage-Woche, Produktion – www.spiegel.de/wirtschaft/soziales/4-tage-woche-wie-island-die-arbeitszeit-verkuerzte-und-so-die-produktivitaet-erhoehte-a-563307d5-755f-4cb4-8118-aabec76c822b

80 4-Tage-Woche, Gesundheit – www.gq-magazin.de/lifestyle/artikel/vier-tage-woche-was-bringt-das-arbeitsmodell-wirklich-studie

81 Rushhour, CO_2 – http://ideas.ted.com/how-working-less-could-solve-all-our-problems-really/

82 4-Tage-Woche, IAB – www.br.de/nachrichten/wirtschaft/4-tage-woche-wie-das-arbeitsmodell-gelingen-kann,SntL3lN

83 4-Tage-Woche, Umfrage in Großbritannien – www.stern.de/wirtschaft/job/erfolgreicher-test--britische-firma-steigt-dauerhaft-auf-vier-tage-woche-um-30758108.html

84 4-Tage-Woche, Belgien – www.t3n.de/news/belgien-kuendigt-vier-tage-woche-an-1451892/

85 4-Tage-Woche, Umfrage in Deutschland – www.boeckler.de/de/podcasts-22421-welche-4-tage-woche-brauchen-wir-wirklich-39279.htm

86 Microsoft, Japan – http://www.aabri.com/VC2020Manuscripts/VC20032.pdf

87 4-Tage-Woche, Hotel in der Schweiz – www.nzz.ch/wirtschaft/vier-tage-arbeiten-und-den-rest-der-woche-frei-haben-warum-firmen-auf-die-vier-tage-woche-setzen-ld.1661781

88 4-Tage-Woche, Hotel in Sachsen – www.hogapage.de/nachrichten/wirtschaft/hotellerie/4-tage-woche-im-carolaschloesschen/

89 4-Tage-Woche, Tischlerei Steiermark – www.kleinezeitung.at/steiermark/murtal/6047144/Steirische-Tischlerei_VierTageWoche-beworben_Ploetzlich-50-statt

90 4-Tage-Woche, Klaus Hochreiter – http://www.lessentiel.lu/de/wirtschaft/story/16070730

Kreative Personalgewinnung

91 Umfrage Wunsch Jobwechsel – www.t3n.de/news/xing-forsa-studie-jobwechsel-1444769

92 Karriereseite auf Webseiten – www.personalmarketing2null.de/2021/10/28/kmu-recruiting

93 Weltmarktführer Hellbronn-Franken – www.hellbronn-franken.com/de/wirtschaft/firmen-branchen/weltmarktfuehrer.html

94 YOC „Cash oder Crash"– www.faz.net/aktuell/wirtschaft/marketing-der-unternehmer-als-guerillero-121197.html

95 Glaser Sterz – www.facebook.com/glaserei.sterz/videos/1625119947569928

96 Glaser Sterz, Dankesvideo – www.facebook.com/watch/?v=1670229456392310

97 Heavy-Metal-Stellenanzeige – www.zeit.de/karriere/bewerbung/2012-11/stellenanzeige-heavy-metal

98 Pop-up-Store-Recruiting – www.20min.ch/story/sbb-geht-in-bahnhoefen-auf-mitarbeiter-fang-770573836772

99 Schüler und Malerbetrieb streichen Schule – www.instagram.com/p/CR6h14rrFFg

100 Anzahl Stellenanzeigen in Deutschland – www.personalwirtschaft.de/news/recruiting/auswertung-2021-mehr-stellenanzeigen-als-vor-corona-130394

101 Juniorenfirma – www.de.wikipedia.org/wiki/Juniorenfirma

Vom Hörsaal in die Ausbildung

102 Studienabbrüche – www.klischee-frei.de/de/klischeefrei_101860.php

103 Azubis, Alter – www.bibb.de/datenreport/de/2018/86969.php

104 Dachdecker-Azubis, Geflüchtete – www.dach.live/dachdecker-lifestyle/dachdecker-werden/bester-dachdecker-azubi-ein-gefluechteter

105 Azubis, Geflüchtete – www.faktor-a.arbeitsagentur.de/mitarbeiter-finden/eine-chance-fuer-alle-beteiligten

106 Dachdecker-Azubi, 39 Jahre alt – www.extra-verlag.de/langenhagen/lokales/vom-helfer-zum-gesellen-d107402.html

107 Azubis Dachdecker-Handwerk 2021 – www.der-bau-unternehmer.de/nachrichten/trotz-pandemie-zahl-der-dachdecker-azubis-steigt-auf-7715-19447.html

108 Azubis Elektrohandwerk 2021 – www.markt-intern.de/branchenbriefe/bauen-wohnen/elektro-installation/ei-2021-16/azubi-zahlen-im-elektrohandwerk-steigen

109 Azubis im Handwerk, Sachsen-Anhalt – www.zeit.de/news/2021-07/30/wieder-mehr-auszubildende-im-handwerk-in-sachsen-anhalt

110 Ansprüche bei Online-Bewerbung – www.faz.net/aktuell/karriere-hochschule/buero-co/beim-bewerbungsprozess-haben-bewerber-heute-ansprueche-wie-beim-online-shopping-16101936.html

111 Azubi-Report 2021 – www.recruiting.ausbildung.de/azubi-report

112 „Bei Anruf Ausbildung" – www.personalmarketing2null.de/2017/07/26/bei-anruf-ausbildung

113 Caritas Düsseldorf, Bericht – www.rp-online.de/nrw/staedte/moers/moers-bei-anruf-ausbildung_aid-37274577

Verzaubernde Jobpartys

114 Fachkräfte auf Englisch suchen – www.wiwo.de/my/erfolg/management/we-want-you-warum-firmen-neue-mitarbeiter-auf-englisch-suchen-sollten/28247940.html

115 Start-up, Beschäftigte – www.startupverband.de/fileadmin/startupverband/mediaarchiv/research/dsm/dsm_2021.pdf

116 Schäfer, Stellenmarkt – www.stellenmarkt-schafe.eu

117 Regio-Camp – www.instagram.com/regiocamp

Kundenbefragung mal anders

118 Tischler Kapune – www.handwerk.com/kunden-empfehlen-mitarbeiter

QUELLEN

Fachkräfte wie Kunden behandeln

119 Anzahl Erwerbstätige in Deutschland – www.bpb.de/kurz-knapp/zahlen-und-fakten/soziale-situation-in-deutschland/61685/erwerbstaetigkeit

120 Genauigkeit Prognose 2009 – www.spiegel.de/karriere/fachkraeftemangel-warum-die-ingenieurluecke-doch-nicht-kam-a-1027793.html

121 Low-Code, No-Code – www.businessinsider.de/karriere/milliardenmarkt-low-code-wie-tech-laien-in-der-it-von-unternehmen-arbeiten-a

Social Media für neue Beziehungen

122 Somengo GmbH – www.instagram.com/p/Ca2H8K5qiQ_

123 Recruiting, Gaming – www.saatkorn.com/e-sports-im-personalmarketing-status-quo-2021

124 Recruiting, virtuelle Orte – www.blog.hrtoday.ch/willkommen-im-metaverse

3. KAPITEL: DIE TOP-PRIORITÄTEN GLÜCK & GESUNDHEIT

125 Artenvielfalt und Glück –
www.senckenberg.de/de/pressemeldungen/biologische-vielfalt-macht-gluecklich-mehr-vogelarten-im-umfeld-machen-menschen-in-europa-genauso-zufrieden-wie-hoeheres-einkommen

Stress reduzieren für die Müllabfuhr

126 Stress und psychische Belastung – www.persoblogger.de/2021/06/21/stress-psychische-belastungen-was-arbeitgeber-tun-koennen

127 Frühzeitige Rente – www.deutsche-rentenversicherung.de/Bund/DE/Presse/Pressemitteilungen/pressemitteilungen_archive/2021/2021_11_30_psych_erkrankungen_erwerbsminderung.html

128 44 Milliarden Euro Kosten – www.aerzteblatt.de/nachrichten/111586/Psychische-Erkrankungen-44-Milliarden-Euro-direkte-Behandlungskosten-pro-Jahr

129 Schlafmangel, Burnout – www.focus.de/gesundheit/news/stressforschung_aid_88954.html

130 Schlafmangel, wirtschaftlicher Schaden – www.aerzteblatt.de/nachrichten/71754/Schlafmangel-kostet-deutsche-Wirtschaft-jaehrlich-60-Milliarden-Euro

131 Schlafmangel, Zusammenhang mit Übergewicht – www.youtube.com/watch?v=D-tz-989wiQ

132 Schlafmangel, Bill Clinton – www.mckinsey.com/business-functions/organization/our-insights/the-organizational-cost-of-insufficient-sleep

133 Pendler, steigende Anzahl www.faz.net/aktuell/wirtschaft/schneller-schlau/deutsche-pendler-sind-eine-woche-im-jahr-nur-unterwegs-16155976.html

134 Schlaf und Training, Wirkung – www.mckinsey.com/business-functions/organization/our-insights/the-organizational-cost-of-insufficient-sleep

135 Im Schlaf besser werden – www.radsport-rennrad.de/training/schlaf-regeneration-leistung/

136 Mittagsschlaf – www.mckinsey.com/business-functions/organization/our-insights/the-organizational-cost-of-insufficient-sleep

137 Schlaf und Demenz – www.tagesspiegel.de/wissen/schutz-vor-demenz-guter-schlaf-ist-wichtig/26885302.html

138 Schlaf entrümpelt – www.tagesschau.de/inland/gesellschaft/schlafforscher-101.html

139 Chronotypen – www.de.wikipedia.org/wiki/Chronotyp

140 Brotpuristen – www.youtube.com/watch?v=Zo7fUeSQVAM

141 Blond Bakery – www.blondbakery.de

142 Max Kugel liebt Brot – www.maxkugel.de

143 Homeoffice, eine Stunde mehr Schlaf – www.tagesschau.de/inland/gesellschaft/schlafforscher-101.html

144 Schlaf, Umfrage – www.goodnews-magazin.de/buero-home-office

Freiraum gegen den Pflexit

145 Pflegekräfte, Anzahl Krankentage – www.tk.de/presse/themen/praevention/gesundheitsstudien/fehltage-bei-bayerischen-pflegekraeften-steigen-2111904

146 Nicht trinken spart Zeit –
www.tagesspiegel.de/berlin/berichte-der-streikenden-pflegekraefte-in-berlin-ich-habe-waehrend-der-schicht-nicht-getrunken-so-musste-ich-nicht-zur-toilette/27628434.html

147 Pflegekräfte Kündigungswelle –

www.hessenschau.de/gesellschaft/prekaere-arbeitsbedingungen-viele-pflegekraefte-am-uniklinikum-in-marburg-schmeissen-hin,kuendigungswelle-ukgm-pflegenotstand-100.html

148 Pflexit – www.de.wikipedia.org/wiki/Pflexit

149 Überforderung im Krankenhaus – www.zeit.de/politik/deutschland/2021-10/corona-krankenhaeuser-ueberlastung-weltaerztebund-krankenhausgesellschaft-impfung-patienten-anstieg

150 Pflegekräfte, Pflexit – www.spiegel.de/wirtschaft/soziales/umfrage-zu-arbeitsbelastung-jede-vierte-pflegekraft-will-den-job-wechseln-a-55b79314-6e6c-4a49-97e1-4b501a5bfc2c

151 Ärzte im Krankenhaus – www.spiegel.de/panorama/umfrage-marburger-bund-jeder-fuenfte-krankenhausarzt-will-sich-beruflich-umorientieren-a-c1e3b1ea-94ad-41fb-b695-0a940b53c7e4

152 Auszubildende in der Pflege, 2019 – www.destatis.de/DE/Presse/Pressemitteilungen/2020/10/PD20_N070_212.html

153 Auszubildende in der Pflege, 2020 – www.bmfsfj.de/bmfsfj/aktuelles/alle-meldungen/zahl-der-auszubildenden-in-der-pflege-steigt-161774

154 Auszubildende in der Pflege, Abbruch – www.pflegenot-deutschland.de/ct/pflegeausbildung-abbruchquote/

155 Vorzeige-Pflegerin kündigt – www.youtube.com/watch?v=MG21zPnTl5k

156 Pflege, Streik – www.taz.de/Profit-als-Massstab-im-Gesundheitswesen/!5797730

157 Pflege, Gewinnmaximierung – www.taz.de/Profit-als-Massstab-im-Gesundheitswesen/!5797730/

158 Kliniken von Konzernen gekauft – www.handelsblatt.com/unternehmen/dienstleister/kliniken-in-geldnot-wie-private-den-krankenhausmarkt-aufrollen/19628512.html

159 Arztpraxen von Investoren gekauft – www.ndr.de/fernsehen/sendungen/panorama3/Spekulanten-greifen-nach-Arztpraxen,arztpraxen110.html

160 Krankenhaus Spremberg – www.nd-aktuell.de/artikel/1158542.selbstverwaltetes-wirtschaften-ein-haus-mit-geschaeftsfuehrern.html

161 3+3-Modell in Schweden – www.aerztezeitung.de/Wirtschaft/Innovative-Konzepte-aus-Skandinavien-308791.html

162 Arbeitszeit und Gesundheit – www.quarks.de/gesellschaft/sollte-wir-alle-weniger-arbeiten/

163 Matratze mit Sensoren – www.sanvisio.com

Atmen mit Moos und Lastenrädern

164 Tote durch Luftverschmutzung – www.wissenschaft.de/gesundheit-medizin/18-millionen-tote-zusaetzlich-durch-urbane-luftverschmutzung

165 Schadstoffe Gewichtszunahme und Diabetes – www.iqair.com/de/blog/health-and-wellness/air-pollution-may-lead-to-weight-gain

166 Forschung Luftverschmutzung und Diabetes – www.diabinfo.de/nachrichten/article/besteht-ein-zusammenhang-zwischen-luftschadstoffen-und-polyneuropathie.html

167 Moose und CityTrees – www.rbb24.de/wirtschaft/beitrag/2020/03/berlin-luftverschmutzung-test-moos-city-tree.html

168 Vertikale Gärten –

www.handelsblatt.com/finanzen/immobilien/exklusiveswohnen/immobilien-vertikale-gaerten-an-hochhaeusern-liegen-im-trend-und-stellen-bauherren-vor-probleme/27878038.html

169 Grüner Wohnturm in Taipeh – www.ubm-development.com/magazin/oeko-architektur-die-wohnglueck-schafft

170 Lastenräder im Stadtverkehr –– www.theguardian.com/world/2021/aug/05/cargo-bikes-deliver-faster-and-cleaner-than-vans-study-finds

171 Lastenräder, Schnelligkeit – www.static1.squarespace.com/static/5d30896202a18c0001b49180/t/61091edc3acfda2f4af7d97f/1627987694676/The+Promise+of+Low-Carbon+Freight.pdf

172 Dienstrad Besteuerung – www.ingenieur.de/karriere/gehalt/das-jobrad-was-sie-zum-dienstfahrrad-wissen-muessen

173 Lastenräder im Handwerk – www.lastenradtest.de

174 Lastenrad, Jürgen Vogelsang – www.handwerk.com/praxisbericht-lastenrad-im-handwerk-diese-unternehmer-radeln-zum-kunden

175 Lastenräder, DB Schenker – www.mopo.de/hamburg/mopo-bike/dieses-xxl-lastenrad-kann-7-5-tonner-in-der-city-ersetzen

176 Lastenräder, Saturn und MediaMarkt – www.electrive.net/2021/08/25/mediamarkt-und-saturn-testen-e-lastenraeder

177 Lastenräder, Verwaltung Dresden – www.twitter.com/EvaJaehn/status/1429692571262103553

178 60.000 Parkplätze weniger www.orf.at/stories/3176995

179 Wahlversprechen Pariser Bürgermeisterin – www.srf.ch/news/international/umbau-der-hauptstadt-paris-baut-70-000-parkplaetze-ab

180 Fahrradfahren und Gesundheit – www.nationaler-radverkehrsplan.de/de/aktuell/nachrichten/arbeitgeber-sparen-27-millionen-euro-pro-jahr

181 Fahrradfahren, weniger Lärm – www.spiegel.de/auto/barcelona-london-oder-paris-wie-europas-metropolen-das-auto-loswerden-wollen-a-443d7682-8ab9-49e7-86d4-977a86d4cc78

Technologie, die gesund macht

182 Forscher, Anzahl in Deutschland – www.destatis.de/DE/Themen/Laender-Regionen/Internationales/Thema/Tabellen/Basistabelle_Wissenschaftler.html

183 Hauttransplantation, aus Stammzellen –
www.wa.de/nordrhein-westfalen/schmetterlingskrankheit-operation-bochum-op-epidermolysis-bullosa-rub-klinik-haut-nrw-hassan-tobias-rothoeft-hirsch-91229298.html

184 Gesichts- und Handtransplantation – www.goodnews-magazin.de/erste-erfolgreiche-gesichts-und-handtransplantation-schenkt-zweite-chance-im-leben/

185 Prothesen, Ottobock – www.manager-magazin.de/unternehmen/industrie/ottobock-vor-boersengang-mit-sechs-milliarden-euro-bewertet-a-54d6cd7d-5091-4406-9278-7f95d988cff8

186 Prothesen, Bedarf – www.nachrichten.idw-online.de/2020/09/15/orthobioniker-gefragte-medizintechnische-spezialisten-von-morgen

187 Prothesen, Bedarf afrikanische Länder – www.brandeins.de/magazine/brand-eins-wirtschaftsmagazin/2020/unterhaltung/project-circleg-designer-schenkel

188 Prothesen, Circleg – www.instagram.com/p/CQIwESPtMMt

189 Hirn-Implantat zur Schmerztherapie – www.t3n.de/news/hirnimplantat-chronische-schmerz-schmerzen-1388274

190 Patienten-Daten, Semalyix,– www.semalytix.com

191 Patienten-Daten, Erfahrungsaustausch weltweit – www.t3n.de/news/ki-medizin-medikamente-1393090

192 WHO, Studie zu Krebskrankheiten – www.br.de/nachrichten/wissen/who-warnt-krebserkrankungen-werden-sich-bis-2040-verdoppeln,RpRpTIi

193 KI in der Medizin – www.riffreporter.de/de/technik/wenn-doktor-algorithmus-intransparent-entscheidet

194 KI, MindPeak – www.mindpeak.ai

195 KI, lernfähig – www.goodnews-magazin.de/ki-krebs

196 Discovering hands – www.discovering-hands.de

197 Ameisen detektieren Krebs – www1.wdr.de/mediathek/audio/cosmo/daily-good-news/audio-ameisen-koennen-krebszellen-erschnueffeln-100.html

198 Bienengift gegen Krebs – www.aponet.de/artikel/gift-der-honigbiene-zerstoert-krebszellen-16167

199 Digitaler Zwilling – www.siemens-healthineers.com/deu/perspectives/humanizing-medtech

200 Tierversuche ersetzen – www.radioeins.de/programm/sendungen/die_profis/archivierte_sendungen/beitraege/krebsforschung-tumore-aus-dem-3d-drucker.html

201 Organmodelle aus dem 3D-Drucker – www.tu.berlin/ueber-die-tu-berlin/profil/pressemitteilungen-nachrichten/2021/juni/tierversuche-ersetzen-neues-einstein-zentrum

4. KAPITEL: W.O.R.K. – DAS SPIEL MIT DEN SPIELREGELN

202 Brettspiele in Deutschland – www.de.statista.com/themen/4459/gesellschaftsspiele/#dossierKeyfigures

203 Mensch ärgere dich nicht – www.de.wikipedia.org/wiki/Mensch_%C3%A4rgere_Dich_nicht

204 Asylrecht im Grundgesetz www.tagesschau.de/inland/faq-asylrecht-101.html

205 Kirchenasyl – www.taz.de/Blinder-Syrer-im-bayerischen-Kirchenasyl/!5830267

Von guten Regeln und guten Regelbrüchen

206 Carl Benz und Gottlieb Daimler – www.n-tv.de/wirtschaft/Die-grossen-Irrtuemer-der-Autoindustrie-article18478156.html

207 Kinder säubern Schornsteine – www.twitter.com/drguidoknapp/status/1389854564392833024

208 Kostenloser ÖPNV in Ulm – www.swr.de/swr1/rp/programm/oepnv-102.html

209 Supermarkt, Bezahlen per App – www.express.de/koeln/rewe-bietet-jetzt-hybrid-einkauf-an-aber-was-ist-das-55483

210 Supermarkt, Hologramm – www.t3n.de/news/kontaktlose-bezahlung-7-eleven-hologramm-einkauf-1451547

211 Arbeitszeiten bei Tandemploy – www.tandemploy.com/de/movement

Aufbruch zu neuen Gesetzen und Freiheit

212 Stunden im Stau – www.spiegel.de/auto/pendlerinnen-und-pendler-stehen-im-schnitt-40-stunden-pro-jahr-im-stau-a-df4452dd-8c66-48f7-a140-0046aa637ba7

213 Autofreie Straßen, Madrid – www.handelszeitung.ch/unternehmen/weniger-autos-mehr-umsatz-fur-die-laden-im-stadtzentrum

214 Einkaufen mit Auto – www.iass-potsdam.de/de/news/mobilitaet-beim-einkaufen-haendler-ueberschaetzen-rolle-des-autos

215 Friedrichstraße, gesteigerte Attraktivität – www.berliner-zeitung.de/mensch-metropole/ueberraschende-erkenntnis-die-autofreie-friedrichstrasse-zieht-besucher-an-li.219955

216 Friedrichstraße, Verlängerung des Projekts –www.berlin.de/sen/uvk/presse/pressemitteilungen/2021/pressemitteilung.1135889.php

217 Weltweit Studien zu autofreien Einkaufsstraßen – www.iass-potsdam.de/de/news/mobilitaet-beim-einkaufen-haendler-ueberschaetzen-rolle-des-autos

218 Umsatzplus durch Radfahrer – www.aktivmobil-bw.de/aktuelles/news/radfahrer-gut-fuer-einzelhandel/vom/4/4/2016

219 Barcelona rauchfreie Strände – www.spiegel.de/ausland/barcelona-erklaert-alle-straende-ab-juli-zu-rauchfreien-zonen-a-ee9e226d-7989-4165-8ae9-0babef6abd38

220 Smokefree 2025 Action Plan – www.taz.de/Verkauf-von-Tabak-in-Neuseeland/!5821549

221 Recht auf Klimaschutz – www.bundesverfassungsgericht.de/SharedDocs/Pressemitteilungen/DE/2021/bvg21-031.html

222 Entscheidung für die Umwelt, Australien – www.tagesschau.de/ausland/australien-klimaurteil-kohle-101.html

223 Entscheidung für die Umwelt, Italien – www.goodnews-magazin.de/italien-nimmt-umweltschutz-in-verfassung-auf

224 Entscheidung gegen Ölförderung, Grönland – www.taz.de/Keine-Bohrungen-vor-Groenland/!5781585

225 Entscheidung für die Umwelt, Grönland – www.apnews.com/article/europe-business-climate-environment-and-nature-climate-change-6ac3a74848b2cf7c89d18c348b19e3a7

226 Schlechte Luftqualität, London – www.zdf.de/nachrichten/politik/london-luft-urteil-tod-100.html

227 Schlechte Luftqualität, Ella Adoo-Kissi-Debrah – www.faz.net/aktuell/gesellschaft/menschen/urteil-in-london-schlechte-luft-fuer-tod-von-maedchen-mit-verantwortlich-17105704.html

228 Rechte von Flüssen – www.riffreporter.de/de/umwelt/schulzki-haddouti-klimaschutz-gericht-klimaklagen

229 Höhere Strafen für Tierquälerei – www.br.de/nachrichten/deutschland-welt/auch-wirbeltiere-haben-gefuehle-jetzt-per-gesetz,SWzIOHn

230 Flughafen Denver, Umsatz – www.twitter.com/the_transit_guy/status/1496574058238033923

231 Exxon hat den Klimawandel exakt berechnet www.spiegel.de/wissenschaft/mensch/exxon-sagte-co2-gehalt-der-atmosphaere-fuer-2019-genau-voraus-a-1267915.html

232 Exxon leugnet www.spektrum.de/news/wie-exxon-den-klimawandel-entdeckte-und-leugnete/1374674

233 Lobbying durch Exxon 2021 – www.spiegel.de/wissenschaft/mensch/uefa-und-oelkonzern-exxon-hoert-nicht-auf-die-verlierer-a-4437a4f5-b200-4864-9fe1-bb3fdbfbef60

234 Ökozid, Vergleich mit Genozid – www.spiegel.de/wissenschaft/mensch/oekozid-paragraf-fuer-den-internationalen-strafgerichtshof-mord-am-planeten-a-c31a3650-5e7b-40bb-bb56-6b70b609e337

235 Ökozid, Definition www.taz.de/Vorschlag-von-Juristinnen/!5782671/

Wandel und Etablierung spielen Ping-Pong

236 Stabile Systeme, Prof. Kruse – www.youtube.com/watch?v=FLFyoT7SJFs

237 Emmy-Rekord Netflix 2021 – www.de.statista.com/infografik/11130/nominierungen-und-gewonnene-emmys-von-netflix-produktionen/

238 Kölner Dom, Besucherzahl– www.koelner-dom.de/erleben/der-dom-in-zahlen

239 Kindersterblichkeit – www.de.wikipedia.org/wiki/Kindersterblichkeit

240 Lernfabrik Festo – www.festo.com/de/de/e/journal/lernraeume-in-der-fabrik-id_28674

Experimente mit Resonanz – WaBriMiDa?

241 Obst auf Rezept – www.welt.de/kmpkt/article231210827/Obst-auf-Rezept-Wieso-Aerzte-bald-gesundes-Essen-verschreiben-koennten.html

242 Nationalpark-Jahrestickets auf Rezept – www.goodnews-magazin.de/kanada-rezept-fuer-natur-nationalpark

Nicht raten, fragen?

243 Logo JobJackpot – www.jobjackpot.de

Der dreifache Service

244 Kommentar auf Xing – www.xing.com/news/insiders/articles/uberraschung-home-office-bringt-mehr-schlaf-und-damit-gesundheit-3852291

245 Good News Magazin, Mix aus Home-Office und Office – www.goodnews-magazin.de/buero-home-office

246 Autonomie und Büros – www.zdf.de/nachrichten/zdf-morgenmagazin/moma-future-bueroarbeit-der-zukunft-100.html

5. Kapitel: Arbeit am gesellschaftlichen Wandel

247 Mitarbeiter Energieversorgung, Deutschland – www.de.statista.com/statistik/daten/studie/150419/umfrage/beschaeftigte-in-der-stromversorgung-in-deutschland-seit-1991

248 Mitarbeiter erneuerbare Energien, Deutschland – www.blog.naturstrom.de/energiewende/zahl-des-monats-338-600-menschen-arbeiten-fuer-die-energiewende

249 Mitarbeiter erneuerbare Energien, weltweit – www.learngerman.dw.com/de/solarenergie-wird-weltweit-zum-jobmotor-arbeitskr%C3%A4fte-gesucht-photovoltaik-handwerker/a-57949587

250 Mitarbeiter erneuerbare Energien, Prognose – www.sciencedirect.com/science/article/abs/pii/S0040162518314112

251 Größter E-Bagger – www.basicthinking.de/blog/2022/04/19/dieser-muldenkipper-ist-das-groesste-e-fahrzeug-der-welt

252 4,5 Tonnen Batterie – www.t3n.de/news/weltgroesstes-e-fahrzeug-strom-erzeugung-positive-energiebilanz-1467276

253 IPCC-Bericht April 2022 – www.zeit.de/wissen/umwelt/2022-04/ipcc-bericht-klimaschutz-1-5-grad

Der Wind treibt uns voran

254 Windkraft 2021 Nummer 1 – www.energy-charts.info/downloads/Stromerzeugung_2021.pdf

255 Infraschall, Berechnungsfehler– www.br.de/nachrichten/wissen/rechenfehler-infraschall-von-windraedern-schwaecher-als-behauptet,SVPJbfO

256 Infraschall, fehlende Daten – www.energiezukunft.eu/erneuerbare-energien/wind/infraschall-von-windraedern-wurde-jahrelang-ueberschaetzt

257 stockender Ausbau der Windenergie– www.tagesschau.de/wirtschaft/technologie/windkraft-ausbau-deutschland-101.html

258 Vogeltod durch Glasscheiben – www.w3.windmesse.de/windenergie/news/24363-vogelsterben-vogelschlag-windkraft

259 Vogeltod durch Windkraft – www.derstandard.de/story/2000131109284/muessen-voegel-fuer-den-klimaschutz-sterben-ein-faktencheck

260 Windkraft, Rotmilane – www.zdf.de/nachrichten/panorama/rotmilan-windkraft-100.html

261 Windkraft, schwarze Flügel – www.efahrer.chip.de/news/windraeder-toeten-jaehrlich-millionen-voegel-jetzt-gelingt-forschern-der-durchbruch_102953

262 Windkraft, Stelen – www.stern.de/digital/technik/windenergie-wird-sanft---spanische-anlage-kommt-ohne-rotierende-fluegel-aus-9207738.html

263 Windkraft, Kite – www.medium.com/kitekraft/kitekraft-succeeds-with-autonomous-all-phase-flight-of-new-kite-demonstrator-f13b12690d55

264 Windkraft, Windcatcher im Meer – www.stern.de/digital/technik/windenergie-anlage--windcatcher-soll-80-000-haushalte-mit-strom-versorgen-30564334.html

265 Windkraft durch fahrende Autos – www.efahrer.chip.de/news/geniale-idee-wie-autoverkehr-windenergie-so-nebenbei-erzeugt_107088

Photovoltaik – Das volle Programm

266 Solarenergie, Lehrergehälter – www.efahrer.chip.de/news/schule-stellt-auf-solaranlage-um-und-erhoeht-alle-lehrergehaelter-um-10000-euro_104429

267 Solarboom in China 2021 und 2022 – www.iwr.de/news/photovoltaik-boom-in-china-setzt-sich-2022-weiter-fort-news37848

268 Solarzellen, ultradünn – www.basicthinking.de/blog/2022/02/07/solarzellen-forschung-tmd/

269 Solarzellen, Mikro-Rillen-Technologie – www.powerroll.solar/worlds-first-flexible-solar-manufacturing-facility-to-use-micro-groove-technology-opens-in-the-uk

270 Solarzellen, biegsam – www.youtube.com/watch?v=LR_lfCnYOxs

271 Batterien, Vanillin – www.tugraz.at/tu-graz/services/news-stories/tu-graz-news/einzelansicht/article/oekologischer-stromspeicher-aus-vanillin

272 Photovoltaik, Preisentwicklung – www.ourworldindata.org/cheap-renewables-growth#the-price-decline-of-electricity-from-renewable-sources

273 Photovoltaik, günstigste Energie – www.energiewende.eu/disruption-wenn-sich-alles-andert

274 Erneuerbare Energien, Anteil am Energiemix – www.irena.org/-/media/Files/IRENA/Agency/Publication/2021/Apr/IRENA_-RE_Capacity_Highlights_2021.pdf

275 Ausstieg Kohlekraft – www.euractiv.com/section/energy/news/portugal-on-track-to-become-coal-free-by-year-end

276 Königin Solarenergie – www.iea.org/reports/world-energy-outlook-2020/outlook-for-electricity

277 Photovoltaik, Geschichte – www.senec.com/de/senec-blog/photovoltaik-geschichte-und-spannende-fakten

278 Solarzellen, Wirkungsgrad www.ingenieur.de/technik/fachbereiche/energie/start-up-schafft-rekord-wirkungsgrad-bei-solarzellen-nicht-nur-im-labor/

279 Solar Batterie-Park, USA – www.rechargenews.com/solar/construction-of-us-biggest-ever-solar-farm-to-start-next-quarter-developer-primergy/2-1-1185070

280 Photovoltaik, schwimmend – www.globalmagazin.com/groesster-schwimmender-solarpark-der-welt

281 Photovoltaik, Tiefstpreis – www.energiezukunft.eu/erneuerbare-energien/solar/preis-fuer-solarstrom-faellt-auf-rekordtief

282 Energiewende, Saudi-Arabien – www.energiezukunft.eu/erneuerbare-energien/solar/preis-fuer-solarstrom-faellt-auf-rekordtief

283 Anteil erneuerbare Energien, Europa – www.ember-climate.org/project/renewables-beat-fossil-fuels

284 erneuerbare Energien, Preisentwicklung –
www.ise.fraunhofer.de/de/presse-und-medien/presseinformationen/2018/studie-zu-stromgestehungskosten-photovoltaik-und-onshore-wind-sind-guenstigste-technologien-in-deutschland.html

285 3D gedruckte Nano-Tinte – www.bbc.com/news/av/technology-61025430

286 Dachfläche weltweit – www.efahrer.chip.de/news/auf-jedem-dach-eine-solaranlage-reicht-der-strom-fuer-die-gesamte-menschheit_106186

287 Solarpflicht Neubauten, Bonn – www.bonn.de/pressemitteilungen/september-2021/rat-beschliesst-solarpflicht-fuer-neubauten-in-bonn.php

288 Solarmodule, Balkongeländer – www.solarcarporte.de/balkongelaender

289 Solar-Dachziegel, Prenzlau – www.youtube.com/watch?v=RNEvQ5ku548

290 Solar-Dachziegel, Tallinn – www.roofit.solar/de

291 Solar-Dachziegel, Tesla – www.tesla.com/de_de/solarroof

292 Solarenergie und Parks auf Dächern – www.smartcity.wien.gv.at/en/photovoltaic-roof-garden

293 Solarenergie, Nutzung von Fassaden – www.solarserver.de/2021/01/20/photovoltaik-an-fassaden-mehr-potenzial-als-auf-daechern-vorhanden

294 Solarmodule, landwirtschaftliche Flächen – www.tagesschau.de/inland/solaranlagen-ackerflaechen-101.html

295 Photovoltaik auf Freiflächen – www.klimareporter.de/strom/solarstrom-aus-wiedervernaessten-mooren

296 Solardach Kanäle, Kalifornien – www.treehugger.com/california-solar-canals-save-water-produce-clean-energy-5222409

297 Solardach Kanäle, Indien – www.bbc.com/future/article/20200803-the-solar-canals-revolutionising-indias-renewable-energy

298 Solarmodule, kühlender Effekt des Wassers – www.nature.com/articles/s41893-021-00693-8.epdf

299 Solarmodule, Regenspender – www.spektrum.de/news/solaranlagen-koennten-trockenen-kuesten-regen-bringen/1996450

300 Solardach Autobahn, Schweiz – www.heise.de/news/Photovoltaik-Schweiz-will-Autobahnen-mit-Solarpanels-ueberdachen-6343311.html

301 Solardach Autobahn, Deutschland – www.bmvi.de/SharedDocs/DE/Pressemitteilungen/2021/046-bilger-solardach-ueber-der-autobahn.html

302 Solardach Autobahn, Potenzial in Deutschland – www.stern.de/auto/energiewende--ein-solardach-fuer-deutschlands-autobahnen-9361992.html

303 Solarmodule neben Straßen – www.swr.de/swraktuell/baden-wuerttemberg/solaranlagen-strassenrand-bw-100.html

304 Solarmodule, Vermietung – www.handelsblatt.com/unternehmen/energie/greentech-solar-start-up-enpal-wird-zum-ersten-gruenen-einhorn-in-deutschland/27701494.html

305 Batterien Elektro-Autos, Preisentwicklung – www.ourworldindata.org/battery-price-decline

306 Batterien Elektro-Autos, Tesla – www.n-tv.de/wirtschaft/Tesla-greift-auf-deutschem-Strommarkt-an-article22870817.html

307 Batterien Elektro-Autos, Vernetzung – www.efahrer.chip.de/solaranlagen/elektroauto-als-stromspeicher-nutzen-so-funktionierte-es_104438

308 Tesla Batterie ohne Nickel und Kobalt – www.t3n.de/news/bericht-jeder-zweite-tesla-akku-ohne-nickel-kobalt-1467926

309 Batterien ohne Lithium – www.auto-motor-und-sport.de/tech-zukunft/batterie-forschung-catl-natrium-akku-statt-lithium-ionen

310 Batterien ohne Brandgefahr – www.umweltdialog.de/de/wirtschaft/Innovation-Forschung/2022/Auf-dem-Weg-zur-naechsten-Energiespeicher-Generation.php

311 Batterien, Kristallform – www.cleanthinking.de/kristall-batterie-fuer-dreifache-reichweite-theion-plant-massenproduktion-bis-2025

312 Batterien, CATL – www.golem.de/news/akkutechnik-catl-stellt-erste-natrium-ionen-akkus-fuer-autos-vor-2107-158529.html

313 Batterien ohne Kobalt – www.sonderabfall-wissen.de/news/elektroauto-batterien-ohne-kobalt-im-aufwind

314 Batterien, Schnellladetechnologie – www.t3n.de/news/elektroauto-batterie-akku-schnellladetechnologie-1384819

315 Batterien, Schwungradspeicher – www.cleanthinking.de/chakratec-will-kinetische-energiespeicher-fuer-ladeinfrastruktur-etablieren

316 Batterien, Schnellladefähigkeit – www.scitechdaily.com/new-quantum-technology-to-make-charging-electric-cars-as-fast-as-pumping-gas/

317 Batterien, Herkunft – www.battery-news.de/index.php/2021/06/25/batterieprojekte-in-europa-juni-2021

318 China, Exporte – www.pv-tech.org/china-expected-to-add-up-to-99gw-of-solar-pv-every-year-through-2025-europe-now-its-largest-export-market/

319 Recycling von Silizium www.faz.net/aktuell/technik-motor/technik/solarzellen-so-kann-silizium-aus-solarmodulen-recyceit-werden-17913658.html

320 Batterien, Recycling im Siegerland www.wiwo.de/my/technologie/mobilitaet/hajeks-high-voltage-27-batterierecycling-loest-diese-fabrik-eines-der-groessten-e-auto-probleme/28200750.html

321 Batterien, Recycling www.cleanthinking.de/revolt-zelle-northvolt-metalle-aus-recycling-von-batterieabfaellen

322 dezentrale Energieversorgung, Mali und Tschad –www.facebook.com/595288218/posts/10160978623993219/?sfnsn=scwspmo

QUELLEN

323 Autobatterien für Afrika – www.community.africagreentec.com/t/africa-greentec-veroeffentlicht-partnerschaft-mit-deutschen-automobilkonzern-en-fuer-2nd-life-speicher/338

324 Batterien für den Mittelstand – www.businessinsider.de/gruenderszene/business/univercell-batteriezellen-akkus-mittelstand

Energie-Autonomie statt Abhängigkeit

325 Solarmodule auf dem Balkon – www.verbraucherzentrale.de/wissen/energie/erneuerbare-energien/steckersolar-solarstrom-vom-balkon-direkt-in-die-steckdose-44715

326 Wildpoldsried – www.goodnews-magazin.de/energiedorf-wildpoldsried

327 dezentrale Energieversorgung, Wasser- und Windmühlen – www.heise.de/tp/features/Die-Energiewende-muss-dezentral-werden-6547391.html

Wo kommt unser Essen her?

328 Deutsche Auswanderer in den USA – www.deutschland.de/de/usa/einwanderung-in-die-usa-amerikas-deutsche-wurzeln

329 Robert Habeck 2021 bei Tilo Jung – www.youtube.com/watch?v=2Xl35NcKMHA

330 Verlust von Humus – www.taz.de/Ackerboeden-verlieren-Naehrsubstanz/!5555491

331 Bodenerosion – www.de.wikipedia.org/wiki/Bodenerosion

332 Landwirtschaftliche Betriebe, Anzahl – www.de.statista.com/statistik/daten/studie/36094/umfrage/landwirtschaft---anzahl-der-betriebe-in-deutschland

333 Landwirtschaft, Fläche – www.de.statista.com/statistik/daten/studie/206250/umfrage/landwirtschaftliche-nutzflaeche-in-deutschland

334 Landwirtschaft, Betriebsgröße – www.landwirtschaft.de/landwirtschaft-verstehen/wie-funktioniert-landwirtschaft-heute/warum-gibt-es-immer-weniger-landwirtschaftliche-betriebe

335 Landwirtschaft, Beschäftigte – www.de.statista.com/statistik/daten/studie/2189/umfrage/erwerbstaetige-in-landwirtschaft-forstwirtschaft-fischerei

336 Ökologische Betriebe, Anzahl in Deutschland – www.thuenen.de/de/thema/oekologischer-landbau/aktuelle-trends-der-deutschen-oekobranche/oekolandbau-in-zahlen

337 Bio-Landwirtschaft, Umsatz – www.boelw.de/themen/zahlen-fakten/landwirtschaft/artikel/einkommen-biobauern-2019-2020

338 Solidarische Landwirtschaft, Liste – www.solidarische-landwirtschaft.org/solawis-finden/auflistung/solawis

339 Solidarische Landwirtschaft, Konzept – www.solidarische-landwirtschaft.org/das-konzept/was-ist-solawi

340 Kartoffelkombinat – www.sueddeutsche.de/muenchen/muenchen-kartoffelkombinat-landwirtschaft-ernaehrung-1.5108374

341 Agroforstwirtschaft – www.rbb24.de/panorama/beitrag/2022/03/agroforstwirtschaft-ackerbaeume-alte-landwirtschaft-brandenburg-klimawandel.html

342 Food Environment Policy Index – www.sueddeutsche.de/gesundheit/ernaehrung-bundesregierung-gesundheit-1.5443633

343 Mangelhafte Ernährung in Deutschland – www.zeit.de/gesundheit/2021-10/food-epi-deutschland-ernaehrungspolitik-mangelhaft-studie-adipositas-diabetes

344 Zucker in Babynahrung – www.oekotest.de/kinder-familie/WHO-warnt-vor-Zucker-in-Babynahrung-_10758_1.html

345 Subway, Zuckergehalt Sandwiches – www.spiegel.de/wirtschaft/unternehmen/subway-sandwich-mehr-suessigkeit-als-brot-a-07505387-c5ac-4a81-8bef-589240d37aea

346 Diabetes – www.diabetes-news.de/nachrichten/diabetes-daten-2020-das-sind-die-zahlen

347 Dokumentation über Zucker – www.programm.ard.de/TV/arte/dick--dicker--fettes-geld/eid_287242850774777

348 Zucker-Lobbyist Gunter Tissen – www.abgeordnetenwatch.de/recherchen/lobbyismus/wie-die-zuckerlobby-eine-sondersteuer-auf-limonade-verhindert

349 Strafzahlungen Zucker-Kartell ¬– www.boersen-zeitung.de/unternehmen-branchen/auf-suedzucker-kommen-hohe-geldstrafen-zu-6bc7c196-46e5-11ec-bf4a-dccaf4fffe05

350 Gesetz gegen Zucker, Chile – www.deutsch.medscape.com/artikelansicht/4908670

351 Individuelle Ernährung, Darmflora – www.zeit.de/gesundheit/zeit-doctor/2022-02/praezisionsernaehrung-dna-test-darmflora-ernaehrungsempfehlungen

352 Individuelle Ernährung mit KI ¬– www.nytimes.com/2022/03/14/well/eat/ai-diet-personalized.html

353 Ernährung, Klimaschutz-Potenzial – www.energiezukunft.eu/umweltschutz/nachhaltig-ernaehren-aber-wie

354 Ernährung, VW-Kantine – www.deutschlandfunkkultur.de/kantinen-in-deutschland-die-zukunft-ist-fleischfrei-100.html

Clean Meat und fliegende Eiweißbomben

355 Flächenverbrauch der Fleischproduktion – www.destatis.de/DE/Themen/Laender-Regionen/Internationales/Thema/landwirtschaft-fischerei/tierhaltung-fleischkonsum/_inhalt.html

356 Fliegenzucht, Leipzig – www.madebymade.eu

357 Fliegenzucht, Schweiz – www.tagblatt.ch/wirtschaft/insekten-buehler-group-baut-eine-industrielle-insektenanlage-fuer-franzoesischen-kunden-wir-wollen-ein-globaler-player-werden-ld.2228721

358 BOXFarm, Container – www.boxfarm.ch

359 Fleisch aus dem Labor – www.t3n.de/news/burger-petrischale-unternehmen-laborfleisch-1401663

360 3D-Fleisch, Meatech 3D-Fleisch – www.t3n.de/news/groesste-rindersteak-3d-drucker-labor-1437533

361 3D-Fleisch, Redefine Meat – www.heise.de/hintergrund/Taeuschend-echtes-Fleisch-aus-Pflanzen-Redefine-Meat-kommt-nach-Deutschland-5066882.html

362 McDonald's und Beyond Meat – www.mcdonalds.at/produkt/mcplant

363 Redefine Meat in Berliner Restaurants – www.cleanthinking.de/israelisches-cleantech-startup-bringt-new-meat-nach-berlin

364 Soja-Fleisch – www.businessinsider.de/gruenderszene/food/tindle-next-gen-foods-likeameat-timo-recker-fleischersatz-vegan-b

365 Planted Foods – www.foodinnovationcamp.de/planted-ueberzeugt-investoren-mit-veganen-fleischalternativen

366 Räucherlachs auf Pflanzenbasis – www.cash.at/produkte/food/rewe-internationalrevo-foods-veganer-lachs-aus-dem-3d-drucker-25716

367 Fleischverzehr Deutschland, 2020 – www.goodnews-magazin.de/fleischverzehr-so-gering-wie-noch-nie

368 Fleischatlas 2021 – www.zdf.de/nachrichten/wirtschaft/fleischatlas-fleischindustrie-massentierhaltung-tierschutz-fleisch-100.html

369 CO_2-Fußabdruck von Veganern – www.blog.govolunteer.com/engagiere-dich/klimawandel-stoppen/wie-klimaschonend-ist-vegan

370 Veganes Krankenhaus – www.goodnews-magazin.de/das-erste-vegane-krankenhaus

371 Veganes Hotel – www.aheadhotel.de

372 Blue Farm – www.bluefarm.co

373 Milck aus Hanfsamen – www.hemi-milck.de

374 Unzulässiges Wort Milck – www.wettbewerbszentrale.de/de/home/_news/?id=3546

375 Start-up geht in Berufung – www.swr.de/swraktuell/baden-wuerttemberg/stuttgart/neue-runde-im-rechtsstreit-um-kunstwort-milck-als-milch-alternativprodukt-100.html

376 Elternzeit für Kühe – www.utopia.de/milch-elternzeit-muttergebundene-kaelberaufzucht-melkburen-69841

Rettungsanker Biodiversität

377 Biodiversität – www.riffreporter.de/de/umwelt/steffi-lemke-biodiversitaet-naturschutz-windenergie-interview

378 Buckelwale – www.goodnews-magazin.de/buckelwale

379 Wal-Kot als Dünger – www.spiegel.de/wissenschaft/natur/rettung-der-weltmeere-kuenstlichen-wal-exkremente-sollen-ozeane-wiederbeleben-a-05fdf6dd-67a0-43c0-8dcf-1886463c7344

380 Gärtner der Meere – www.geo.de/natur/oekologie/kuenstliche-wal-exkremente-sollen-die-weltmeere-retten-31683878.html

381 mehr Nashörner in Nepal – www.wwf.de/themen-projekte/projektregionen/himalaja-region/erfolg-wieder-mehr-nashoerner-in-nepal

382 Nashörner in Nepal, vom Aussterben bedroht – www.goodnews-magazin.de/nordwolle-umweltschutz/

383 Urban Imkering – www.goodnews-magazin.de/urban-imkering-laesst-bienenvoelker-wachsen

384 Biotop Trockenwiese – www.radioeins.de/programm/sendungen/mofr1013/thursday_for_future/urbanitaet-und-vielfalt.html

385 Trockenlandschaften, Brandenburg – www.life-trockenrasen.de/projekt

386 Moore, Klimaschutz – www.rnd.de/wissen/klimawandel-warum-nasse-moore-so-wichtig-fuer-die-umwelt-sind-L5BWEFDCW64N4SA23VVGM3KZSU.html

387 Moore, Klimabelastung durch Trockenlegung – www.deutschlandfunk.de/trockengelegte-moore-belasten-das-klima-100.html

388 Moore, Wiedervernässung – www.klimareporter.de/erdsystem/unterschaetzte-chance-fuer-klimaschutz

389 Moore, Schottland – www.dw.com/de/schottland-stellt-seine-moore-wieder-her-f%C3%BCr-den-klimaschutz/a-51015121

390 Newsletter der EU zu Natur und Biodiversität www.ec.europa.eu/environment/nature/info/pubs/docs/nat2000news/DE%20Natura%202000%2048%20WEB.pdf

391 Lebendiger Boden – www.quantamagazine.org/a-soil-science-revolution-upends-plans-to-fight-climate-change-20210727

392 Böden, CO_2-Senke – www.3sat.de/wissen/scobel/scobel--schutz-fuer-das-oekosystem-boden-100.html

393 Böden, Versiegelung – www.quarks.de/umwelt/darum-sollten-wir-unsere-boeden-nicht-zubetonieren

394 Atlas der Biodiversität – http://lebensraum-permakultur.de/buch-atlas-der-boden-biodiversitaet

395 Wälder in Ruanda – www.goodnews-magazin.de/aufforstung-wald-ruanda/

396 Justdiggit – www.goodnews-magazin.de/justdiggit

397 Tropenwald Bepflanzung www.blog.plant-for-the-planet.org/de/2021/erfolgreich-oekosysteme-wiederherstellen

398 Anzahl Baumarten, weltweit – www.pnas.org/content/119/6/e2115329119

399 Unentdeckte Baumarten – www.sueddeutsche.de/wissen/artenschutz-baeume-nashoerner-taxonomie-naturschutz-umweltschutz-1.5519194

400 Endemische Baumarten – www.energiezukunft.eu/umweltschutz/big-data-fuer-die-lebensform-baum/

401 Baumarten, Verteilung weltweit – www.globalmagazin.com/mehr-als-73-000-arten-an-baeumen-weltweit

402 Baumarten, Verteilung in Deutschland – www.deutschewildtierstiftung.de/baumarten-laubbaum-nadelbaum

403 Totholz, Artenvielfalt – www.webwinkel.ark.eu/producten/illustrations-tekeningen/dead-wood

404 Totholz, gesunder Wald – www.zdf.de/dokumentation/3sat-wissenschaftdoku/neue-wildnis-in-deutschland-102.html

405 Hainich Thüringen www.wildnisindeutschland.de/gebiete/hainich

406 Garten- und Landschaftsbau, Umsatz in Deutschland – www.taspo.de/kategorien/jahresumsatz-im-galabau-steigt-auf-938-milliarden-euro

6. KAPITEL: DIVERSITÄT ALS ZUTAT FÜR REICHE TEAMS
Gleich perfekt im Anderssein

407 Genom des Menschen – www.zeit.de/wissen/2009-12/genom-mensch-erbgut/seite-2

408 Rassismus – www.swr.de/wissen/1000-antworten/warum-gibt-es-keine-menschenrassen-tierrassen-gibt-es-doch-auch-100.html

409 Rassismus, – www.radioeins.de/programm/sendungen/sendungen/343/2109/210929_live_aus_dem_studio_14_14661.html

410 LGBTQ+ im Unterricht – www.goodnews-magazin.de/schottland-lgbtq-unterricht

411 Lego, Braille – www.legobraillebricks.com

412 Medizin Kindern erklärt – www.goodnews-magazin.de/kinderbuecher-ueber-allergien-herzfehler-und-krebs/

413 Schönheitsideale – www.zeit.de/amp/kultur/2021-10/schoenheitsideale-schoenheit-aussehen-body-shaming-body-positivity-feuilleton-podcast

414 Zufriedenheit mit dem eigenen Körper – www.big-direkt.de/de/gesund-leben/psychische-gesundheit/body-positivity-ist-gut-body-neutrality-ist-besser

415 Kennzeichnungspflicht für retuschierte Fotos – www.goodnews-magazin.de/retuschierte-fotos-werden-in-norwegen-kuenftig-gekennzeichnet

Diversität und Reichtum durch Migration

416 Deutsche Auswanderer USA – www.deutschland.de/de/usa/einwanderung-in-die-usa-amerikas-deutsche-wurzeln

417 Jacob Heussi – www.deutsche-digitale-bibliothek.de/person/gnd/116784865

418 Genom des Neandertalers – www.nationalgeographic.de/wissenschaft/2020/02/uns-steckt-mehr-neandertaler-dna-als-gedacht

419 Krise der Geflüchteten – www.taz.de/Laschets-Afghanistan-Aeusserung/!5789611

420 21.500 Menschen gestorben – www.proasyl.de/news/toedliches-versagen-auf-dem-mittelmeer

421 Überalterung deutsche Gesellschaft – www.spiegel.de/wirtschaft/soziales/deutschland-verzeichnet-starken-rueckgang-der-erwerbsfaehigen-bevoelkerung-a-81bb4d43-c303-4b62-9513-d0c30c97502c

422 Neun von zehn in Ostdeutschland www.twitter.com/Katapultmagazin/status/1448261016819748866

423 Vergreisung Suhl www.tagesspiegel.de/politik/in-thueringen-liegt-deutschlands-aelteste-stadt-von-suhl-kann-das-ganze-land-etwas-lernen/25158386.html

424 Startup Monitor 2021 – www.startupverband.de/fileadmin/startupverband/mediaarchiv/research/dsm/dsm_2021.pdf

425 22 Prozent der Arbeitsplätze geschaffen www.ihk-limburg.de/starthilfe/aktuelles/gruender-mit-migrationshintergrund-beleben-die-wirtschaft-2742982

426 Unternehmensgründer mit Migrationshintergrund, Anzahl USA –

www.handelsblatt.com/politik/international/kommentar-dass-uns-zwei-gastarbeiterkinder-vor-der-pandemie-retten-koennten-sollte-keine-nachricht-sein/26612466.html

427 Unternehmensgründer mit Migrationshintergrund, Umsatz – www.businessinsider.de/wirtschaft/rekordzahl-der-groessten-us-firmen-wurde-von-einwanderern-gegruendet-2019-08

428 Geflüchtete fühlen sich willkommen – www.tagesschau.de/inland/bamf-studie-gefluechtete-101.html

429 Geburten März 2021 – www.destatis.de/DE/Presse/Pressemitteilungen/2021/06/PD21_280_126.html

Erfolgsfaktor Vielfalt im Team

430 Teamrollen nach Belbin – www.karrierebibel.de/belbin-teamrollen

Geschenke statt Konflikte

431 Gründe für Kündigung – www.impulse.de/management/personalfuehrung/kuendigungsgruende-2019/7367512.html

Biotop-Gestaltung für Teams

432 Hochbegabte Mitarbeiter und Mitarbeiterinnen – www.e-fellows.net/Studium/Studienwissen/Studium-aktuell/Hochbegabung-schlauer-als-der-Chef

433 Menschen mit Autismus in IT-Projekten – www.auticon.de/projekte-services/

Respekt mit Und-Vielfalt

434 Zitat Ayla Busch – www.wiwo.de/my/unternehmen/mittelstand/traditionsunternehmen-aus-hessen-pfeiffer-vacuum-ist-profiteur-des-tauziehens-zwischen-usa-und-china/27792432.html

435 Charta der Vielfalt – www.charta-der-vielfalt.de

7. KAPITEL: LEBEN IN RESILIENTEN STÄDTEN

436 TK-Verpackung aus Papier – www.handelsblatt.com/unternehmen/handel-konsumgueter/kunststoff-innovative-verpackungen-es-geht-auch-ohne-plastikmuell/27381886.html

Schwämme und Windeln für Städte

437 Zahlen Baugewerbe – www.bmwk.de/Redaktion/DE/Artikel/Branchenfokus/Industrie/branchenfokus-bauwirtschaft.html

438 Architekten, Anzahl und Umsatz in Deutschland – www.de.statista.com/themen/2274/architekturmarkt/#dossierKeyfigures

439 Deutschland ist zu trocken – www.nationalgeographic.de/umwelt/2022/03/hydrologen-warnen-deutschland-trocknet-aus

440 Berliner Regenwasseragentur – www.energiezukunft.eu/meinung/nachgefragt/einen-mehrwert-fuer-die-stadt-insgesamt-schaffen

441 Kein Regenwasser in Kanalisation – www.sueddeutsche.de/wirtschaft/klimawandel-berlin-schwammstadt-starkregen-1.5411754

442 Definition Schwammstadt – www.de.wikipedia.org/wiki/Schwammstadt

443 Geohumus – www.derstandard.at/story/1277338376321/superabsorber-mehr-mangos-weniger-wasser

444 Eigenschaften von Spinnenfäden – www.n-tv.de/wissen/Spinnenseide-ist-begehrt-article13202746.html

445 vegane Spinnenfäden – www.mobilegeeks.de/news/von-spinnennetzen-inspiriert-forscherinnen-entwickeln-plastikalternative/

446 Freie Sicht auf den Himalaya – www.watson.de/nachhaltigkeit/coronavirus/213590241-coronavirus-lockdown-verringert-smog-in-indien-und-gibt-fantastischen-blick-frei

447 Baumwall um Madrid – www.goodnews-magazin.de/europas-groesster-klima-schutzwall-in-madrid

448 Bauhaus der Erde – www.bauhausdererde.org/about

Klimaschutz durch neue Baumaterialien

449 CO_2-Bilanz Beton – www.handelsblatt.com/unternehmen/energie/klimaschutz-klimakiller-beton-so-will-die-deutsche-zementindustrie-co2-neutral-werden-/26652040.html

450 Holz als Baustoff – www.goodnews-magazin.de/baustoff-holz

451 Sara Kulturhus – www.sarakulturhus.se/en/a-climate-smart-house

452 Sara Kulurhus, CO_2-Fußabdruck – www.designboom.com/?p=833814

453 Traum von nachhaltigen Städten – www.youtube.com/watch?v=bQZYZrJBeGo

454 Holzhäuser bis 1994 – www.ubm-development.com/magazin/sara-kulturhus-schweden

455 Materialeigenschaften Brettschichtholz –
www.baustoffwissen.de/baustoffe/baustoffknowhow/grundstoffe-des-bauens/was-ist-brettschichtholz-definition-einsatzbereiche-eigenschaften-keilzinkung-duobalken-triobalken-balkenschichtholz

456 Burrard Exchange Tower, Kanada – www.archinect.com/news/article/150283049/kpf-unveil-their-first-mass-timber-tower-one-of-the-tallest-in-north-america

457 Mjøsa-Tower, Norwegen – www.bauenmitholz.de/hochhaus-18-stoeckiger-mjsa-tower-in-brumunddal-wird-das-hoechste-holzgebaeude-der-welt/150/54986/

458 Sporthalle, Tokio – www.dezeen.com/2021/09/22/nikken-sekkei-ariake-gymnastics-centre-tokyo-olympic-games

459 Holz-Hybridbauweise – www.baustoffwissen.de/baustoffe/baustoffknowhow/grundstoffe-des-bauens/was-ist-die-holzhybridbauweise-holz-beton-hochhaeuser

460 Holz-Hochhaus, Wien – www.klimareporter.de/gebaude/das-neue-bauhaus

461 Höchstes Holz-Hochhaus, Berlin – www.polis-magazin.com/2021/01/in-berlin-entsteht-deutschlands-hoechstes-holzhaus

462 Nutzung Holz-Hochhaus, Berlin – www.ubm-development.com/magazin/woho-berlin

463 98 Wohnungen im Holzbau – www.entwicklungsstadt.de/modellprojekt-im-wedding-wohnungen-in-holzbauweise

464 Verkürzte Bauzeit mit Holz – www.mdr.de/wissen/holzhochhaus-130.html

465 Aufstockung im Baubestand – www.leute.tagesspiegel.de/lichtenberg/macher/2021/03/01/160520/50-neue-wohnungen-howoge-setzt-holz-etagen-auf-plattenbauten

466 Zitat Alexander Stahr – www.mdr.de/wissen/holzhochhaus-130.html

467 Holzgebäude, Brandsicherheit – www.fair-trade-haus.de/blog/holzhausbau-kann-ich-ohne-sorge-um-den-brandschutz-ein-holzhaus-bauen/

468 Holz sicherer als Stahl beim Brand – www.ubm-development.com/magazin/woho-berlin

469 Satellit aus Holz – www.wisaplywood.com/wisawoodsat

Müll gestrichen

470 Fahrrad-Parkhaus, Eberswalde – www.nationaler-radverkehrsplan.de/de/aktuell/nachrichten/richtfest-fuer-hoelzernes-fahrradparkhaus

471 Hanf als Baustoff – www.goodnews-magazin.de/hanf-baustoff

472 Recyceltes Papier als Zementersatz – www.forschung-und-wissen.de/nachrichten/umwelt/spanien-baut-autobahn-aus-altem-papier-13375485

473 Restwert Baustoffe – www.sueddeutsche.de/wirtschaft/bauen-gebaeude-material-datenbank-madaster-1.5404136

474 Cradle to Cradle – www.c2c.ngo/

475 Ziegel aus Bauschutt – www.fastcompany.com/90720262/a-new-brick-building-in-manhattan-is-made-of-577367-pounds-of-recycled-waste

476 Deutschlands erstes Recyclinghaus – www.gundlach-bau.de/zuhause-finden/infos-fuer-interessierte/mietinteressiert/referenzen/deutschlands-erstes-recyclinghaus

477 Maja Göpel, „Unsre Welt neu entdecken", Seite 125

478 Müll, Exportländer – www.de.statista.com/infografik/25368/wichtigste-abnehmerlaender-fuer-exporte-von-kunststoffabfaellen-aus-deutschland

479 Potenzial Baustoffe-Recycling – www.handelsblatt.com/unternehmen/industrie/kreislaufwirtschaft-rohstoff-muell-die-800-milliarden-euro-chance/27751730.html

480 Strafzahlungen mit Steuern www.t-online.de/nachhaltigkeit/id_90644434/abfall-oder-wertstoff-das-passiert-wirklich-mit-ihrem-plastikmuell.html

481 Umfrage Einmal-Plastik – www.reuters.com/business/environment/75-people-want-single-use-plastics-banned-global-survey-finds-2022-02-2/

482 Smarties-Verpackung aus Papier – www.packaging-journal.de/smarties-in-recycelbarer-papierverpackung/

483 Flaschen aus Papier – www.handelsblatt.com/unternehmen/handel-konsumgueter/kunststoff-innovative-verpackungen-es-geht-auch-ohne-plastikmuell/27381886.html

484 Teller aus Algen – www.oneplanetnetwork.org/news-and-events/news/end-plastic-pollution-edible-packaging

485 Krill Design, Mailand – www.en.krilldesign.net

486 Salzwasser-Lampe – www.goodnews-magazin.de/waterlight-laterne-nutzt-salzwasser-fuer-strom

487 Elektronik-Abos – www.handelsblatt.com/technik/it-internet/kreislaufwirtschaft-erstes-deutsches-milliarden-start-up-der-kreislaufwirtschaft-warum-der-gebrauchtmarkt-jetzt-boomt/28231022.html

488 Rewe-Markt aus Holz – www.goodnews-magazin.de/der-erste-supermarkt-mit-fischfarm-und-gewaechshaus-auf-dem-dach

489 Aquaponik – www.de.wikipedia.org/wiki/Aquaponik

490 ECF-Farm, Barsche und Basilikum – www.ecf-farm.de/

3D-Druck verzaubert und vereinfacht

491 3D-Druck Hausbau, Schnelligkeit – www.brutkasten.com/haus-aus-dem-3d-drucker-so-setzt-strabag-das-neue-verfahren-ein

492 3D-Druck Hausbau, erhöhte Schnelligkeit – www.t3n.de/news/deutschland-erstes-haus-3d-drucker-1393979

493 3D-Druck Hausbau, Schlamm als Material – www.wired.co.uk/article/tecla-3d-printed-house

494 3D-Druck Hausbau, Investitionen in Start-up – www.3dprint.com/289064/3d-printed-house-startup-icon-raises-185m

495 3D-Druck Hausbau, Siedlung in Südamerika www.3d-grenzenlos.de/magazin/zukunft-visionen/dorf-aus-3d-drucker-suedamerika-icon-new-story-27506403

496 3D-Druck Hausbau, Siedlung in Kanada – www.3d-grenzenlos.de/magazin/3d-objekte/nelson-kanada-dorf-auf-3d-drucker-27668613

497 3D-Druck Hausbau, Chance für das Bau-Handwerk – www.handwerk.com/maurermeister-druckt-mehrfamilienhaeuser-aus-beton

498 PCM Phase-Change-Material – www.ingenieur.de/technik/fachbereiche/energie/energieeffizienz-material-aus-dem-3d-drucker-kuehlt-und-heizt

499 3D-Druck Brückenbau, Metall– www.mx3d.com/industries/infrastructure/mx3d-bridge

500 3D-Druck Brückenbau, Sensoren – www.businessinsider.de/panorama/erste-3d-gedruckte-bruecke-in-amsterdam-eroeffnet-2021-7

501 Brückenbau, Radwege unter Fahrstraßen – www.trendingtopics.eu/3d-gedruckten-fahrradbruecke-als-adaption-zu-bereits-bestehenden-bruecken

502 3D-Druck für Korallenansiedlung – www.watson.de/nachhaltigkeit/gute%20nachricht/302044539-schweizer-unternehmen-entwickelt-korallenriffe-aus-3d-drucker

„Du weißt schon, wer der Stärkere ist!"

503 Gehwege in Wien – www.wien.orf.at/stories/3144522

504 Gendergerechte Stadtplanung – www.derstandard.de/story/2000133633616/sind-staedte-fuer-maenner-gebaut

505 Platzverteilung Auto und Fahrrad, Berlin www.clevere-staedte.de/files/tao/img/blog-news/dokumente/2014-08-05_Flaechen-Gerechtigkeits-Report.pdf

506 Platz für Fahrradverkehr, Berlin – www.nationaler-radverkehrsplan.de/de/aktuell/nachrichten/flaechen-gerechtigkeits-report-nur-3-prozent-der

507 Autoverkehr gewollt, Andreas Knie – www.radfahren.de/story/platz-rad-flaechenverbrauch-pkw

508 Radverkehr, Berlin 2020 – www.rbb24.de/panorama/thema/corona/beitraege/2021/01/radverkehr-popup-radwege-anzahl-2020-berlin-kfz-entwicklung.html

509 Unfallopfer Radfahrer, Berlin 2020 – www.tagesspiegel.de/berlin/mehr-verkehrstote-in-berlin-2020-starben-fast-dreimal-so-viel-radfahrer-wie-2019/26767886.html

510 Radweg-Sicherheit, Umfrage – www.interaktiv.tagesspiegel.de/lab/strassencheck-ergbnisse-diese-strassen-will-berlin

511 Radweg-Ausbau, Berlin – www.entwicklungsstadt.de/berlin-will-fahrradnetz-in-den-kommenden-jahren-stark-ausbauen

512 Pop-Up-Radwege Berlin www.rbb24.de/panorama/beitrag/2021/03/berlin-kreuzberg-zossener-strasse-pop-up-radweg--bauarbeiten.html

513 Feldversuch keine Autos parken im Graefekiez – www.berliner-zeitung.de/mensch-metropole/bezirk-plant-experiment-in-kreuzberg-ein-ganzer-kiez-ohne-parkplaetze-li.224203

514 VCD-Projekt Aufenthaltsqualität – www.fairkehr-magazin.de/archiv/2018/fk-05-2018/titel/flaechengerechtigkeit-in-der-stadt

Vision Zero und autonomes Fahren

515 Verkehrstote, EU – www.n-tv.de/panorama/Lebt-es-sich-ohne-Autos-besser-So-leiten-Europas-Grossstaedte-Verkehrswende-ein-article23121485.html

516 Verkehrstote, weltweit – www.de.wikipedia.org/wiki/Liste_der_L%C3%A4nder_nach_Verkehrstoten

517 Vision Zero, Oslo und Helsinki – www.ndr.de/nachrichten/info/Keine-Verkehrstoten-Was-Helsinki-richtig-macht,visionzero110.html

518 Vision Zero, Oslo – www.deutschlandfunknova.de/beitrag/verkehrstote-nur-ein-toter-in-oslo-2019

519 Tempo-30-Zone, Brüssel – www.vrt.be/vrtnws/de/2022/01/05/1-jahr-tempo-30-zone-bruessel-eine-erfolgsstory-halbierung-der

520 geänderte Verkehrshierarchie, Großbritannien www.sazbike.de/markt-politik/mobilitaet/grossbritannien-aendert-verkehrshierarchie-2738515.html

521 Tempo-30-Zone, Spanien www.ipg-journal.de/rubriken/wirtschaft-und-oekologie/artikel/mentales-neuland-5669

522 Tempo-30-Zone, Paris – www.demo-online.de/artikel/ganz-paris-tempo-30-gilt

523 26 Prozent weniger Unfälle mit Tempolimit Autobahn www.twitter.com/de_la_who/status/1491539730252636161

524 Tempolimit, CO_2-Einsparung – www.br.de/nachrichten/deutschland-welt/faktenfuchs-was-bringt-ein-tempolimit-auf-autobahnen,SdEUSXg

525 Autonomes Fahren, weniger Unfälle – www.tagesspiegel.de/wissen/wenn-die-autos-selbst-fahren-experten-erwarten-rueckgang-von-unfaellen/27148340.html

526 Autonomes Fahren, Sensoren – www.industr.com/de/selbst-denkende-sensoren-2638703

527 Autonomes Fahren, Taxis – www.heise.de/hintergrund/Missing-Link-Die-sind-ja-schon-da-Betreutes-Autonomes-Fahren-machts-moeglich-6156320.html?seite=all

528 Roboter in Krankenhäusern – www.ipa.fraunhofer.de/de/presse/presseinformationen/schluesseltechnologien-fuer-reinigungsroboter-im-gesundheitswesen.html

8. KAPITEL: NEU GEMIXTE BERUFE FÜR NEUEN WOHLSTAND
Die ersten Diener des Unternehmens

529 Zitat Anna Yona –
www.handelsblatt.com/audio/rethink-work-podcast/mindshift-podcast-anna-yona-chefin-im-homeoffice-wenn-ich-kontrollieren-muss-dass-die-leute-arbeiten-ist-grundsaetzlich-was-falsch/27014106

530 Bodo Janssen, neue Haltung und Arbeitskultur – www.youtube.com/watch?v=fyrIJZDjgAk

531 Zitat Bodo Janssen – www.instagram.com/p/Ca3uRUYMDkT

532 Mindestlohn $70.000 www.metro.co.uk/2021/07/30/ceo-takes-90-pay-cut-to-raise-staffs-minimum-salary-to-50000-15013042

533 Patagonia, kein Wachstum – https://nzzas.nzz.ch/wirtschaft/patagonia-will-nicht-mehr-wachsen-sagt-der-ceo-der-outdoor-marke-ld.1596788

534 Patagonia, Spenden Black Friday – www.businesschief.com/sustainability/meet-company-patagonia-proves-purpose-can-be-profitable

535 Patagonia, kontinuierliche Spenden – www.patagonia.com/stories/100-percent-today-1-percent-every-day/story-31099.html

536 Patagonia, Zitat Geschäftsführer – www.fastcompany.com/90702835/patagonia-ceo-ryan-gellert-a-special-place-in-hell-for-companies-not-actively-fighting-climate-change

537 Vaude, Nachhaltigkeitskultur – www.youtube.com/watch?v=NAJWf55Tco4

538 Vaude, Produktionsbedingungen – www.manager-magazin.de/unternehmen/die-entrepreneure-des-jahres-vaude-outdoor-ausruestung-a-6f17eb36-29cf-4f39-badd-2202c7093959

539 Vaude, Unternehmenskultur – www.youtube.com/watch?v=NAJWf55Tco4

New Work statt *Old School*

540 Einhorn, New Pay – www.einhorn.my/newpay

541 Rheingans, Holokratie – www.instagram.com/p/CZ1xpSorBEc

542 Individuelles Arbeitszeitmodell, Bäckerei – www.spiegel.de/karriere/gleiches-gehalt-fuer-alle-und-keine-hierarchien-so-geht-new-work-im-handwerk-a-b11d2d63-521a-4b10-9ccc-be06ec87e29c

543 Bäckerei Bergmann wird agil – www.open.spotify.com/episode/7mD8zun1FKxQ9wWRn0B9kZ

544 Bäckerei Bergmann Thüringer Zutaten – www.baeckerei-bergmann.de/pdf/krume-kruste/2021-05.pdf

545 Bäckerei Bergmann Bio-Pflaumen – www.baeckerei-bergmann.de/pdf/krume-kruste/2018-09.pdf

546 Individuelles Arbeitszeitmodell, Tischlerei – www.spiegel.de/karriere/gleiches-gehalt-fuer-alle-und-keine-hierarchien-so-geht-new-work-im-handwerk-a-b11d2d63-521a-4b10-9ccc-be06ec87e29c

547 Video Podcast Firstbird Soziokratie – www.trend.at/leaders/leader-stories-arnim-wahls-video-podcast

548 Bürokratie, Einsparungen in Estland – www.youtube.com/watch?v=hC9vm2ner44

549 Bürokratie, Kosten in Deutschland – www.zdf.de/dokumentation/zdf-reportage/deutschland-das-kannst-du-besser-buerokratie-100.html

550 Demenzgerechtes Bauen – www.spektrum.de/podcast/demenzgerechtes-bauen-wie-geht-das/1809965

551 Purpose-Stiftung – www.purpose-economy.org

552 Purpose-Stiftung, Soulbottles – www.soulbottles.de/soulblog/impact/purpose-economy-soulbottles-gehoert-sich-selbst

553 Winzer, Kontinuität durch Enteignung – www.dw.com/de/wenn-ein-unternehmen-sich-selbst-geh%C3%B6rt/a-58608325

554 Jumbo-Supermarkt, Plauderkasse – www.morgenpost.de/vermischtes/article233503493/Warum-ein-Supermarkt-Plauderkassen-gegen-Einsamkeit-einfuehrt.html

555 Foodhub, München – www.foodhub-muenchen.de

556 Stille Stunde im Supermarkt, Schweiz – www.luzernerzeitung.ch/wirtschaft/weniger-larm-und-licht-coop-und-spar-testen-die-stille-einkaufsstunde-fur-kunden-mit-autismus-ld.1248034

557 Stille Stunde im Supermarkt, Neuseeland – www.zeit.de/news/2019-12/17/wenn-der-supermarkt-auf-leise-stellt

558 Duschbus Gobanyo – www.gobanyo.org

559 Karuna Schreibwerkstatt – www.tagesspiegel.de/berlin/die-courage-der-kranken-kinder/475524.html

Vom Mut, Erwartungen nicht zu bedienen

560 Bumble Dating-App – www.handelsblatt.com/technik/it-internet/serie-unternehmerinnen-weltweit-whitney-wolfe-herd-wie-die-bumble-gruenderin-die-welt-der-dating-apps-revolutionierte/27385140.

561 Simone Biles, Verzicht auf Olympia-Teilnahme – www.mashable.com/article/simone-biles-mental-health-goat-redefine-winning

562 Wünsche und Erwartungen Jugendlicher – www.vodafone-stiftung.de/jugendstudie-2022

563 Weltweiter Betrug Cum-Ex – www.tagesschau.de/investigativ/panorama/cum-ex-cum-cum-101.html

564 Kosten Auto Gesellschaft – www.zeit.de/mobilitaet/2022-01/soziale-kosten-strassenverkehr-auto-studie

565 Ein Prozent verursacht 50 Prozent der Emissionen – www.theguardian.com/environment/2020/sep/21/worlds-richest-1-cause-double-co2-emissions-of-poorest-50-says-oxfam

566 Nicht verursacht, aber vom Klimawandel betroffen – www.cnbc.com/2021/01/26/oxfam-report-the-global-wealthy-are-main-drivers-of-climate-change.html

567 80 bis 90 Prozent noch nie geflogen – www.zeit.de/wissen/umwelt/2019-05/flugverzicht-klimapolitik-emissionen-verantwortung-privileg

568 Ein Prozent das Hundertfache – www.klimareporter.de/verkehr/der-29-euro-flug-ist-nicht-das-problem

Neue Berufe träumen und mixen

569 Kaffee-Schnüffler in Preußen – www.de.wikipedia.org/wiki/Kaffeeriecher

570 Digitaler Zwilling – www.aerzteblatt.de/nachrichten/111006/Digitaler-Zwilling-soll-Aerzte-bei-der-Planung-personalisierter-Therapien-unterstuetzen

571 Peter Spork, Die Vermessung des Lebens, Seite 59/60, 2021 DVA

572 optimierter Energie-Mix – www.energyexemplar.com

573 KI in der Materialforschung – www.bigdata-insider.de/ki-algorithmus-generiert-innovative-verbindungen-a-1099601

574 Positiver Journalismus – www.fachjournalist.de/positiver-journalismus-eine-ausgewogenheit-in-der-berichterstattung-herstellen

575 Glaube an das Gute – www.tagesspiegel.de/politik/gegen-den-fatalismus-es-gibt-eine-pflicht-zur-zuversicht-trotz-klimakrise-corona-und-krieg/28239522.html

576 Twitter acqui-hires – www.techcrunch.com/2021/07/27/twitter-acqui-hires-the-team-from-subscription-news-app-brief

577 Resilienz-Beauftragte Cristina Huidobro – www.linkedin.com/in/cristinahuidobro

578 professioneller Vertrauensaufbau – www.handelsblatt.com/karriere/new-work-diese-personalerin-sagt-vergesst-vorstellungsgespraeche-fuehrt-bleibegespraeche/28137856.html

579 Comspace, Bielefeld – www.comspace.de/jobs

580 Zebra Group, Chemnitz – www.zebra.de/blog/agenturgruppe-setzt-auf-neue-employer-branding-strategie

581 Jack Fuller und Martin Reeves, The Imagination Machine, 2021, Seite 18 f

582 Stephen King – www.bote.ch/nachrichten/kultur/2000-woerter-am-tag-stephen-king-wird-70;art46444,1040328

Menschenfreundlicher Wohlstand

583 Klimaschutz durch reduzierte Arbeitszeit – www.nd-aktuell.de/artikel/1161629.lasst-uns-arbeitszeit-verlieren.html

584 Gender Pay Gap, EU und Deutschland – www.ec.europa.eu/eurostat/statistics-explained/index.php?title=Gender_pay_gap_statistics

585 Gender Lifetime Earning Gap, Deutschland – www.tagesschau.de/inland/gehaltsluecke-maenner-frauen-103.html

586 Prämien für US-Fußballerinnen – www.goodnews-magazin.de/us-fussballerinnen-erhalten-gleichen-lohn

587 Lohn in einer Caritas Behindertenwerkstatt www.twitter.com/JaLub8/status/1496172340316721155

588 Schlechte Bezahlung legal www.bayerische-staatszeitung.de/staatszeitung/politik/detailansicht-politik/artikel/arbeit-ohne-lohn.html

589 Auf Grundsicherung angewiesen www.akweb.de/ausgaben/676/ausbeutung-in-den-werkstaetten/

590 16.592 Euro www.jobinklusive.org/2020/09/14/wie-das-system-der-behindertenwerkstaetten-inklusion-verhindert-und-niemand-etwas-daran-aendert

591 8 Milliarden Leitung www.jobinklusive.org/2020/05/28/wfbm-gutes-soziales-inklusives-system-ein-irrglaube

592 55 Prozent nehmen 10 Millionen behinderte Menschen nicht wahr www.charta-der-vielfalt.de/fileadmin/user_upload/Studien_Publikationen_Charta/Online_Faktenblatt_Behinderung.pdf

593 Sozialgesetzbuch – www.lebenshilfe.de/informieren/arbeiten/kein-mindestlohn-in-werkstaetten

594 bedingungsloses Grundeinkommen, Götz Werner – www.taz.de/Goetz-Werner-gestorben/!5831312

595 Verein „Mein Grundeinkommen" – www.mein-grundeinkommen.de

596 bedingungsloses Grundeinkommen, Wirkung – www.t3n.de/news/ein-jahr-grundeinkommen-das-passiert-1368490

597 bedingungsloses Grundeinkommen – www.taz.de/Goetz-Werner-gestorben/!5831312

598 bedingungsloses Grundeinkommen Bernhard Neumärker – www.deutschlandfunknova.de/beitrag/zukunft-der-arbeit-bedingungsloses-grundeinkommen-macht-uns-resilient

599 Jobcenter – www.sueddeutsche.de/wirtschaft/jobcenter-rueckforderung-zahlen-kosten-1.4345680

600 genossenschaftliche Wohnungen, Wien – www.tagesspiegel.de/wirtschaft/wien-als-vorbild-ein-paradies-fuer-mieter/24084334.html

601 Hausbau mit 3D-Druck – www.business-punk.com/2021/03/haeuser-aus-dem-3d-drucker-fuer-obdachlose-ein-startup-machts-moeglich

602 Little Home, Köln – www.goodnews-magazin.de/little-home-kleine-haeuser-fuer-obdachlose

603 Housing First, Finnland – www.geo.de/wissen/22923-rtkl-erstaunlicher-erfolg-warum-auf-finnlands-strassen-kaum-noch-obdachlose-leben

604 Housing First, Berlin – www.taz.de/Revolution-der-Wohnungslosenhilfe/!5805697

605 vererbter Reichtum – www.zeit.de/wirtschaft/2016-10/reichtum-deutschland-hochvermoegen-arbeit-schenkungen-erbschaften

606 Taxmenow – www.handelsblatt.com/politik/ralph-suikat-im-interview-oh-das-ist-schon-wenig-warum-sich-dieser-millionaer-ueber-seine-steuererklaerung-wundert/27422462.html

607 Marlene Engelhorn – www.youtube.com/watch?v=n6a1v9cn_A4

608 Marlene Engelhorn, Interview – www.swr.de/swraktuell/rheinland-pfalz/marlene-engelhorn-tax-me-now-interview-100.html

609 MacKenzie Scott spendet Milliarden – www.forbes.com/sites/carlieporterfield/2022/02/22/mackenzie-scott-pledges-50-million-to-4-h-youth-programs

610 UN-Kinderrechtskonventionen – www.unicef.de/informieren/ueber-uns/fuer-kinderrechte/un-kinderrechtskonvention

611 Kinderrechte ins Grundgesetz – www.kinderrechte.de/kinderrechte/kinderrechte-ins-grundgesetz

612 Bertelsmann-Stiftung, Armuts-Studie – www.bertelsmann-stiftung.de/fileadmin/files/BSt/Publikationen/GrauePublikationen/291_2020_BST_Facsheet_Kinderarmut_SGB-II_Daten__ID967.pdf

613 Wünsche von Menschen – www.rnd.de/politik/klima-deutsche-wollen-umweltschutz-ohne-moralischen-zeigefinger-NNKHVUQK6O5K3BGOUVBTYSRREE.html

614 Lieferketten verfolgen mit OURZ – www.ourz.world/purpose

615 Tip-me spendet Trinkgeld – www.tip-me.org/how-it-works